『全纳』视域中的基础教育质量评价

QUANNA SHIYU ZHONG DE JICHU JIAOYU ZHILIANG PINGJIA

李尚卫◎著

人民出版社

目　录

前　言

基础教育质量评价[①]是对基础教育的价值评断，包括幼儿教育、小学教育与中学教育质量评价，涉及教师、课程、学生、学校等要素。“全纳”基础教育质量评价就是对基础教育“全纳”品质的价值评判，它是“全纳”基础教育价值实现的重要环节。

随着基础教育课程改革的深化、素质教育与全纳教育的实施，基础教育质量评价越来越受到各界人士的关注，特别是2012年《教育部关于积极推进中小学评价与考试制度改革的通知》的颁行，为基础教育质量评价的理论与实践指明了方向。因此，深入研究基础教育质量评价问题必将有利于基础教育教学、课程与评价改革的推进，有利于基础教育质量的提高与基础教育价值的实现。

现代教育评价发展经历了“测量时代”（Measurement Generation）、“描述时代”（Description Generation）、“判断时代”（Judgment Generation）和“建构时代”（Construction Generation）四个阶段[②]。泰勒（R. Tyler）被誉为“教育评价之父”，其评价理论强调描述，即描述教育结果与目标的一致程度。与此相比，第三代教育评价强调判断，即在事实判断的基础上作出价值判断，并主张客观性与教育性、发展性相结合。以古巴（E. G. Guba）和林肯（Y. Lincoln）为代表的第四代教育评价，批判了以往各种评价“忽视价值多元性”“过分依赖科学范式”等弊端，认为以往的评价主要体现为证

---

① “基础教育质量评价”与“基础教育评价”是两个内涵基本一致的概念。目前，我国学者更多使用“基础教育评价”，本研究中之所以使用“基础教育质量评价”一词，目的在于凸显评价的对象是“基础教育质量”。

② E. G. Guba, etc., *Fourth Generation Evaluation*, Newbury Park, Calif: Sage Publications, 1989, pp. 21－78.

明功能，即鉴别应然目标的达成度；评价是一个多方参与、协商对话的过程，能唤起对象进步的欲望并最终达到自我完善。把“对话”和“协商”纳入评价中来，使得教育评价理论由“客观判断”走向“理解式对话”①。20世纪80年代，我国学界对教育评价有了广泛的关注，基础教育质量评价随之进入学者们的研究视野。当前，基础教育质量评价理论研究出现量化与质性评价互补、教育评价走向对话②现象。

众所周知，1994年世界特殊需要教育会议《萨拉曼卡宣言》首次提出了“全纳教育”（Inclusive Education）的基本原则，2000年世界教育论坛正式使用该词。它意味着将所有儿童融入正规学校，学校的工作人员应与社区合作、创造条件，以期最大限度地促进他们的全面发展与高质量地生活③。自“全纳教育”提出以来，“全纳教育”引起了我国学界及时与广泛关注。特别是随着“随班就读”的深化开展④与“全纳教育”的全面推行⑤，我国“普通教育”与“特殊教育”逐步走向深度融合。同时，文献分析表明，我国学界目前对基础教育质量评价的内涵、类型、原则等问题已有相关的研究。但是，仍然存在不少分歧，缺乏“全纳”意识，未从“全纳”视角深入审视与剖析基础教育质量评价的内在特质。因此，从“全纳”视角重新审视基础教育质量评价的“时代特质”具有重要的理论与现实意义。

本研究主要从“全纳”视角审视基础教育评价，试图通过对“全纳”基础教育质量评价的实质、要素、功能、种类、指标、制度、实施等方面的深入探讨，全面而系统呈现“全纳”基础教育质量评价的特质。

第一章，“全纳”基础教育质量评价的实质。主要介绍“全纳”基础教育质量评价的内涵、基本特点与要素。

---

① 杨小微等：《“对话”与“独白”：基础教育课程改革中的评价问题探讨》，《教育科学研究》2004年第4期。

② 瞿葆奎主编：《中国教育研究新进展·2004》，华东师范大学出版社2006年版，第1页。

③ J. Kratochvílová, etc. , “Application of Individualization and Differentiation in Czech Primary Schools: One of the Characteristic Features of Inclusion”, *Procedia – Social and Behavioral Sciences*, 2013 (93).

④ 《关于印发“全日制弱智学校（班）教学计划”的通知》（1987）。《关于开展残疾儿童少年随班就读工作的试行办法》（1994，以下简称《随班就读办法》）标志着“随班就读”我国“融合教育”时代的到来。

⑤ 《特殊教育提升计划（2014—2016年）》（2014，以下简称《特教一期计划》）明确提出“全面推进全纳教育，使每一个残疾孩子都能接受合适的教育”，标志着我国“全纳教育”时代的到来。

第二章，“全纳”基础教育质量评价的功能。主要介绍“全纳”基础教育质量评价的内在与外在功能。

第三章，“全纳”基础教育质量评价的种类。主要介绍“全纳”基础教育质量评价的基本类型。

第四章，“全纳”基础教育质量评价标准。主要介绍“全纳”基础教育质量评价的指标体系。

第五章，“全纳”基础教育质量评价制度。主要介绍“全纳”基础教育质量评价的制度建设。

第六章，“全纳”基础教育质量评价的实施。主要介绍“全纳”基础教育质量评价的基本环节、常用方法与基本模式。

第七章，“全纳”基础教育质量评价体系展望。结合当代基础教育质量评价体系的新特点，主要探索“全纳”基础教育质量评价体系的“应然”走向。

第一章　“全纳”基础教育质量评价的实质

目前，国内外学者对教育评价的内涵、类型的探讨比较深入，但是对基础教育质量评价的内涵、类型等的理性思考还欠深入，未从“全纳”视角审视基础教育质量评价的时代内涵。本章试图对“全纳”基础教育质量的内涵、基本特点及要素做进一步探讨。

第一节　概　述

全纳教育思想是21世纪国际教育新理念，也是各级各类教育的指导思想与行动指南。探寻全纳教育思想的历史渊源与基本内核是理解“全纳”基础教育质量评价实质的前提。

一、全纳教育思想发展概况

全纳教育可以追溯到文艺复兴、法国启蒙时期西方对平等、自由的追求的一系列社会运动，真正起源于美国20世纪60年代的民权运动（Civil Rights），它是在批判、反思回归主流教学实践失败的基础上发展起来的[①]。1994年，联合国教科文组织召开世界特殊需要教育会议（The World Conference on Special Needs Education），颁布了《萨拉曼卡宣言》（*Salamanca*

① 邓猛等：《关于全纳教育思想的几点理论回顾及其对我们的启示》，《中国特殊教育》2003年第4期。

Statement），首次提出了“全纳教育”的五大基本原则[①]；2000 年，达喀尔举行的世界教育论坛正式使用“全纳教育”（Inclusive Education）一词，通过了《达喀尔行动纲领》（*The Dakar Framework for Action*），该文件提出了 2015 年全民教育的 6 项目标[②]；2005 年，联合国教科文组织发布《全纳教育指南：确保全民教育的通路》（*Guidelines for Inclusion：Ensuring Access to Education for All*）[③]；2008 年 11 月 25—28 日，第 48 届国际教育大会在日内瓦召开，会议的主题是《全纳教育：未来之路》，讨论了全纳教育的方式、范围与内容、公共政策、体系、联系与过渡、学习者与教师、从全纳教育到全纳社会、从全纳教育观念到实践等议题[④]，在世界范围掀起一股实施全纳教育的热潮，宣告全纳教育时代的到来[⑤]；2009—2012 年，欧洲特殊需要和全纳教育发展署（The European Agency for Special Needs and Inclusive Education）启动了“全纳教师教育项目”（Teacher Education for Inclusion），2012 年发布《全纳教师概述》（*Profile of Inclusive Teachers*）[⑥]；2015 年《仁川宣言》（*Incheon Declaration*）提出，未来 15 年将努力为所有个体提供全纳、公

① “全纳教育”的五大基本原则：每一个儿童都有接受教育的权利，必须有获得可达到并保持可接受的学习水平的机会；每一个儿童有其独特的个人特点、兴趣、能力和学习需要；学校必须关注学生的不同特性和需要差异；学校必须接纳所有学生并满足他们的特殊需要；学校应该提供有效教育、反对排斥和歧视学生等（参见 UNESCO，*The Salamanca Statement on Principles*，*Policy and Practice in Special needs Education*，World Conference on Special Needs Education：Access and Quality，Salamanca，1994）。

② 2015 年全民教育的 6 项目标：扩大和加强整个幼儿保育和教育工作，尤其是最易受伤害和处境不利儿童的保育和教育工作；确保到 2015 年所有儿童，尤其是处境困难的女童和少女，都有机会免费享受良好的初等教育；确保所有青年都有机会参加传授实用知识和生活技能的课程；到 2015 年使成人（尤其是妇女）的识字（扫盲）水平提高 50%，并使他们在接受基础教育和进修教育方面享有平等机会；到 2005 年消除初等和中等教育中的性别差异，到 2015 年实现性别平等；提高教育质量，使全民教育取得重大成效，这主要体现在识字、计数和必要生活技能的掌握上（参见 UNESCO，*The Dakar Framework for Action*，*Education for All*：*Meeting our Collective Commitments*，The World Education Forum，26 – 28 April，2000，Dakar，Senegal. Retrieved from http：//www. unesco. org/education /efa/ed_ for_ all/dakfram _ eng. shtml）。

③ UNESCO，*Guidelines for Inclusion*：*Ensuring Access to Education for All*，Paris：UNESCO，2005，p. 15.

④ UNESCO，*Inclusive Education*：*The Way of the Future*，Geneva：UNESCO，2008，p. 8.

⑤ 朱小蔓：《全民教育全纳化：教师的准备与行动》，《教育学术月刊》2009 年第 7 期。

⑥ *Teacher Education for Inclusion*：*Profile of Inclusive Teachers*，European Agency for Development in Special Needs Education，2012，pp. 11 – 18.

平的优质教育和终身学习机会①。总之，全纳教育经历了从“隔离”的特殊教育走向“回归主流”“部分融合”与“部分隔离”的“一体化”教育状态，再走向“全部融合”的发展历程；从关注人的基本权利到提供适合每个人发展的教育，再到为每个人提供满足其需要的、有质量的、适合终身发展的教育②。全纳教育理论体现了建构对实证、人文对科学的批判与颠覆，是西方实证科学主义发展到一定程度下的产物，是社会科学研究者认识到科学实证主义局限性后的批判与超越③。

相比较欧美而言，我国全纳教育思想发展比较缓慢，还未得到广泛的应用。自20世纪80年代开展“随班就读”实践以来，我国学者对全纳教育思想如何“本土化”进行了许多有益的探索。有研究者认为，我国全纳教育经历了家庭形式、学校形式以及“随班就读”形式三个阶段，并正向“人本”特教形式的全纳教育阶段迈进④；“随班就读”模式既受回归主流或一体化思想等国际特殊教育理论的影响，具有国际性，又考虑了我国的社会文化、经济、教育等实际的条件，具有民族性⑤；“同班就读”是西方理论与中国国情之间的嫁接、冲撞与融汇，是基于文化嫁接之上的再生成⑥。目前，全纳教育作为一种普遍主义价值得到了我国学界的普遍认同，但是对实践中普通学校的变革、学校与家长以及社区的合作、合作教学、个性化教学等各方面缺乏深入探讨，而且在全纳教育的研究对象上多以残疾儿童为主、在实践方面尚限于在普通教育中“置入”特殊儿童的“随班就读”，对普遍主义的全纳教育实践有待进一步探索，缺乏对特殊儿童本身体验的关注⑦。因此，我国应以平等和公正的精神为基础，从交互模式、全纳与个人的关系、平等

---

① UNESCO, *Education 2030 Incheon Declaration and Framework for Action Towards Inclusive and Equitable Quality Education and Lifelong Learning for All (Final Draft for Adoption)*. Retrieved from http://www.unesco.org/new/fileadmin/ MULTIMEDIA/HQ/ED/ED_ new/pdf/FFA－ENG－27Oct15. pdf.

② 钱丽霞：《全纳教育：历史演进与实施政策》，《中国特殊教育》2009年第1期。

③ 邓猛等：《全纳教育的哲学基础：批判与反思》，《教育研究与实验》2008年第5期。

④ 甘昭良等：《全纳教育及其在中国的发展历程》，《昆明学院学报》2009年第5期。

⑤ 邓猛等：《关于全纳教育思想的几点理论回顾及其对我们的启示》，《中国特殊教育》2003年第4期。

⑥ 邓猛等：《从随班就读到同班就读：关于全纳教育本土化理论的思考》，《中国特殊教育》2013年第8期。

⑦ 姜亚洲：《论全纳教育的普遍主义困境》，《外国教育研究》2013年第3期。

性、残疾文化与主流文化的关系四个方面对全纳教育思维范式进行重构，以便更好地践行全纳教育①；全纳教育实践需要“扎根”于中国特有的文化生成与演进的环境，从社会科学理论与范式的角度对全纳教育进行哲学思考，从社会文化的宏观视野分析全纳教育的特征，从比较教育的视角探索全纳教育的本质，并在实证研究中形成本土化的全纳教育理论②。

二、全纳教育的特质

自全纳教育思想产生以来，我国学者十分重视对全纳教育理论与实践的反思，对全纳教育的实质、特点、理论基础、原则、实施环节、困境、挑战与策略等问题做了深入的探讨，提出了许多有益的见解与建议。比如，认为全纳教育是一种以提高全民族整体素质、建构和谐社会为目的的全民教育，是一种满足所有学生发展的民主、公正的全员教育，是关注全体学生可持续发展的诗意教育，是学生整体素质全面发展的和谐教育③；其核心是平等、差异与多样性④；理论基础是多元智能观、因材施教观、建构主义观，可分为准备、确定重点、制订计划、实施计划和评价五个阶段⑤；应遵循主体性原则、教育正常化原则、早期干预原则、成功教育原则、平等教育原则、系统教育原则、个别化教育原则等基本原则⑥；等等。但是，仍存在不少分歧与误解，存在主体、内容与实施边界问题⑦，进一步阐释全纳教育的特质实有必要。

（一）全纳教育的基本内核

联合国教科文组织《萨拉曼卡宣言》（1994）首次提出了“全纳教育”

① 熊琪等：《从解构到重构：全纳教育的后现代解读》，《教育探索》2013 年第 10 期。
② 邓猛等：《全纳教育理论的社会文化特性与本土化建构》，《中国特殊教育》2013 年第 1 期。
③ 冯铁山：《全纳教育内涵的现代诠释》，《福建论坛（社科教育版）》2007 年第 6 期。
④ 熊絮茸等：《宽容与全纳教育的历史互动与本土演化》，《中国特殊教育》2013 年第 7 期。
⑤ 钱丽霞：《全纳教育在中国实施之设想》，《全球教育展望》2003 年第 5 期。
⑥ 兰继军等：《论全纳教育的教育原则》，《中国特殊教育》2003 年第 6 期。
⑦ 邱关军：《全纳教育之边界问题审思——兼评美国加州 FAIR 教育法案》，《教育学术月刊》2012 年第 10 期。

五大基本原则，继后发布了《达喀尔行动纲领》（2000）、《全纳教育指南：确保全民教育的通路》（2005）、《全纳教育：未来之路》（2008）、《全纳教师概述》（2012）、《仁川宣言》（2015）等一系列文件，明确了全纳教育的基本内核。

1. 全纳教育是面向所有学生

意味着全纳教育不应该仅是指向某些特定群体，其重点应该是为所有人提供多样、友爱且有质量的学习机会与环境①。《联合国宪章》（1945）第一次将保护人权规定为一个国际组织的宗旨，提出：“增进并激励对于全体人类之人权及基本自由之尊重且不分种族、性别、语言或宗教”；《世界人权宣言》（1948）第一条明确指出：“人生而自由，在尊严和权利上一律平等”；《弱智儿童的特殊教育组织建议》（1960）明确指出：“《世界人权宣言》的教育权适用于所有的人，包括最不聪慧的人”；《萨拉曼卡宣言》提出：“每一个儿童都有接受教育的权利，必须有获得可达到并保持可接受的学习水平的机会”；《全纳教育指南：确保全民教育的通路》认为全纳就意味着满足所有学生广泛的需求，包括受虐待儿童、难民或离乡儿童、少数派宗教群体、做家务的童工、少数民族、冲突地区儿童及儿童士兵、残疾儿童、艾滋孤儿、童工、移民、贫困儿童、所讲语言占少数的儿童、街头儿童、游牧家庭儿童等边缘化和排斥的群体；《仁川宣言》提出：“教育是一项公益事业，是一项基本人权，是保障其他权利实现的基础”。因此，教育对象的“全纳化”是全纳教育的基本内核与世界各国的教育共识。

2. 全纳教育反对“排斥与歧视”

“反对一切排斥与歧视”是全纳教育的出发点。《萨拉曼卡宣言》明确提出，“学校应该提供有效教育、反对排斥和歧视学生”；第五届国际特殊教育大会（2000）的主题是“接纳被排斥者”（Including the Excluded），包括残疾人、学习困难者和那些进入过学校却没有得到恰当发展的人；《全纳教育指南：确保全民教育的通路》认为全纳教育是通过增加学习、文化和社区参与，减少教育系统内外的排斥，应对所有学习者的多样化需求，并对其

① 陈坚等：《挑战与回应：全纳教育的实践困境与应对路径》，《东北师大学报（哲学社会科学版）》2016 年第 2 期。

作出反应的过程；《全纳教育：未来之路》认为全纳教育的核心在于消除所有学习者参与学习的障碍，消除一切形式的歧视；《仁川宣言》强调，全纳教育应“致力于消除在入学、参与和学习成果中任何形式的排斥、边缘化、不一致和不平等”。可以说，全纳教育反映了不同国家、民族和信仰的人们对没有排斥、没有歧视的教育的向往。因此，全纳教育力求让残疾儿童从“隔离教育”中解放出来，让特殊教育需要儿童和正常儿童一样享受平等的教育。

3. 全纳教育是一种差异化教育

意味着全纳教育应针对不同教育对象的特点提供多样化的教育方案，为他们实施个性化教学。《萨拉曼卡宣言》提出，“每一个儿童有其独特的个人特点、兴趣、能力和学习需要，学校必须关注学生的不同特性和需要差异，提供有效教育”；《全纳教育指南：确保全民教育的通路》认为，全纳旨在通过所有学生对学习、文化和社区的积极参与来满足其需求的多样性，以便减少教育体制内和由教育体制引起的排斥现象；《全纳教育：未来之路》强调，全纳教育的宗旨是向所有人提供高质量的教育，并尊重学生和社区的多样性以及不同的需求、能力、特点和学习预期；《仁川宣言》提出，“确保全纳、公平、有质量的教育，增进全民终身学习机会”，“优质教育能通过可持续发展教育和全球公民教育，使公民拥有过上健康和充实的生活、作出明智决定并应对区域和全球挑战的技能、价值观和态度”。可以说，全纳教育的本质应该是一种关注并满足所有学习者多样化需求的动态发展的过程①；是给予每一异质性群体以关怀、支持，使得他们均可以满足自身的需要，进而可以共同地生活在现代社会之中，接受彼此包容、彼此信任的教育②。因此，全纳教育必须正视学生的差异性，为每个学生提供适宜的个性化、优质教育。

4. 全纳教育以建构全纳社会为旨归

意味着全纳教育的终极目标在于建立全纳学校、全纳社区与全纳社会，形成“全纳”生态。《全纳教育：未来之路》认为，全纳意味着发展主流学

① 陈坚等：《挑战与回应：全纳教育的实践困境与应对路径》，《东北师大学报（哲学社会科学版）》2016 年第 2 期。

② 郭立强：《澳大利亚全纳教师培育的经验及其启示》，《教育探索》2016 年第 3 期。

校，其目标在于提升所有主流学校的能力，直至能满足所有儿童的需要，同时保证儿童能有学习的权利与机会；《全纳教师概述》认为全纳教育“是基于平等的信念，保障所有学生的人权和民主参与”，“是有关社会变革的，是不可协商的”，应“把学校建设成为尊重、鼓励和赏识所有学习者成绩的学习型社区”；“宽容”是全纳教育真正实现的重要保证，需要营造一种宽容的全纳学校氛围，提升全纳教师的宽容意识和宽容教育意识，通过行动传递宽容，将全纳教育落到实处①；全纳教育的目标彰显出宽容的社会需求和宽容精神的生态建构，全纳教育的实施将推动宽容精神的现代化发展、成为和谐社会进程中不可或缺的社会基础，同时，和谐社会的建构能够促生宽容成为一种生活方式，能够给个体与社会一个内敛、反省、催人深思的空间，从而为全纳学校、全纳社区直至全纳社会的全纳层次性发展目标的实现，造就充满宽容精神的社会生态和提供制度性保障②；等等。由此可见，全纳教育的终极目标是建立一个互不排斥、相互尊重、彼此悦纳、和谐共处、共同参与的全纳学校、全纳社区与全纳社会③。

5. 全纳教育是一个永无止境的过程

全纳教育是一种持续的教育过程、不可能是一种短期的行为，不是将所有儿童纳入到普通学校就完事了，而是要向所有儿童提供高质量的教育，并且还要改变社会存在的歧视和排斥的现象、创造人人受欢迎的社区和建立一种人人参与的全纳社会④。有研究表明，全纳教育从特殊教育发展而来，而特殊教育的发展经历了医学模式、心理学模式、社会学模式三个阶段⑤；它是一种持续的教育过程，其实施必须把握好“从家庭到学校”（早期诊断、家庭干预、信息传递、合作）、“学校教育之间”（合理的课程、课堂和评价，取消不合理的留级制，良好的信息传递）和“从学校到社会”（残酷的筛选，服务的间断，基金、行政和立法的分离）三个重要过渡阶段⑥。因

① 孙瑞玉：《全纳教育的宽容之维》，《当代教育科学》2013 年第 14 期。

② 熊絮茸等：《全纳教育与宽容精神的互动与支撑——全纳教育中国化的内在命题》，《内蒙古师范大学学报（教育科学版）》2011 年第 12 期。

③ 张皓等：《论全纳教育的兴起与实施策略》，《太原大学教育学院学报》2013 年第 2 期。

④ 黄志成：《全纳教育——国际教育新思潮》，《中国民族教育》2004 年第 3 期。

⑤ 孔明：《全纳教育及其心理学困境》，《中国特殊教育》2003 年第 6 期。

⑥ 徐玉珍：《全纳教育的三个重要过渡阶段》，《全球教育展望》2004 年第 12 期。

此，“全纳教育”的实施应“因时”“因地”“因人”制宜，逐步实现全纳、公平、有质量的教育。

（二）全纳教育不同于“融合教育”

“全纳教育”与“融合教育”既有区别又有联系，“全纳教育”是对“融合教育”的超越。

第一，区别。首先，历史起源不同。全纳教育发端于全民教育思潮，融合教育来源于特殊教育领域，后者时间早①。其次，关注与服务的范围不同。前者关注所有儿童、服务所有学生，后者关注特殊儿童及其如何融入普通学校。

第二，联系。其一，从概念内隐的核心理念来看，二者都是以追求教育公平、实现平等人权为哲学基础和价值观，融合教育与全纳教育的产生和理念反映了全人类对平等、人权的共同诉求与期望。其二，全纳教育是融合教育发展的目标与方向。其三，全纳教育的实现需要特殊教育领域内融合教育的实践。

第三，“全纳教育”是对“融合教育”的超越。不同于“融合教育”，“全纳教育”是全面接纳所有学生，倡导一视同仁，尽可能通过教育来满足更多人的不同需求②；其核心是接纳、归属感、社区感、发展和公平，倡导通过教育让每一位残障人士生活得同样精彩，是对“融合教育”的突破和超越③。

（三）全纳教育不同于“随班就读”

全纳教育存在多种安置方式。“随班就读”指特殊需要个体在普通学校与普通学生共同学习，它只是全纳教育的一种模式。目前，世界各国特殊教育对象的安置方式日益多样，其中，德国、荷兰、拉脱维亚等国的特殊需要学生主要安置在特殊教育学校，意大利、西班牙、挪威、斯洛文尼亚、希腊、爱沙尼亚等国主要安置在普通学校，英国只有40%的特殊需要学生安置

---

① 李拉：《“全纳教育”与“融合教育”关系辨析》，《上海教育科研》2011年第5期。

② 胡立强：《关于在远程教育中应用全纳教育思想的思考》，《中国教师》2013年第22期。

③ 董奇等：《从融合到全纳：面向2030的融合教育新视野》，《中国教育学刊》2017年第10期。

在特殊教育学校，芬兰特殊教育学校只面向身体与感知障碍（包括聋儿与盲童）学生[①]；美国采用独立设置的特殊教育学校、普通学校中的独立教室、资源教室、普通教室等多元的特殊教育安置形式，教育服务机构则作为满足学生特殊需要的补充[②]；我国存在特校、特教班、随班就读、送教上门等多种安置方式，“随班就读”只是实施全纳教育的一种模式。

三、全纳教育的实践诉求

全纳教育的实践诉求是追求“无障碍”“全纳”“终身化”“协调”“公平化”“高质量”。

（一）“无障碍”生态是全纳教育实践的前提

全纳教育的实现需要人力、物力、财力的投入与保障。具体包括构建全纳特殊教育管理制度与机制，为全纳教育提供制度与组织保障；加大经费投入，改善“无障碍”设施，创造“无障碍”学习与生活环境，提供物质保障；建立全纳特殊教育教师培养体系，培养全纳教师，提供人力保障；建立全纳社会支持体系，增强社会认同，提供舆论支持与保障。可以说，无障碍生态环境是全纳教育实现的前提。

（二）“全纳”教育体系是全纳教育实践的核心

“全纳”教育体系就是指由各级各类教育组成的全纳教育系统。具体包括建立全纳教育机构，能吸纳所有适龄儿童与少年，实现教育对象的“全纳化”；优化学校教育布局，实现不同地区、不同性质教育的“均衡化”；促进学前教育、初等教育、中等教育与高等教育的“一体化”，实现教育时段的“终身化”；实现教育组织形式、方式方法与安置形式的多样化，提供个别化教育服务。可以说，构建全纳教育体系、培育教育的全纳意识与能力是全纳教育的核心所在。

---

① S. Ebersold, etc. , *Inclusive Education for Young Disabled People in Europe: Trends, Issues and Challenges* , ANED: University of Leeds, 2011 , p. 45.

② 李泽慧等：《教育体系与多元安置》，《现代特殊教育》2017 年第 1 期。

（三）“优质服务”是全纳教育实践的关键

全纳教育不仅追求“量”的全纳，而且致力于“质”的优化。具体包括：针对学生不同特点与需要，为所有学生提供个性化教育项目，促进他们个性化成长；提供公平的教育服务，实现教育起点、过程与结果公平；建立全纳教育质量评价指标体系、监测制度与机制，强化各级各类教育的全纳“品质”与“特色”，实现教育服务的“优质化”。因此，提供优质服务是全纳教育实践的关键。

（四）“全纳社会”是全纳教育实践的归宿

全纳社会是全纳教育实践的目标追寻。具体包括：提高公民的全纳意识、教育者的全纳意识与能力，打造“全纳公民”；加强各级各类学校的“软”与“硬”环境建设，营造“无障碍”设施与“全纳”校园文化环境，建设“全纳学校”；加强社区“无障碍”设施与人文环境建设，建设“全纳社区”；完善全纳教育的管理制度与机制，加强全纳教育舆论宣传，提升全纳教育的社会认同与社会支持体系，构建“美人之美”“美美与共”的“全纳社会”。

总之，国内外全纳教育的理论与实践表明，当代基础教育质量评价应自觉吸纳全纳教育思想的精髓，积极探索“全纳”基础教育质量评价体系。

第二节　“全纳”基础教育质量评价的内涵

“评价”一词由来已久，但是，学界目前对“评价”的内涵理解仍存在一些分歧，进一步界定“评价”“教育质量评价”“‘全纳’基础教育质量评价”的内涵实有必要。

一、评价

英语中“evaluate（评价）”由“value（价值）”变化而来，前缀“e”具有“出”“引出”“出自”的意义。汉语“评价”一词最早可追溯到我国

900多年前的北宋时期。《宋史・戚同文传》中就有“市物不评价，市人知而不欺”的记载。这里的“评价”是指讨价还价、评论货物的价格。我国《辞海》（1979）指出，评价就是“评论货物的价格”，“今亦泛指衡量人物或事物的价值”。从其字义来看，“评价”可以理解为“评定其价值”。《辞海》中该词的释义为“衡量人或事物的价值”。同时，评价又经常被视为一种判断，事实判断、价值判断抑或事实判断基础上的价值判断①。

由此可见，评价就是根据某种价值观对事物及其属性进行的判断，亦即对人或物作出好与坏、真与假、善与恶、美与丑、优与劣等的判断，意味着对某一事物的价值给予一般的衡量。据此，本研究认为评价就是主体对客体的价值判断与选择。

二、教育质量评价

教育质量评价产生于20世纪三四十年代，美国泰勒的教育质量评价思想为现代教育质量评价理论和方法的发展奠定了基础，20世纪50年代后期，泰勒的评价理论开始受到挑战，出现了许多新的评价模式，20世纪80年代中后期，教育质量评价逐渐进入到重视质性评定、以质性评定统整量化评价的新时期②。

目前，西方学者大多根据评价目的，定义教育质量评价。比如，泰勒认为评价实质上是一个确定课程与教学计划实际达到教育目标的程度的过程，斯克里文（M. Scriven）认为评价是一种对优缺点或价值的评估，克龙巴赫、斯塔弗比姆等认为评价是为作出关于教育方案的决策提供有用信息的过程，美国评价标准联合委员会等则认为评价是对某些对象的价值和优缺点的系统调查，等等。我国学者一般认为，评价是一种价值判断的活动，是对客体满足主体需要程度的判断。教育质量评价实质上是一种对教育质量的价值判断，它是根据一定的教育价值观或教育目标，运用可操作的科学手段，通过系统地搜集信息、资料，分析、整理，对教育活动、过程和结果进行价值判

① 刘志军：《教育评价的反思和建构》，《教育研究》2004年第2期。

② 李国庆：《从评价到评定：美国基础教育课程评估的转向》，《辽宁教育研究》2006年第3期。

断，从而为不断完善自我和教育决策提供可靠信息，以期达到教育价值增值的过程①。

由此可见，对教育质量的定义主要有两种观点。第一种观点以教育产品质量定义教育质量，注重学生能力或学业成就；第二种观点是采用国际标准化组织的定义，从“投入—过程—产出”的系统概念考察教育质量。综合两种观点，教育质量的评估与监测并不是对学生的个体做全面精确的诊断，更多的是通过学生的个体来反映教育质量的一般状况②；以结果为导向、以可应用为目标、以可测量为原则、以提高质量为宗旨等构成了国际社会对以标准提高质量的基本共识③。

因此，本研究认为教育质量评价是指以教育质量为对象，根据一定的教育价值观或教育目标，采取一切可行的评价技术和方法，通过系统地搜集、分析、解释信息，对教育现象进行价值判断，从而为不断优化教育决策和提升教育质量提供依据的过程。

三、“全纳”基础教育质量评价

基础教育是为个体成人、成才与社会发展奠定基础的教育，包括学前教育、中小学教育④。基于国内外学者对评价、教育质量评价内涵的理解，本研究认为“全纳”基础教育质量评价是对基础教育“全纳”品质的价值判断，它是对“全纳”基础教育满足个体与社会需要程度作出价值评判的活动。

（一）“全纳”基础教育质量评价是对基础教育“全纳”品质的价值评判，应再现基础教育的“全纳”意识与能力

全纳教育是一个循序渐进的过程，旨在为所有人提供优质教育，它需要尊重多样性、不同需要与能力，尊重学生及共同体的特色与学习预期，消除

① 陈玉琨：《教育评价学》，人民教育出版社 1999 年版，第 7 页。
② 赵茜：《城乡一体化的教育质量保障制度研究》，《教育科学研究》2011 年第 6 期。
③ 靳晓燕：《专家为教育质量制定国家标准》，《光明日报》2011 年 9 月 2 日。
④ 李尚卫：《基础教育价值论》，中央文献出版社 2009 年版，第 13—14 页。

一切形式的歧视[①]；应立足普通人的教育权利和残疾人的特殊需求，强化对处境不利者的理解与关爱[②]；需要愿景、技能、激励、资源和行动计划[③]，学校内部与校际之间的合作、学校与社会的密切联系、跨境域的网络化以及跨境域的相关证据联合和有效使用[④]。在“全纳文化”实践中，教师应使每位学生都能享受到同等优质的教育，感受到集体的温暖，从而促进学生健康、快乐地成长[⑤]；幼儿园应关注和接纳特殊需要儿童，在教育过程中努力满足不同儿童的教育需要，建立全纳教育支持系统，多方协作共同促进特殊需要儿童发展[⑥]。同时，2002 年，《教育部关于积极推进中小学评价与考试制度改革的通知》，（以下简称 2002 年《通知》）明确指出，中小学评价与考试制度改革要全面贯彻党的教育方针，充分发挥评价的促进发展的功能，评价标准既应注意对学生、教师和学校的统一要求，也要关注个体差异以及对发展的不同需求，为学生、教师和学校有个性、有特色的发展提供一定的空间。因此，“全纳”基础教育质量评价应评判基础教育的全纳“意识”与能力。

（二）“全纳”基础教育质量评价也是价值创生的过程，应致力于提升基础教育全纳“品质”

评价不仅要对教育主体表现的好坏、基础教育质量的高低作出评判，而且还应帮助办学主体、教育主体发现管理、教学中存在的问题，为他们提供策略指导，促进他们进一步改进工作、提高质量，实现学校、教育者、受教育者的和谐、可持续发展。全纳教育评价目的是使教师和学校能够满足学生

① C. Acedo, etc. , *Defining an Inclusive Education Agenda*: *Reflections Around the 48th Session of the International Conference on Education*. Geneva: UNESCO IBE. Retrieved from: http: //unesdoc. unesco. org/images/0018/001868/186807e. pdf. 2009 - 12 - 30.

② P. Zgaga, “The Future of European Teacher Education in the Heavy Seas of Higher Education”, *Teacher Development*, 2013 (10) .

③ World Health Organisation, *World Report on Disability*, Geneva: WHO Press, 2011, p. 216.

④ M. Ainscow, etc. , “Making Education for all Inclusive: Where Next?”, *Quarterly Review of Comparative Education*, 2008 (1) .

⑤ 丁爱平：《运用全纳教育思想创新班级文化建设研究》，《成才之路》2017 年第 17 期。

⑥ 李玉莲：《幼儿园实施全纳教育的必要性与可能性及其开展途径》，《学前教育研究》2014 年第 6 期。

广泛的、不同的需求，使其获得适合自身的最大可能的发展；应有助于教师对班级里不同的学生作出相应的教学计划，有助于学校发展并使其更具有全纳性；应用学习者喜欢使用的语言，内容在儿童自己的文化里必须有意义，评价情景必须以一种在文化上学生不会被置于不利地位的方式构建；不再单纯地关注学生在学年末是否达到所要求的水平和目标，应旨在能够快速反馈学生正在取得的进步；需要家长、学生的积极参与；应使用累积性评价、真实评价、行为评价、掌握性评价、例卷评价等多种形式方法[①]。因此，“全纳”基础教育质量评价应促进“价值增值”。

第三节　“全纳”基础教育质量评价的基本特点

“全纳”基础教育是对所有儿童少年实施的基本素质教育。有研究者认为，特殊基础教育具有特殊性、全纳性、公正性、义务性[②]；基础教育质量评价应该坚持基础性、公正性、人文性、发展性原则[③]。“全纳”基础教育评价不仅具有基础性、人文性、公正性、发展性，而且应体现全纳性。

一、全纳性

“全纳性”是“全纳”基础教育的首要特征，是其生存与发展的前提。“全纳”基础教育评价就是对基础教育是否具有“全纳”品质的价值评判，理应具有“全纳性”。

① 艾丽：《全纳教育的评价过程》，《全球教育展望》2006 年第 2 期。

② S. W. Li, “Connotation and Fundamental Features of Basic Special Education: Perspectives of Semantic Analysis”, *In Proceedings of 16th International Conference on Issues Related to Individuals with Specific Needs & 3rd Young Research Workers Conference* (17 – 18 March, 2015), Olomouc: Palacky University.

③ S. W. Li, etc., “Reflecting the Evaluation of Basic Education in China”, *Cross – Cultural Communication*, 2012 (6).

（一）“全纳”基础教育活动主体

“全纳”基础教育质量评价是对基础教育活动全过程的评判，需要教育主管部门、学校、教师、学生、家庭与社会的共同参与，体现评价主体的“多样性”。

第一，应吸纳教育主管部门的参与。主管部门是地方基础教育的决策者与管理者，是经费投入、资源分配与质量监控的主导者，是基础教育活动的支持者、引路人，在评价中应充分发挥监督指导作用。但是，地方主管部门及管理者不是基础教育的唯一评价者，不能搞“一言堂”，而应充分调动基础教育学校、家庭、社会的办学积极性，坚持“群众路线”的工作作风，广泛听取办学主体及相关利益者的意见，从而确保评价的客观、全面。因此，教育主管部门理应成为“全纳”基础教育质量评价的参与者、指导者。

第二，应尊重基础教育学校的办学自主权。基础教育学校是基础教育决策的执行者与实践者，肩负着传承人类优秀文化、培育合格人才、提升国民整体素养的历史使命，理应是被评对象、接受上级主管部门的监督与指导；同时，基础教育学校也是办学主体，学校管理者是基础教育学校办学理念、办学目标、课程体系的设计者与教育活动的组织者、指导者与监督者，理应在基础教育学校质量评价中起主导作用。因此，“全纳”基础教育学校质量评价应坚持自评与他评相结合、以自评为主，充分调动学校的办学积极性、增强学校的办学自主权、促进学校的健康发展。

第三，应发挥基础教育教师的主体性。教师是从事教育活动的专业人士，从业前不仅要接受专门训练、取得从业资格，而且教学过程中也要接受办学主体及相关利益者的监督；同时，教师是人类文明的传播者与创造者，是基础教育学校人才培养的主导者。因此，基础教育教师既是基础教育评价主体之一，也是基础教育评价的客体，“全纳”基础教育教师质量评价理应充分调动教师教学与管理的积极性，促进其专业成长与教育智慧增长。

第四，应尊重基础教育学生的主体性。学生是指正在教育机构接受教育的人，既是传统人类文化的继承者，也是未来人类文明的创造者与建设者，学生质量好坏决定基础教育的生存与发展；他们不仅是基础教育评价的客体，而且也是基础教育评价活动的参与者。因此，“全纳”基础教育学生质量评价应能激发学生的学习主动性、积极性、创造性，促进其德、智、体、美的和谐发展与个性化成长。

第五，应调动家庭与社会的参与热情。家庭与社会既是基础教育活动的参与者，也是基础教育的受益者，不仅要为学生提供人力、财力、物力的支持，而且要创造“无障碍”环境、为学生提供精神支持。“全纳”基础教育质量评价理应尊重家庭与社会的知情权，充分调动他们的参与热情和积极性。

（二）评判基础教育活动的“全纳”品质

“全纳”基础教育质量评价是对基础教育质量好坏的价值评判，理应评价基础教育学校、教师、课程与学生的“全纳”品质。

第一，应再现基础教育学校的“全纳”品质。“全纳教育”是全面接纳所有的学生，倡导一视同仁，尽可能通过教育来满足更多人的不同需求①。其核心是接纳、归属感、社区感、发展和公平，倡导通过教育让每一位残障人士生活得同样精彩，是对融合教育的突破和超越②。基础教育学校是学生学习与生活的场所，不仅要配备基本教学设施、无障碍设备，能容纳一定数量师生进行教育教学活动、确保教学活动的正常开展，而且要提供和谐、宽容的校园文化氛围，使每个学习者受到公正、平等的待遇，具有全纳“意识”与能力。“全纳”基础教育质量评价理应评判基础教育学校的“全纳”品质，具体包括基础设施与校园文化是否满足师生的学习与生活需要。

第二，应再现基础教育教师的“全纳”意识与能力。教师是基础教育活动的组织与实施者，是学生成人成才的关键所在。“全纳”基础教育教师不仅应具备基础教育、“全纳教育”基本知识、能力，为受教育者掌握基础知识、基本技能打基础而且应具有“全纳”情感与态度，平等、公正对待每个学习者，使他们养成“全纳”意识与理念。“全纳”基础教育质量评价理应再现基础教育教师的“全纳”品质。

第三，应再现基础教育课程的“全纳性”。课程是基础教育活动的核心

---

① 胡立强：《关于在远程教育中应用全纳教育思想的思考》，《中国教师》2013 年第 22 期。

② 董奇等：《从融合到全纳：面向 2030 的融合教育新视野》，《中国教育学刊》2017 年第 10 期。

内容，是师生交流的桥梁与纽带。“全纳”基础教育是面向所有适龄儿童的实践活动，教育对象常常更加多样、广泛；不同于传统的基础教育课程主要关注课程目标、内容、方法与评价的“通识性”，“全纳”基础教育课程常常要充分考虑学生在身心方面的个体差异，更加注重课程目标、内容、方法与评价的“多样性”“差异性”。因此，“全纳”基础教育质量评价应评判基础教育课程的“全纳”特质。

第四，应再现基础教育阶段学生的“全纳”素养。学生是基础教育的受教育者，既有主观能动性，又是不成熟的个体、可塑性较强；学生质量直接体现着基础教育学校办学水平、教师教学质量的好坏与课程体系是否科学合理。“全纳”基础教育不仅要使学生掌握基础知识、基本技能与端正态度，而且应使他们形成“全纳”意识、具备“全纳”能力。因此，“全纳”基础教育质量评价应评判基础教育阶段学生的“全纳”素养。

二、基础性

基础性是“全纳”基础教育的本质特点，“全纳”基础教育质量评价是对“全纳”基础教育满足个体与社会需要程度的价值判断，应再现“全纳”基础教育的奠基作用。

（一）再现对个体成长的奠基作用

“全纳”基础教育是所有受教育者个人生存与发展的基础，它应使受教育者学会求知、学会做事、学会共处、学会做人。“全纳”基础教育质量评价应评判基础教育在所有受教育者个体基本素质提高方面的价值。

第一，应反映所有受教育者基本知识技能的掌握程度。学校教育是传授人类间接经验的活动，基础知识、基本技能是“全纳”基础教育的重要内容，是儿童青少年素质的重要组成部分；没有基本的知识技能储备，就没有高级知识和能力的实现。2002 年《通知》指出，学习能力与交流合作能力是中小学的基础性发展目标，而它们的培养都离不基本的知识与技能的掌握。因此，“全纳”基础教育质量评价，首先应对基础教育在增长受教育者基础知识和基本技能的情况作出鉴别，充分发掘基础教育在认知方面的奠基作用。

第二，应反映所有受教育者基本道德素养的增长情况。德育是学校教育的重要组成之一，培养受教育者的基本道德素养是基础教育的重要职责；没有基本道德品质的培养，就没有更高级道德修养的养成。高尚的道德素养是个人成人成才的基本条件，有才无德，即使“才”再高也不能真正实现“才”的价值。2002 年《通知》指出，中小学评价应以培养学生的道德品质和公民素质为基础性目标之一，应培养受教育者爱祖国、爱人民、爱劳动、爱科学、爱社会主义和遵纪守法、诚实守信、维护公德、关心集体、保护环境等基本道德品质，形成自信、自尊、自强、自律、勤奋、对个人行为负责、积极参加公益活动、具有社会责任感等公民素养。因此，受教育者基本道德素养的增长程度应是“全纳”基础教育质量评价的重要指标。

第三，应反映所有受教育者基本审美素质的提升状况。美育是学校教育的又一个重要方面，学会基本的审美观念、审美情趣是儿童青少年今后学习和生活中不可缺少的基础素养；没有基本的审美素养，就没有“美人之美”的高尚情操、“美美与共”的社会美境。2002 年《通知》指出，审美与表现是中小学评价的基础性目标之一，中小学应使学生能感受并欣赏生活、自然、艺术和科学中的美，具有健康的审美情趣，积极参加艺术活动，用多种方式进行艺术表现。所以，基本审美素质的提升程度是评判“全纳”基础教育价值的重要尺度。

（二）再现对社会发展的奠基作用

“全纳”基础教育不仅是个人生存与发展的基础，而且是国家、民族生存和发展与全纳社会的基础，满足社会需要、建立全纳社会是“全纳”基础教育的最终目的。“全纳”基础教育质量评价应对“全纳”基础教育在社会精神文明建设、物质文明建设的奠基作用作出价值判断。

第一，应再现“全纳”基础教育对精神文明建设的奠基作用。教育是人类文明传承的重要手段，“全纳”基础教育是“全纳”教育之本，它既是民族素质提高的基础，又是人类文化继承与发展和全纳社会建设的基础，是整个精神文明建设的奠基工程。同时，教育也是精神文明建设的重要组成，“全纳”基础教育的普及程度和发展水平的高低是衡量人类文明程度高低的重要标志之一。因而，精神文明建设是“全纳”基础教育的重要价值目标，精神文明建设的奠基作用是评判“全纳”基础教育价值大小的重要尺度。

第二，应反映“全纳”基础教育对物质文明建设的奠基作用。“全纳”基础教育虽然不能直接为社会创造物质财富，也不能直接促进社会生产力的发展，但它能为社会生产力的发展提供最根本的条件，为整个民族劳动力素质、劳动者生产能力的提高打下基础。目前，研究者十分重视基础教育经济价值的研究，认为尽管其经济价值具有间接性、迟效性，但是，基础教育在社会物质资料生产和再生产中具有积极作用，基础教育的投资会比其他教育阶段投资获取更多的经济盈利。“全纳”基础教育作为重要的经济“软件”是生产性和发展性投入。因此，“全纳”基础教育质量评价不能忽视基础教育在物质文明建设方面的奠基作用。

三、人文性

人文思想由来已久，特别是随着现代人文主义思潮的兴起，人文价值成了价值哲学研究的重要领域之一。我们认为人文价值是“全纳”基础教育的本体价值，人文性是“全纳”基础教育质量评价的核心。

（一）再现“人”的价值

教育者与受教育者是教育中“人”的因素，“人”的价值实现是“全纳”基础教育其他价值实现的前提，“人”的价值应是“全纳”基础教育质量评价的核心指标。

第一，应再现“人”的主体性的发挥。基础教育活动是一种主体性活动，应充分调动师生双方在教育教学实践中的主观能动性；“全纳”基础教育理论与实践应加强对教育主体的关注，注重教育者和受教育者主体性的充分发挥和显现。人的主体性发挥是“全纳”基础教育价值实现的重要标志，基础教育主体的主体性的实现程度是评价“全纳”基础教育“人”的价值的首要指标。因此，“全纳”基础教育质量评价应充分显现人的主动性、积极性与创造性，主体性的发挥程度应是“全纳”基础教育价值评判的首要任务。

第二，应反映“人”的自由和谐发展。教育的终极目的是培养真、善、美统一的完美人格，对于一个人而言，真是骨骼、善是经脉、美是皮肉①。“全纳”基础教育应为每个受教育者的进一步发展创造条件，使他们学会生存、学会学习、学会关心、学会做事、学会生活，具有自主、进取和开拓精神，形成健全的身心、丰富的个性、高度的适应能力。教育主体的自由和谐发展是“全纳”基础教育“人”的价值的具体表现，“全纳”基础教育质量评价应以基础教育在促进人的德、智、体、美和谐发展中的作用为基本目标，应以教育主体的真、善、美和谐发展程度为核心指标，充分显现“全纳”基础教育对“人”的价值。

（二）凸显“文”的价值

文化传承是教育的基本功能，人类文明的继承和发展是“全纳”基础教育的本体目标。“文”的价值是其对人类文化、文明传递的意义，表现为知识、道德、审美价值等，评判“文”的价值是“全纳”基础教育质量评价的核心内容。

第一，应反映“全纳”基础教育的文化传递性。教育的本质属性是文化传递性，它是对人类优秀文化的传承。当前，我国正在全面推进基础教育改革与“全纳”教育，学术界十分重视基础教育改革与“全纳”教育的研究，特别是基础教育评价理论体系的进一步完善，无疑为基础教育“文化传承”价值的达成提供了坚实的理论基础，使评价基础教育“文”的价值有了可能。但是，我国目前基础教育的“全纳”意识与能力仍十分有限，城乡基础教育、普通与特殊基础教育以及学前、小学、中小学教育仍发展不充分与不均衡。因此，我国基础教育质量评价应在已有理论与实践的基础上，不断将理性思考与实践验证有机结合起来，充分揭示“全纳”基础教育“文化传承”价值的内在含义，推进“全纳”基础教育“文”的价值的充分实现。

第二，应再现人类真、善、美的和谐发展。真是衡量与评价个体认识与科学理论的价值尺度，即真理、合规律性；善是衡量与评价个体行为或人类

① 庞学光：《教育的终极目的论纲》，《教育研究》2001 年第 5 期。

实践活动的价值尺度，即合目的性；美是沟通真与善的桥梁①。基础教育就是通过基础知识、基本技能的传授来实现其认知价值，通过塑造高尚的道德行为、品质和理想来实现其道德价值，通过培养高尚的审美情趣、创造美的作品来达成其审美价值。因此，促进人类真、善、美的和谐发展是“全纳”基础教育的核心目标，真、善、美的和谐发展程度应是“全纳”基础教育质量评价的核心指标。

四、公正性

公正分为实质公正和程序公正两个方面②。前者是指规则本身的公正，它是公正的内容，适用于对规则的评价；后者是指对法律和制度的公正和一贯地执行，而不管他们的实质原则是什么。程序公正是实质公正的具体落实和基本保证，实质公正是程序公正的基本前提与最终归宿。“全纳”基础教育质量评价的公正性主要体现在程序公正与实质公正两方面。

（一）体现程序公正

程序公正就是指“全纳”基础教育质量评价中严格遵循评价制度、规则要求，将评价制度与规则一贯地、公正地适用于每一个被评对象。“全纳”基础教育质量评价的程序公正主要表现为执行评价标准的一贯性、严谨性、灵活性。

第一，应坚持评价标准的一贯性。一贯性就是指评价标准、规章制度能够得到长期贯彻执行。“全纳”基础教育质量评价只有连续、一贯地坚持“全纳”基础教育的评价标准，认真贯彻规章制度，才能充分发挥评价标准、规章制度的作用。相反，如果不执行或时断时续地执行，那么，一切评价标准、规章制度就形同虚设或有名无实，不能发挥或不能长期发挥应有的作用。

第二，应体现评价标准的严谨性。严谨性是指评价标准、规章制度能够

① 桑新民：《呼唤新世纪的教育哲学——人类自身生产探秘》，教育科学出版社 1993 年版，第 303—305 页。

② 程立显：《伦理学与社会公正》，北京大学出版社 2002 年版，第 335 页。

得到严格执行。它要求在“全纳”基础教育质量评价中，不论是学校评价、教师评价还是学生评价，都应该坚持评价标准的同一性、不偏不倚地平等对待每一个被评对象，不能随意地变更评价标准，否则，评价标准、规章制度就没有约束力，不能发挥积极作用。

第三，应坚持评价标准的灵活性。灵活性就是指在评价时不能“一刀切”，要具体问题具体分析。坚持评价标准的一贯性、严谨性，并不是要绝对死板地执行评价标准、规章制度。“全纳”基础教育质量评价的对象是人或是由人组成的群体、单位，具有很强的复杂性。“全纳”基础教育质量评价应该充分考虑这种复杂性，评价时既要坚持原则性又要把握好“度”，具有一定灵活性。“全纳”基础教育质量评价中，评价者应该针对被评对象的实际情况，具体问题具体分析，灵活处理特殊事件，确保评价过程的合理性、公正性。

（二）再现实质公正

实质公正就是指“全纳”基础教育质量评价要有公正、科学的客观标准。“全纳”基础教育质量评价中应讲求信度、效度，杜绝偏见，避免因评价对象的不同而受到不公正的惩罚①。目前，我国“全纳”基础教育质量评价制度初步形成，但是，还需要增强评价标准的可操作性、时效性，凸显“全纳”特质。

第一，应反映不同的价值需求，提高评价标准的针对性。“全纳”基础教育质量评价应该真实地再现受教育者、教育者、学校、家庭和社会的价值需求，确保各方利益得到充分的满足。改革开放 40 多年来，随着基础教育法律法规的不断完善，特别是 2002 年《通知》发布以来，我国基础教育质量评价体系基本形成，但是，对城乡地区差异、普通与特殊儿童个体差异以及学前、小学、中学不同性质、不同层次基础教育缺乏针对性，“全纳”基础教育评价体系仍不健全。因此，我国还需进一步完善普通与特殊儿童学前教育、小学与中学教育评价制度，建立“全纳”基础教育质量评价监测指

---

① ［美］W. James Popham：《促进教学的课堂评价》，国家基础教育课程改革“促进教师发展与学生成长的评价研究”项目组译，中国轻工业出版社 2003 年版，第 59 页。

标体系。

第二，应适时补充、完善，增强评价标准的实效性。规章制度一旦形成，就应该具有一定的稳定性，因为它是一定历史时期人民意志的体现。但是，它不是亘古不变的，随着时代的变迁、社会的进步、教育的发展，应做适时的补充、完善。我国《宪法》（1982、2018）、《义务教育法》（1986、2018）、《残疾人保障法》（1990、2008）、《残疾人教育条例》（1994、2017）等法规的修订就是很好的证明。我国基础教育质量评价体系不仅现在而且将来都需要不断完善，不断充实评价内涵、完善评价标准以及反映时代需求，这也是公正的基础教育质量评价的必然追求。因此，我国不仅需要进一步健全基础教育质量评价制度与指标体系、凸显“全纳性”，而且需要与时俱进、不断创新、增强“实效性”。

五、发展性

2002 年《通知》指出，中小学评价与考试制度改革的根本目的是为了更好地提高学生的综合素质和教师的教学水平。发展性是现代教育评价的基本特征，促进学生、教师和学校自身的发展才是“全纳”基础教育质量评价的最终归宿。

（一）促进基础教育学生的健康成长

学生是基础教育的主体之一，学生评价是“全纳”基础教育质量评价最基本的领域。“全纳”基础教育质量评价不仅要评价学生个体学习已取得的进展和变化情况，而且还应促进学生的可持续发展，全纳基础教育学生评价应是发展性的学生评价。

第一，应促进学生主动参与意识。建构主义学习理论认为学生学习是主动建构新知识和重组旧经验的过程，学生是自主的学习者。“全纳”基础教育质量评价应充分调动学生的积极参与意识，变“要我评”为“我要评”，使学生既是被评对象又是评价者。有效的学生评价是一种真实性评价、表现性评价，它要求在真实的生活环境中评价学生的表现，视学生为积极的参与者、教师合作的伙伴①。因此，学生评价应充分相信学生自身在评价中的作用，充分发挥学生在评价中的主动性，通过学生的自评不断提高其自我反思能力、促进他们主动的发展。

第二，应促进学生学习积极性的提高。学生评价应当使学生感到自己有价值、受到尊重，并且有信心发展自己的能力②。对学生的评价不仅要帮助学生发现已经取得什么成绩、发生了什么变化，而且还要帮助他们认识并欣赏自己能做好的事情，使他们在已有知识的基础上获得积极的学习经历，从而激发他们的学习动机、促进其健康成长。“全纳”基础教育质量评价应在评判所有学生已取得成就的基础上，充分调动他们进一步学习和发展的内在动力，激发和提高他们的学习积极性、创造性。

第三，应促进学生的全面、和谐发展。素质教育、主体教育、合作教育、全纳教育是当代基础教育实践追寻的办学目标，也是基础教育理论研究密切关注的话题，促进学生素质的全面、和谐发展是“全纳”基础教育实践和理论研究的理想目标。当代学生评价重视评价内容的全面性，要求评价能全面地反映教育目标，对学生认知、情感以及动作技能的发展作出全面的评价，以促进学生的全面发展。“全纳”基础教育质量评价不仅应该评判基础教育在学生全面素质提高方面的意义，而且还应“以评促学”，使学生的综合素质得到进一步发展。

（二）促进基础教育教师的专业成长

教师不仅是基础教育的主体，而且在基础教育中起着主导作用。教师既是评价者，又是被评对象。教师评价既具科学性又有人文性，中小学教师评价不仅要求评价目的、内容、手段、结果等合理、科学，而且应坚持以人为本，充满人文色彩③。“全纳”基础教育质量评价不仅要鉴定教师现状，还应不断促进他们的专业成长。“全纳”基础教育教师质量评价应是发展性教

---

① ［美］Ellen Weber：《有效的学生评价》，国家基础教育课程改革“促进教师发展与学生成长的评价研究”项目组译，中国轻工业出版社 2003 年版，第 10—14 页。

② ［美］Ellen Weber：《有效的学生评价》，国家基础教育课程改革“促进教师发展与学生成长的评价研究”项目组译，中国轻工业出版社 2003 年版，第 85 页。

③ 李尚卫：《论中小学教师评价的人文意蕴》，《当代教育科学》2008 年第 20 期。

师评价。

第一，应促进全体教师积极性的充分发挥。教学是学校教育工作的中心环节，教师在基础教育教学中起着主导作用。梅特卡夫认为成功的教师评价制度应使教师的工作成绩和贡献受到重视和表扬①，教师一旦感受到自己受到重视和表扬，他们的自尊心就会提高，其重要意义不亚于物质奖励。“全纳”基础教育质量评价就应全面评价教师在教育教学中的实际表现，充分肯定教师的工作业绩，客观评价他们的不足，特别是通过奖惩制度、评价制度的不断完善来充分调动他们的积极性。

第二，应促进教师自我反思能力的发展。反思是对思维的自我认识、自我批判、自我否定和自我更新，没有反思就没有思维与科学本身的发展②。教师要成为真正的专家，就必须不断提高自我反思、自我监控的能力。教师自评是当代教师评价的重要手段，是教师对自己言行的自我评判，是提高教师自我反思能力的重要手段。“全纳”基础教育质量评价应该通过多种方式不断提高教师自我评价、自我反思的能力，促进教师学会自觉监控自身言行和教学活动，主动提高教学水平和自身素质。

第三，应促进教师教育教学能力的提高。教书育人是教师的主要职责，提高教学能力是基础教育质量的有力保障。现代教师评价应注重教师的专业发展，强调评价形成性功能的发挥③。教师评价不仅要评价教师的优点，而且要评价他们的不足甚至缺点，特别是应不断帮助他们发现、改正教学中的缺点，提高教学质量。“全纳”基础教育质量评价就应对教师的教学情况作出恰当、及时的反馈，使他们充分认识到自身教育教学能力上的不足、不断提高教学技能技巧，真正发挥教书育人的作用。

（三）促进基础教育学校特色创生

学校是实施教育教学活动的场所、是办学的主体，学校办学能力、办学效益是学校评价的主要内容，促进学校的个性化发展是发展性学校评价的根本目的。基础教育质量评价就应有利于学校的自身发展，有利于其办学能

① 王斌华：《发展性教师评价制度》，华东师范大学出版社 1998 年版，第 35—36 页。
② 陈志良：《思维的建构与反思》，中国人民大学出版社 1989 年版，第 120—203 页。
③ 沈玉顺主编：《现代教育评价》，华东师范大学出版社 2002 年版，第 101 页。

力、效益的不断提高与特色的形成。

第一，应促进学校办学能力的提高。办学能力是学校人力、财力和物力等资源的综合反映，其中教师队伍、学校领导班子建设和学生素质是学校办学的主体因素，教学质量和管理水平是学校办学的关键指标、是学校生存和发展的关键环节。“全纳”基础教育质量评价应着眼于调动各个方面的积极性，帮助学校不断提高教育工作者的教育教学工作能力和教学质量，特别是应及时反馈评价信息，对学校当前存在的问题进行全面认真的分析，为学校的进一步发展提出切实可行的目标和策略，进而不断提高学校自身的办学能力。

第二，应促进学校办学效益的提高。办学效益是指以较少的教育投入取得较大的教育收益，它是学校发展的目标和进一步发展的重要前提；只有高水平的办学效益，才能赢得更大的社会声誉、社会回报，增强社会、学生家长对教育投入的信心，进而促进学校办学规模的扩大、办学条件的完善，为学校的发展提供更广阔的时空。“全纳”基础教育质量评价应以学校的办学效益为旨归，帮助学校充分、合理、高效地利用人力、财力和物力，节约学校办学成本，扩大办学收益，为提高学校的办学效益出谋划策。

第三，应促进学校的个性化。办学特色是一个学校生存和发展的重要标志，对中小学进行评价时，既要看到其在同类学校中的重要程度，又要根据学校自身的发展历程进行纵向比较，在评价目的上区别对待，对学校自身的办学特色进行客观公正的分析和评价。承认学校的个别性是发展性学校评价的基本特征①。“全纳”基础教育质量评价就应注重学校的个别性，在评价活动中应根据学校自身特点进行评价内容、标准、方法等的选择，着眼于发现学校的特长、发掘学校的发展潜力，选准学校的最佳发展区和生长点，指导和帮助学校发挥优势、弥补不足，逐步形成学校自身的办学模式、办学特色，促进其个性的生长。

---

① 沈玉顺主编：《现代教育评价》，华东师范大学出版社 2002 年版，第 147 页。

第四节 "全纳"基础教育质量评价的要素

价值是客体直接或间接地满足主体的需要所具有的性能，它反映的是价值主体与价值客体的内在联系。我们认为"全纳"基础教育质量评价主要由价值主体、价值客体、价值关系三个要素构成。

一、"全纳"基础教育质量评价主体

广义的主体是普遍存在的事物相互作用中能动的、主动的一方，包括个人主体、群体主体和人类主体等；狭义的主体是指人①。评价主体是指"全纳"基础教育质量评价中主动的一方，它不仅指人，还包括由人组成的群体、社会，具体包括个人主体、群体主体和人类主体。管理系统也是"全纳"基础教育质量评价的价值主体，具体包括基础教育管理者、教育者或教师，这个层次既可以作为群体主体出现，也可以作为个体主体出现；受教育者或学生是"全纳"基础教育质量评价最直接的价值主体，如果"全纳"基础教育质量评价对他们没有任何价值，他们就不会有接受教育、发展自我、改造自我的任何动力。

评价主体是"全纳"基础教育质量评价体系中主动的一方，具有主体性、差异性、客观制约性。然而，人或人类并不是任何时候都能成为主体，只有在他们成为意识到的存在者和价值实现者时，才能成为价值主体②。

（一）"全纳"基础教育质量评价主体具有主体性

主体性是主体所潜在地具有并且能够发挥出来的属性，它是能动性和受动性的和谐统一③。

首先，"全纳"基础教育质量评价主体的价值行为具有能动性。主体是

① 郭湛：《主体性哲学——人的存在及其意义》，云南人民出版社 2002 年版，第 12 页。
② 司马云杰：《文化主体论：一种价值实现的精神科学》，山东人民出版社 1992 年版，第 11 页。
③ 魏小萍：《"主体性"涵义辨析》，《哲学研究》1998 年第 2 期。

人在与客体、与他人、与自我的现实关系中确立起来的。能动性是作为价值主体的人在"全纳"基础教育质量评价活动中所展现出来的积极性、自主性、创造性、独特性等特征。

其次,"全纳"基础教育质量评价主体的价值行为具有受动性。评价主体对"全纳"基础教育价值的认识、选择与评价不是完全自由的,它要受客观条件与自身认知水平的制约。

最后,"全纳"基础教育质量评价主体是不断发展变化的。个体的主体性发展经历了自在、自然、自知、自我、自失、自觉、自强、自为和自由九个阶段①,是一个从自发到自觉、为我到为他、受动性到能动性不断成熟的过程。主体性会随着主体年龄的增长而发展变化,"全纳"基础教育质量评价主体成长的过程也是其主体性不断成熟的过程。

(二)"全纳"基础教育质量评价主体具有个体差异性

"全纳"基础教育质量评价主体的个体差异性主要表现为存在不同价值主体,评价主体具有不同的价值选择。

首先,"全纳"基础教育质量评价主体包括个体主体、群体主体和人类主体等多种形式。"全纳"基础教育质量评价的"个体主体"包括基础教育管理者、教育者、受教育者、教育理论研究者、家长、一般公民等;"群体主体"主要指政府、家庭、学校、社会团体、联合国组织等;"人类主体"则是指人类社会。

其次,不同评价主体由于自身认识的局限以及客观条件的制约,对"全纳"基础教育质量评价的认识、选择、评判是不同的。个体对教育的价值需要往往从自己的切身利益出发,希望通过教育提高自己的文化水平、发展自己的社会关系、改善自己的生活状况、获得理想的社会地位,把教育作为一种生活的形态、期望在教育过程中获得精神上的满足和愉悦;在教育价值取向上具有个体性和短期性,要求教育为自己提供学习各类与社会生活和生产所必需的知识、技能和能力的机会②。

---

① 郭湛:《主体性哲学——人的存在及其意义》,云南人民出版社 2002 年版,第 67—81 页。

② 王卫东:《关于教育价值问题的讨论》,《教育研究》1996 年第 4 期。

（三）“全纳”基础教育质量评价主体具有客观制约性

“全纳”基础教育质量评价主体的客观制约性体现为其价值行为不仅要受社会、国家、文化传统、教育发展状况、家庭等外在客观环境的制约，而且要受遗传素质、自身认知发展水平等内在因素的影响。“全纳”基础教育质量评价主体应该充分认识到自身的客观制约性，才能在实际的价值活动中充分发挥自身的主观能动性，促进“全纳”基础教育价值与自我价值的充分实现。

二、“全纳”基础教育质量评价客体

广义的客体是在普遍存在的事物相互作用中受动的、被动的一方；狭义的客体是人的活动所指向的对象①。评价客体是“全纳”基础教育质量评价构成中受动的一方，即基础教育本身，主要包括“全纳”基础教育的特点、内容、学制、目的、质量等。但是教育不同于其他社会现象，它是培养人的活动，是生产高质量人才的活动，其最终产品是人，因此，“全纳”基础教育质量评价的价值客体还包括学校、教育者、受教育者。

评价客体是“全纳”基础教育质量评价中受动的一方，它是“全纳”基础教育质量评价的具体体现者，具有客观性、受动性、相对性。

（一）“全纳”基础教育质量评价客体具有客观性

只要基础教育活动存在，其价值客体就会客观存在，它是不以人的主观意志为转移的。“全纳”基础教育中学校、教育者、受教育者不仅直接影响到“全纳”基础教育质量评价的价值实现，而且影响到国家、社会、研究者、家长等价值主体需要的满足程度。

（二）“全纳”基础教育质量评价客体具有受动性

“全纳”基础教育质量评价客体的受动性不仅表现为作为纯粹客体的基

① 郭湛：《主体性哲学——人的存在及其意义》，云南人民出版社 2002 年版，第 12 页。

础教育内容、学制、目的等受价值主体的行为支配，而且表现为作为客体的教育者或受教育者仍然要受其自身认知水平与客观条件的制约。

（三）“全纳”基础教育质量评价客体具有相对性

“全纳”基础教育质量评价主体与客体是相比较而存在的，特别是作为评价客体的教育者或受教育者是相对基础教育系统内部而言，是互为主客体的。但是，相对国家、社会、研究者、家长而言，教育者、受教育者则作为“全纳”基础教育质量评价客体而存在。

三、“全纳”基础教育质量评价主客体关系

“全纳”基础教育质量评价主体与客体是一个矛盾体，既对立又统一，矛盾双方在相互作用中共同构成“全纳”基础教育质量评价的价值关系。

（一）“全纳”基础教育质量评价主体与客体是对立统一的

第一，“全纳”基础教育质量评价主体与客体是相互区别的。首先，评价主体是主动的一方，具有主动性；评价客体是受动的一方，具有受动性。其次，评价客体的属性与评价主体的需要并不是完全一致的。主要表现在：评价主体与客体都是在不断变化的，不可能完全同步；评价主体的价值需要总是多样的、不断变化的，而评价客体的属性总是相对稳定的；评价主体的价值需要并不总是合理的，它会受价值主体自身的认识水平的制约。

第二，“全纳”基础教育质量评价主体与客体是相互联系的。首先，二者是相互依存的。评价主体与客体是一个事物的两个方面，没有评价主体就没有评价客体，二者缺一不可。其次，二者相互作用。评价客体制约着主体，基础教育价值的本质就是使价值客体内化为主体机体及主体本质力量的过程，即客体主体化①；评价主体将自己的本质对象化，创造了人化自然，反作用于评价客体。最后，二者都会随着自身的完善与社会条件的改善在一定时期达到一定程度的一致。

---

① 王玉樑：《21世纪价值哲学：从自发到自觉》，人民出版社2006年版，第154页。

（二）“全纳”基础教育质量评价是评价主体与客体协同作用的结果

“全纳”基础教育活动是主客体多种因素相互作用的结果，“全纳”基础教育质量评价的价值关系反映的是，评价主体价值需要与客体属性一致性的关系，具有表现为评价系统内部价值主体与客体关系外部价值主体与客体关系。

第一，“全纳”基础教育质量评价系统内部价值主体与价值客体的关系。“全纳”基础教育质量评价系统内部价值主体与价值客体之间的关系主要表现为，基础教育与教育主体之间的关系、教育者与受教育者之间的关系、教育管理者与被管理者之间的关系等。系统内部价值主客体的矛盾运动、对立统一是“全纳”基础教育价值形成、实现的内在动力。

第二，“全纳”基础教育质量评价系统外部价值主体与价值客体的关系。“全纳”基础教育质量评价系统外部价值主体与价值客体之间的关系主要表现为，基础教育及其教育管理者、教育者、受教育者与国家、社会、研究者、家长等之间的关系。系统外部价值主客体的矛盾运动、对立统一是基础教育价值形成与实现的有力保障。

第二章 “全纳”基础教育质量评价的功能

功能是客观事物的基本属性。教育评价是对教育质量的价值判断，它不仅诊断现实情况、再现现实问题、评定质量等级，而且启发思考、激发进步。“全纳”基础教育质量评价不仅有利于促进基础教育内部改革、提高基础教育质量，而且有利于改善基础教育的内外环境、促进基础教育的健康发展。本章主要讨论“全纳”基础教育质量评价的内在与外在功能。

第一节 概 述

作为客观的基本属性，“功能”不同于价值、作用。目前，学术界对“功能”的理解存在一些分歧，进一步探讨“全纳”基础教育质量评价功能的内涵、表征形式实有必要。

一、“全纳”基础教育质量评价功能的内涵

“功能”是一个事物系统所具备的对周围其他事物发生作用的能力或根本属性，它是事物的客观属性，是由其内在结构决定的。一方面，功能不同于作用。功能是对事物自身而言，作用是对他物、对人而言；功能是一种潜在的作用，作用是一种表现出来的功能；功能是事物自身固有的单方面能力，作用则是一事物对他事物的影响，是关系范畴；功能是科学范畴，外延涉及自然界、社会，作用则主要是社会范畴。另一方面，功能有别于价值。功能是科学范畴，价值是关系范畴、社会范畴。

据此，我们认为“全纳”基础教育质量评价是对“全纳”基础教育价

值大小、性质等的综合评判，是基础教育价值活动的重要组成部分；“全纳”基础教育质量评价的功能就是指评价对基础教育“全纳”品质评判所具有的意义。“全纳”基础教育评价是根据一定的价值标准进行的价值判断活动。在评价活动中，评价者常以国家和社会的价值和需要为准绳，设计一套评价指标和评价标准；它不仅应帮助被评对象发现问题，而且还应帮助他们分析问题产生的原因以及寻求解决问题的方法。评价者只有怀着一颗公心、处处为被评对象着想，才能正确地看待“全纳”基础教育活动现实，客观地反映“全纳”基础教育实际情况，发现现实问题，并提出有效解决问题的方法与建议，为被评对象今后的发展指出正确的方向。因此，只有客观公正的评价，才能反馈信息、发现问题、改进工作、提高质量，促进“全纳”基础教育价值的真正实现。

二、“全纳”基础教育质量评价功能的表现形式

目前，学者们从不同视角探讨了功能的基本类型。借鉴已有研究成果，我们认为“全纳”基础教育质量评价的功能可分为以下几种表征形式。

（一）本体功能与派生功能

从作用的层次上看，“全纳”基础教育质量评价具有本体功能与派生功能。前者是指“全纳”基础教育质量评价促进个体的社会化和个性化的功能，即育人功能，它是教育固有的、最能反映教育活动本质关系的本源性功能，具有基础性、恒定性；后者是指“全纳”基础教育质量评价有助于调整社会结构与促进社会进步的功能，即社会功能，它是教育本体功能派生出来的功能。

（二）正向功能、负向功能与零功能

从作用的方向来看，“全纳”基础教育质量评价具有正向、负向与零功能[①]。正向功能是指“全纳”基础教育质量评价能促进人的积极发展和推动

① 董小苹：《教育功能与青少年健康发展》，《当代青年研究》2005 年第 11 期。

社会的进步，对人与社会具有积极作用；负向功能是指“全纳”基础教育质量评价会影响或阻碍人的成长和社会进步；零功能是指“全纳”基础教育质量评价对人或社会没有产生任何影响。

首先，“全纳”基础教育质量评价不仅仅具有正向功能、零功能，同时也会呈现负向功能，负向功能的存在是不以人的意志为转移的。将“全纳”基础教育质量评价的正向功能与负向功能同时纳入教育研究者与决策者的视野，有助于我们从多维视角考察“全纳”基础教育质量评价，在全力探索实现“全纳”基础教育质量评价的正向功能途径的同时，正确地评估可能产生的负向功能。其次，“全纳”基础教育质量评价对人与社会的影响大小受很多因素的影响，其功能呈现的形态与作用的方向常常千差万别。丰塔内尔曾经说过：“好的教育未必形成好的秉性，坏的教育也未必毁坏好的秉性。”①

（三）显性功能与隐性功能

从功能的表现形式上看，“全纳”基础教育质量评价具有显性功能与隐性功能。前者是指“全纳”基础教育质量评价在促进人与社会方面表现出来、能够被明确感知的功能，比如，基础教育质量评价具有的政治、经济、文化和社会分层功能等；后者则是“全纳”基础教育质量评价具有的不能被明确感知的功能，比如教育具有的感化、自我保存与自我更新等功能。有学者认为教育隐性力量的作用途径主要有两种，即交往和体验②。交往就是在生产实践活动过程中，主体之间借助一定的中介所表现出来的相互交流、相互影响的活动，它是人类活动的基本形式和存在方式，教育交往包括学生与人的交往和学生与物的交往；体验具有亲历性、个体性、缄默性和不可重复性等特点，在体验过程中，经验是体验的基础，感知是体验的前提，理解是体验的必要条件，移情是体验的关键。

（四）本体功能与社会功能

“全纳”基础教育质量评价的功能分为三个层次，即教育文化、个体、

---

① 转引自张人杰主编：《国外教育社会学基本文选》，华东师范大学出版社 1989 年版，第17 页。
② 张家军：《学校教育的隐性力量》，华东师范大学博士学位论文，2005 年。

社会的作用和两种功能，即本体功能与社会功能[①]。本体功能是指“全纳”基础教育质量评价具有传递、传播社会文化的能力，它是“全纳”基础教育质量评价本质属性的表现形式，是“全纳”基础教育质量评价特有的功能；社会功能是指“全纳”基础教育质量评价对人类群体与个体的作用，包括“全纳”基础教育质量评价对人的成人、成才作用与对社会的人才培养、民族素质提高的作用。

（五）对内功能与对外功能

从系统论角度来看，“全纳”基础教育质量评价功能可分为对内功能与对外功能[②]。前者是“全纳”基础教育质量评价的自我衍生功能，包括自我保存、调节与更新功能；后者是指“全纳”基础教育质量评价的固有功能（即个体的个体化，包括获得自我意识、作为“完整人”的发展等）和工具功能（即个体的社会化，包括经济、政治、文化、选择功能等）。

综上所述，这些研究成果与分类在一定程度上揭示了功能的基本形态，对认识“全纳”基础教育质量评价功能的特征与表现形态具有重要的借鉴意义。据此，本研究主要将“全纳”基础教育质量评价的功能分为内在（本体）功能与外在（派生）功能。内在功能是指“全纳”基础教育质量评价对基础教育自身改革与发展具有的功能；外在功能是指“全纳”基础教育质量评价对优化基础教育外部条件所具有的功能。

第二节 “全纳”基础教育质量评价的内在功能

内在功能就是指“全纳”基础教育质量评价对基础教育内部改革与发展具有的功能，主要表现为优化“全纳”基础教育目标、提升“全纳”基础教育的主体性、促进“全纳”基础教育课程与教学改革、彰显“全纳”基础教育办学特色。

---

① 胡德海：《论教育的功能问题》，《西北师大学报（社会科学版）》1999 年第 2 期。

② 蒋士会：《教育功能及其演进》，《广西师范大学学报（哲学社会科学社版）》2003 年第 2 期。

一、优化“全纳”基础教育目标

历史上，教育目标问题一直存在社会本位与个人本位、实质教育与形式教育等不同派别的争论。目前，我国基础教育仍以“应试”“升学”为唯一取向，总体目标表述往往过于抽象，其内涵和外延缺乏明确界定和系统阐述，更多地将习得具体知识和技能、形成学科知识体系作为最主要的目标①。各国基础教育目标改革出现了提倡教育目标综合化、注意培养全面发展的人、重视基础学力的提高、强调全球化意识的培养、注重道德观和价值观教育、强调学生个性发展等共性②。我国“全纳”基础教育质量评价应促进全面发展与个性发展、个体成长与社会发展、现实发展与可持续发展、公平与效益、本土性与国际化的有机结合③。

（一）有利于“全面发展”与“个性发展”

全面发展是实现学生诸方面素质的协调发展，是具有个体差异性的“全面”；个性发展是指个性系统结构诸要素的整体发展，是个体在与环境交互作用中形成的独特身心组织。“全纳”基础教育质量评价应促进学生的全面发展与个性发展的有机结合。

第一，有利于学生的全面发展。全面发展是与片面发展、畸形发展相对的，它是指受教育者在德、智、体、美、劳、智力与非智力因素等方面都能得到和谐发展。基础教育阶段是打基础的教育，促进受教育者德、智、体、美、劳和谐发展，既是社会发展的需要，也是个体成长的需要。基础教育阶段不能过早分科，过早形成人文教育与科学教育的分隔，不能为应试而学习，不能只重书本知识，将知识学习与能力培养人为分离，而应该实施通识教育，将知识学习与智力发展、情感培养有机结合起来，使受教育者的智力与非智力因素都能得到一定程度的发展。《基础教育课程改革纲要（试行）》（以下简称2001年《纲要》）强调基础教育课程改革应从单纯注重知识传授

① 杨向东：《核心素养与我国基础教育课程改革的关系》，《人民教育》2016年第19期。
② 潘光文等：《当前各国基础教育目标变革的特点与趋势》，《教育探索》2005年第3期。
③ 李尚卫：《基础教育价值论》，中央文献出版社2009年版，第27—31页。

转变为引导学生学会学习、学会合作、学会生存、学会做人，打破传统的基于精英主义思想和升学取向的过于狭窄的课程定位，而关注学生“全人”的发展，培养学生有社会责任感、健全人格、创新精神和实践能力、终身学习的愿望和能力、良好的信息素养和环境意识等①。因此，“全纳”基础教育应确立“为实现人的价值奠定基础，为提高民族素质奠定基础”的价值取向，培养有理想、有道德、有文化、有纪律的德、智、体、美、劳和谐发展的人②；“全纳”基础教育质量评价应有利于适龄儿童、青少年的全面发展。

第二，有利于学生的个性成长。个性发展不同于片面发展、“畸形”发展，它是在全面发展基础上的选择性发展。尽管儿童、青少年具有较强的可塑性，但是，我们不能滥用这种可塑性，如果人为将儿童、青少年限制在某种兴趣、特长（比如，中小学时兴的“美术培训班”“乐器培训”“奥赛班”等）的“畸形”训练，这不仅不利于儿童、青少年的个性发展，而且会导致他们的片面发展、“畸形”发展。基础教育阶段是适龄儿童、青少年成人成才的奠基时期，基础教育的对象不仅存在个体差异性，而且可塑性极强。因此，“全纳”基础教育应遵循儿童、青少年的心理和生理发展特点与规律，不仅应培养他们适应社会需要的基本能力和素质，养成作为现代社会人所必备的基本道德规范和行为规范、基本的知识和技能，而且应为他们创造力、想象力的培养和个性的充分、自由发展提供充分的时间和空间。“全纳”基础教育质量评价不仅应有利于适龄儿童、青少年的全面发展，而且应有助于他们的个性发展。

（二）有利于个体与社会的和谐发展

历史上，个人本位论者认为教育的目的在于把受教育者培养成人、使其个性得到充分发展，认为个人价值高于社会价值；社会本位论者则认为教育的目的在于把受教育者培养成符合社会准则的公民、使受教育者社会化，认为社会价值高于个人价值。其实，个体成长与社会发展并不是非此即彼、二

---

① 李尚卫、吴天武主编：《普通教育学》，北京师范大学出版社2010年版，第145页。

② 李尚卫：《论我国基础教育实践的价值取向》，《教育科学论坛》2009年第12期。

元对立的，二者是相互依存、共同蕴藏在基础教育目标之中。“全纳”基础教育目标应兼顾个体目标与社会目标，“全纳”基础教育质量评价应促进个体健康成长与社会和谐发展的协调统一。

第一，促进适龄儿童、青少年的健康成长。个体成长是基础教育的直接目标，没有个体的成长就没有整个社会的发展。教育的目的就是培养创造性，培养承担社会义务的态度，培养完人，培养自由的人和创造思维，最大限度地挖掘每一个人的潜力是教育的最后目的①。“新基础教育”提出以人的主动、健康发展为本，主张“在成事中成人，成人促进成事”，强调“成人”与“成事”的统一，认为二者相互依存、相互转化②。因此，“全纳”基础教育的首要目标是直接指向个体的健康成长，促进受教育者身心的和谐发展，只有个体自身主动、健康发展，受教育者才能充分发挥其潜能，为社会多做贡献，促进社会的发展；“全纳”基础教育质量评价必须有利于适龄儿童、青少年的健康成长。

第二，有利于社会和谐发展。社会发展是基础教育的归宿，社会发展又能为个体成长创造更好的条件。人是社会的人，个体只有投身于社会建设中，将自身的才华奉献给社会，其自我价值才能得到真正实现。“全纳”基础教育的目标不仅仅应促进儿童、青少年的健康成长，它还应为社会培养有用人才，提高全民素质、促进社会物质文明与精神文明建设才是基础教育的归宿；同时，社会和谐发展反过来又能改善“全纳”基础教育的办学条件，为个体发展创造良好的环境，从而进一步促进个体的健康成长。但是，社会目的毕竟是通过人才的培养间接达成的，提高受教育者的素质并使其得到全面发展才是“全纳”基础教育的“本体”目标。因此，“全纳”基础教育质量评价不仅应有利于儿童、青少年的健康成长，而且应有助于社会的和谐发展。

（三）有利于“现实发展”与“可持续发展”

现实与可持续发展是教育目标不可分割的组成部分，但现实发展只是眼

① 联合国教科文组织国际教育发展委员会编著：《学会生存——教育世界的今天和明天》，华东师范大学比较教育研究所译，教育科学出版社1996年版，第183页。

② 陈效民：《“新基础教育”：把素质教育落实到每所学校》，《人民教育》2006年第18期。

前的目标，可持续发展才是长远目标。“全纳”基础教育目标不仅要关注现实、注重个体与社会的现实发展，而且更应着眼未来、注重其可持续发展；“全纳”基础教育质量评价不仅应有利于个体与社会的现实发展，而且应促进其可持续发展。

第一，有利于个体与社会的现实发展。“全纳”基础教育应立足于全面提高受教育者的文化素质、促进全民族整体素质的提高。基础教育不同于高等教育、职业教育等，它是打基础的教育，其目标具有基础性、现实性。基础教育实际上有素质教育、升学教育两个最基本的任务，一方面，基础教育从人出生开始逐年逐级提升，发展人的素质，促进人的全面发展；另一方面，在基础教育过程中，我们要保障青少年在完成一个学段学习以后，能够升入下一学段的学习，逐步提高其素质，向社会需要的人才方向发展①。因此，“全纳”基础教育的现实目标就是着眼于满足个体最基本的学习需要，形成儿童、青少年将来学习、生活和做人的最基本的素质，为全民素质的提高奠定基础；“全纳”基础教育质量评价应有利于适龄儿童、青少年的健康成长与全民素质的整体提升。

第二，有助于个体与社会的可持续发展。基础教育是打基础的教育，“全纳”基础教育的培养目标理应体现个体成长与社会发展的基础性、现实性，但是，奠基不是终极目标，它还应着眼个体与社会未来发展，体现发展性、可持续性。“全纳”基础教育不仅要注重受教育者的当前知识、文化素质的提升，立足社会经济文化发展现实，关注其现实发展，而且更应促进个体与社会的未来、可持续的发展。因此，“全纳”基础教育目标不仅应注重基础教育对个体与社会的眼前、现实意义，而且还要着眼于其可持续发展，着眼于对其长远、未来的意义；“全纳”基础教育质量评价不仅应有助于个体与社会的现实发展，而且应有利于其可持续发展。

（四）促进公平与效益的有机结合

公平与效益是评价教育质量的两个指标。“全纳”基础教育目标既应关

① 邬向明：《基础教育的基本任务与教育评价改革——现实社会新课程背景下教育评价改革分类的选择》，《课程·教材·教法》2006 年第 6 期。

注国民整体素质的提高，又应注重优秀人才、创新人才的培养；既要注重教育的大众化与普及性、体现公平性，又要注意教育的精英化、体现效益性。应将公平与效益有机结合起来。"全纳"基础教育质量评价既应促进教育与社会公平化，又应有助于提升其效益。

第一，再现公平性。"全纳"基础教育是全民教育，它不是为某一部分人的升学打基础，不能以牺牲一部分人的发展来换取另一部分人的发展，它不能只关注优秀人才的培养，使多数学生以"失败"者的姿态步入社会，而应关注所有受教育者，使包括弱势群体在内的所有受教育者得到协调发展，从而促进全民素质的普遍提高。教育是一项人权，是实现平等、发展与和平目标的一个重要工具，其首要目标应是减少来自社会边缘和处境不利阶层的儿童在社会上易受伤害的程度，以便打破贫困和排斥现象的恶性循环①；"全纳"基础教育目标应该反映全民意识，体现公平性。因此，"全纳"基础教育质量评价应体现基础教育的公平性、彰显社会公平。

第二，体现效益性。基础教育目标还应注重优秀人才的培养，体现效益性。追求素质只是基础教育的一个基本的但并非最重要的、完全自足的属性和工作目标，相比之下，追求价值和效益才是其更深层的、根本的属性和工作目标②。"全纳"基础教育不仅要促进受教育者的全面发展，注重受教育者整体素质的提高，而且还要促进受教育者个性的发展，注重特长生、创新人才等优秀人才的培养；基础教育不仅要促进社会公平、体现公平性，而且要提升整体效益、体现效益性。因此，"全纳"基础教育质量评价不仅应再现基础教育的公平性、彰显社会公平，而且应体现其社会效益，促进社会发展。

（五）协调"本土性"与"国际性"

教育既是民族的、本土的，又是国际的、全球的。"全纳"基础教育既应体现民族、本土特色，又要适应全球化发展的需要，它应是国际共性与民族个性的结合体。"全纳"基础教育质量评价既应体现基础教育的"本土

① 《学习——内在的财富》，联合国教科文组织总部中文科译，教育科学出版社 1998 年版，第 109 页。

② 杨明：《基础教育改革的新方向——效益导向型教育》，《教育科学》1996 年第 2 期。

性”，又能促进其“国际化”。

第一，再现“本土性”。基础教育的首要目标是培养服务于本国、本民族发展需要的人才，具有民族性、本土性。“全纳”基础教育目标的民族性、本土性不仅体现为来自不同国家、制度、民族的受教育者有不同的需求和发展的潜能，而且体现为来自同一国度、制度、民族的受教育者在不同的历史时期、在不同的发展阶段有不同的发展需求，在统一的国家教育目标中有不同的培养目标。因此，“全纳”基础教育应根据经济产业结构的需要、人的发展需要设置不同层次、不同类别的培养目标，建构具有本民族、本土特色的目标体系；“全纳”基础教育质量评价应再现“全纳”基础教育的本土特色。

第二，促进“国际化”。基础教育不仅应该具有本土性、体现本民族本地区的特色，而且应具有全球性、再现国际趋势。教育的使命就是帮助人们在各个不同的民族中找出共同的人性；把一个人在体力、智力、情绪、伦理各方面的因素综合起来并使其成为一个完善的人①。基础教育既是民族的事业，又是国际的、全球的事业，它应该发展每个人的普遍价值感和各种行为方式、发展尊重自由的能力和面对挑战的技能、培养在国家和国际范围内的团结和公平的感情②。因此，“全纳”基础教育目标应该体现全球共识，反映国际发展趋势，培养“世界人”。“全纳”基础教育质量评价不仅应体现本土特色，促进基础教育的本土化，而且应彰显国际趋势，促进其国际化。

总之，“全纳”基础教育质量评价应有助于优化基础教育目标，既有利于个性发展与全面发展、个体成长与社会发展、现实发展与可持续发展，又能体现公平与效益、本土性与国际化。

二、提升“全纳”基础教育的主体性、主体间性

评价通常要区分出水平高低，评定等级。由于评价结论往往直接影响到评价对象的形象、荣誉和利益等，评价常能激发被评者的成就动机，使其全

① 联合国教科文组织国际教育发展委员会编著：《学会生存——教育世界的今天和明天》，华东师范大学比较教育研究所译，教育科学出版社 1996 年版，第 183—198 页。

② 赵中建编：《教育的使命——面向二十一世纪的教育宣言和行动纲领》，教育科学出版社 1996 年版，第 193—194 页。

力以赴地做好相关工作，追求好的评价结果，创造更大的教育成就。“全纳”基础教育质量评价应有利于提高基础教育教师的专业自主、专业智慧、专业伦理，激发学生学习的积极性、主动性与创造性，优化基础教育主体间性。

（一）提升教师的“全纳”素养

教师质量是在学校中从事教育教学活动的教师集体或群体所具有一般能力特性的总和，它是对从事教师职业预设的规格或标准的符合程度的反映，包含着教师的身体素质、知识素质、能力素质、心理素质、思想品德素质和生存状态、生命质量等要素。一个良好的教师应具备最基本的素质是：职业使命感，对儿童的喜爱和关心，高度的责任感，道义上的直觉能力，自我批评的开放性，智慧的成熟性，对儿童主体性的机智的敏感性，阐释的智力，对儿童需求的教育学理解力，与儿童相处时处理事件的果断性，探求世界奥秘的激情，坚定的道德观，对世界的某种洞察力，面对危机时刻乐观向上，幽默和朝气蓬勃，等等①。

目前，国内外学者仍在教师专业发展指称对象、构成与专业标准等方面存在分歧②。教师专业发展是教师自身的专业成长过程，是教师不断接受新知识、增长专业技能、智慧、情感的过程，教师专业发展不仅应关注教师管理阶层的教育专业化问题，而且更应关注教师自身的专业现实与更新问题，“专业自主、专业知能、专业伦理”才是其真正内核所在③。“全纳”基础教育质量评价应有利于提高基础教育教师的“全纳”品质。

第一，增进“专业自主”。“专业自主”是指教师能够自己控制、规划、实施自身的专业发展，它是基础教育教师专业成长的基础。“全纳”基础教育质量评价应该有利于提升基础教育教师的专业自主意识与能力。

---

① ［加］马克斯·范梅南：《教学机智——教育智慧的意蕴》，李树英译，教育科学出版社 2002 年版，第 11—12 页。

② 教育部师范教育司编：《教师专业化的理论与实践》（修订版），人民教育出版社 2003 年版，第 27—31 页。

③ 本书借用专业自主、专业知能、专业伦理三个术语，但是，我们认为专业服务可归属专业伦理之中，而专业制度只是教师专业发展的外部条件，不是教师专业发展的内在标准。（参见李尚卫等：《农村教师专业发展：特质、标准、途径》，《教育探索》2010 年第 1 期）

首先，提升专业自主意识。教师专业发展主要是教师自身的专业成长过程，教师的自我更新是专业发展的内在机制，自觉、自主是教师专业发展的关键①。“全纳”基础教育教师只有充分意识到专业发展的重要意义以及自身在专业发展的责任，不断强化专业发展的主动性、自觉性，提高自身的专业自我更新意识与能力，才能积极寻求专业发展的途径，不断提高自身的专业自主、专业知能、专业伦理，更好地培育祖国下一代、投身于基础教育事业，服务于社会主义现代化建设。因此，“全纳”基础教育质量评价应有利于提升基础教育教师的自主意识。

其次，提升专业反思能力。教育反思是教师专业发展的重要途径，它是指向儿童生活的事件和情境的教育意义的理解，它包括行动前的反思、行动中的反思、全身心关注、追溯型反思②。“全纳”基础教育教师只有积极投入基础教育改革，将素质教育、基础教育教学、课程、评价与考试改革融入自己的教育教学中，通过自身的教学改革来实践素质教育理念，发现自身教育教学存在的问题，寻求提升教学水平的途径，才能有效地促进自身的专业能力、专业智慧、专业精神的提升。只有积极投入行动研究，进行教育反思，在研究中反思自身教育教学行为，发现并解决教学中存在的问题，才能不断提高自身的专业水平，切实促进专业成长。因此，“全纳”基础教育质量评价应有利于增强基础教育教师的专业反思能力。

第二，提升“专业智慧”。教育智慧是一个优秀教师必备的良好教育的一种内在品质，表现为教育的一种自由、和谐、开放和创造的状态，它是一种真正意义上尊重生命、关注个性、崇尚智慧、追求人生幸福的教育境界③。“全纳”基础教育质量评价应有利于从事基础教育的教师丰富其教育学知识、促进其对教育学的理解、培养其教育机智。

首先，丰富教育学知识。教育学知识是对教育本身的理解和反思，是对人性的关怀和有关教育事理的剖析与阐述，也是对如何更好地进行教育的深层思考。它不同于教育知识，更为注重教育学的内在品质与意蕴。其形成经

---

① 熊焰：《学校中教师的专业成长与发展》，《课程·教材·教法》2004 年第 4 期。

② ［加］马克斯·范梅南：《教学机智——教育智慧的意蕴》，李树英译，教育科学出版社 2002 年版，第 55、131—161 页。

③ 邓友超：《教师实践智慧及其养成·序》，教育科学出版社 2007 年版，第 4 页。

历了从偶然到必然、从外在的采集到内在的审视、从叠加的经验到内化的知识的进程①。教育学知识包括教育学理论知识与教育学实践知识，它是教师教育智慧产生的前提。教师只有不断更新自己的教育理念、完善自己的专业知识结构，才有可能体验到基础教育智慧的力量；教师只有不断投入“全纳”教育实践，关注学生生活、教育生活，在实践中总结经验，才能不断深化对教育的理解，体验到教育的愉悦与幸福，形成“全纳”基础教育智慧。“全纳”基础教育质量评价应有利于增长基础教育教师的教育学知识。

其次，促进教师对教育学的理解。教师的教育机智生成的关键在于其对教育学理解，教育学理解是一种敏感的聆听和观察，它是对儿童在具体情境中生存或成长状况的关注，是对儿童的信任的同情心，包括非判断性理解、发展性理解、分析性理解、教育性理解、形成性理解等②。它是教师基于对教育活动的价值澄清、对活动主体的尊重与关怀、对情景的意义识别以及对教育的过程属性和过程价值的实现而达到的内在的教育认识水平和教育思维方式③。同时，理解是一个不断建设结构的过程，而不是去发现已经存在的实体，智慧是按照一种内向的、反射的方式去完成各种行动并对这些行动加以调节④。教师只有形成真正的教育学理解，才能在“全纳”基础教育活动中表现出自由、和谐、开放和创造的境界，产生“全纳”基础教育“智慧”火花。因此，“全纳”基础教育质量评价应有利于增进基础教育教师的教育学理解。

最后，培养教师的教育机智。教师的教育机智是教师在教育情境中面对复杂而微妙的教育问题时所表现出来的迅速地、准确地、灵活地、恰当地采取行动的能力，它不仅是教育智慧的表现形式，而且是教师智慧生成的条件。教师的教育机智是教学情境中的智慧行动，它是具有“他者性”的实

---

① 郭军：《教育学知识探析：形成、品性与旨趣》，《中国地质大学学报（社会科学版）》2008年第4期。

② ［加］马克斯·范梅南：《教学机智——教育智慧的意蕴》，李树英译，教育科学出版社2002年版，第111—128页。

③ 郭元祥：《教师教育智慧生成的三个基础》，《教育科学研究》2008年第9期。

④ 联合国教科文组织国际教育发展委员会编著：《学会生存——教育世界的今天和明天》，华东师范大学比较教育研究所译，教育科学出版社1996年版，第143页。

践，“打动”他人，它是不可事先计划的、受见解与情感的支配，是促进儿童成长的教育行动；教师的教育机智的生成源于对儿童生活的敏感和聆听，关键在于对儿童的“教育学理解”，形成于教师对教育生活的体验①。拥有教育机智是教师成为有效教师和取得教育成功的必备条件，教师教育机智的生成就是教师的教育活动不断地指向儿童的生活世界和对儿童的生活体验产生敏感性和果断性的过程。因此，“全纳”基础教育质量评价应有助于培养基础教育教师的教育机智。

第三，提升“专业伦理”。“专业伦理”的核心是对生命的尊重和对教育意义的领悟与实践，其形态是自由的境界，而不是服从规范，其动力是对自我超越的意义感的体认，而不是对惩罚的恐惧，其养成方式是反思、体验、领悟而不是约束、强制和命令，它是教师专业发展的内在约束机制。“全纳”基础教育质量评价应有利于提升基础教育教师的自豪感、责任感和使命感。

首先，提升基础教育教师的“自豪感”。“教育是太阳底下最光辉的职业”，基础教育是人类教育的奠基工程。教师只有对自己从事的职业充满了自豪感，才能全身心投入基础教育事业。爱是教师的基础教育自豪感的核心所在。教育的本质在于教会学生求真、求善、求美，教育者应该对学生充满爱，有爱就有教育的根基，没有爱的教育是空洞的教育②。“如果你不爱学生，那么，你的教育从一开始就是失败的。”③ 可以说，“爱是教师一生的功课”④。“爱自己的孩子是人，爱别人的孩子是神”⑤。教师正是在“爱别人的孩子”这一基础上才获得了“神圣”的光环，教师的爱是学生成长的阳光雨露，缺少它，孩子的心灵就会枯萎。“全纳”基础教育质量评价应该提升基础教育教师的职业自豪感。

其次，增强基础教育教师的“责任感”。责任感就是教师把基础教育工作作为本职工作来热爱，把基础教育作为自己生活中必不可少的责任、义

---

① ［加］马克斯·范梅南：《教学机智——教育智慧的意蕴》，李树英译，教育科学出版社 2002 年版，第 181—194 页。

② 胡红梅：《爱与教育》，《现代教育科学》2006 年第 4 期。

③ ［苏］苏霍姆林斯基：《给教师的建议》，杜殿坤译，教育科学出版社 1984 年版，第 412 页。

④ 李帆：《2007，基础教育精神价值的回归》，《人民教育》2007 年第 24 期。

⑤ 孙彩平：《教育的伦理精神》，山西教育出版社 2004 年版，第 309 页。

务。爱和关心、希望和信任、责任感是教育学的根本条件①。教师只有对基础教育充满了责任感，才能对孩子充满同情心，才能从关心的意义上理解儿童或青少年的情境，才能负责任地响应孩子们“呼唤帮忙”，才能主动愿意为受教育者承担重负、困难和悲痛，对受教育者充满关心、慈爱和温柔。教师的职责现在已经越来越少地传递知识，而是越来越多地激励思考，其将越来越成为一位顾问、一位交换意见的参加者、一位帮助发现矛盾论点而不是拿出现成真理的人，他必须集中更多的时间和精力去从事那些有效果的和有创造性的活动——互相影响、讨论、激励、了解、鼓舞②。基础教育教师只有明确自己的职责，并忠于职守，才能完成教书育人的使命。可以说，“责任是教师永远的习题”③。“全纳”基础教育质量评价应有助于增强基础教育教师的责任感。

最后，激发基础教育教师的“使命感”。“使命”在词源学的意义上有“召唤”之意，只有当教育者感受到教育作为一种召唤而被激起活力和深受鼓舞时，教育生活才有意义④。使命感就是教师愿意为基础教育事业奉献自己的一切的积极情感。教育工作者需要通过榜样激励学生去发现参与的方式、差异产生的方式，以全球的眼光进行思考的方式，根据特定的背景行动的方式；作为富有改造精神的知识分子，教师的概念是以道德的勇气和批判为标志⑤。教师只有把基础教育作为自己生命的一部分，才能全身心地投入基础教育事业，为培养祖国的下一代而奉献出自己的青春甚至生命。因此，“全纳”基础教育质量评价应能激发基础教育教师的使命感。

（二）提升学生的“全纳”素养

学生既是教学的客体、受教育者、受影响者、不成熟的个体，又是学习

① ［加］马克斯·范梅南：《教学机智——教育智慧的意蕴》，李树英译，教育科学出版社 2002 年版，第 87 页。

② 联合国教科文组织国际教育发展委员会编著：《学会生存——教育世界的今天和明天》，华东师范大学比较教育研究所译，教育科学出版社 1996 年版，第 108 页。

③ 李帆：《2007，基础教育精神价值的回归》，《人民教育》2007 年第 24 期。

④ ［加］马克斯·范梅南：《教学机智——教育智慧的意蕴》，李树英译，教育科学出版社 2002 年版，第 87—92 页。

⑤ ［美］亨利·A. 吉罗克斯：《跨越边界——文化工作者与教育政治学》，刘惠珍等译，华东师大出版社 2002 年版，第 125 页。

的主体，具有主观能动性与可塑性。从教育过程来看，教师素质的高低与教学质量的好坏只是学生成长的外部条件，学生的学习、生活的积极性、主动性、创造性才是其自身发展的内因。因此，“全纳”基础教育质量评价应有利于提升基础教育阶段学生的“全纳”素养，使其学会做人、学会做事、学会交往、学会创造。

第一，提升“积极性”。“积极性”是学生在学习、生活中表现出来的乐观向上的行为品质，它既能再现学习者的精神面貌，又是学习者成长的动力。“全纳”基础教育质量评价应有助于培养适龄儿童合理的自我意识、学习态度、人生态度。

首先，形成正确的自我意识。人是一个有“自我意识”的个体，人不能自大也不能自卑，人成长的过程就是逐渐认识自我身心特点、优缺点的过程。人不能狂妄自负地听从自己，必须使自己沉默，以便去倾听一个更高和更真的声音。科学在思想中给予我们以秩序，道德在行动中给予我们以秩序，艺术则对可见、可触、可听的外观把握中给予我们以秩序。今天，人们提出以持续学习和自我评价作为应付社会和职业生活不断复杂化的措施，每个接受完义务教育或基础教育的人都必须具备持续学习和自我评价的态度和能力①。基础教育阶段，学生的自我意识是随着年龄的增长而不断增长，学生应逐步了解自我，学会正确评价自己，学会取长补短。因此，“全纳”基础教育质量评价应促进适龄儿童、青少年正确的自我意识的形成。

其次，形成积极的学习态度。学习是一种获取经验与知识的过程，是个体成人成才必不可少的途径。扩大知识面可以使每个人更好地从各个角度来了解其所处的环境，有助于唤起对知识的好奇心，激发批判精神并有助于在独立思考的基础上去辨别是非②。诚然，学习是需要付出时间、精力，是一件辛苦的事，但是，它应该是一件愉快的事。基础教育阶段，学生从小就应树立正确的学习态度，培养积极的学习兴趣，养成良好的学习习惯，正确对待学习成绩、考试分数、升学、就业，学会在学习中获得快乐、体味幸福。

---

① ［伊朗］S. 拉塞克等：《从现在到2000年教育内容发展的全球展望》，马胜利等译，教育科学出版社1997年版，第116页。

② 《学习——内在的财富》，联合国教科文组织总部中文科译，教育科学出版社1998年版，第76页。

因此，“全纳”基础教育质量评价应有利于塑造适龄儿童、青少年积极的学习态度。

最后，养成积极的人生态度。基础教育应该在学生的内心世界打下一个亮丽的底色，快乐是心灵的阳光。要让学生感受到生活的美好，人性的美好；让学生学会过精神生活，重视精神的价值，眷顾内心，使学校生活成为整个人生美好回忆的巨大的宝库，以便学生形成快乐、开朗、积极、乐观的人生态度①。基础教育是学生人生观、价值观不断形成的时期，学生只有养成乐观的人生态度，学会正确评价人生、看待生活，形成做人的基本态度与情感，才能积极地投入未来的生活与工作中，积极为社会做贡献。因此，“全纳”基础教育质量评价应有利于学生积极人生态度的养成。

第二，提升“主动性”。“主动性”就是学生自觉投入学习、生活、实践活动过程，充分展示自己的才华而表现出来的行为品质。“全纳”基础教育质量评价应有利于培养学生学习、做事、交往的主动性。

首先，主动学习。一方面，“全纳”基础教育质量评价应激发学生主动学习、接受新信息。人类资源研究所的心理学家赫伯特·格乔伊简单明了地说：“明日的文盲将不是不能阅读的人，而是没有学会怎样学习的人。”基础教育阶段，儿童、青少年应该以开放的心态对待外面的信息，主动寻求获得知识的方法，学会如何学习。另一方面，“全纳”基础教育质量评价应促进学生学会自学。新的教育精神使个人成为他自己文化进步的主人和创造者，自学尤其是在帮助下的自学，在任何教育体系中都具有无可替代的价值②。儿童、青少年应该成为教育活动的中心、学习的主人，不仅“学会”而且“会学”，学会自己选择学习的内容、方法，主动求发展、求进步。

其次，主动做事。基础教育阶段，学习是学生的主要任务，但不是唯一任务，学生还应培养自己的工作能力、学会做事。青少年要在各种社会经历或工作经历范围内学会做事，它可以使他们获得专业资格，获得能够应付许

---

① 肖川：《基础教育该为学生奠定怎样的基础》，《人民教育》2003 年第 24 期。

② 联合国教科文组织国际教育发展委员会编著：《学会生存——教育世界的今天和明天》，华东师范大学比较教育研究所译，教育科学出版社 1996 年版，第 251、263 页。

多情况和集体工作的能力[①]。基础教育阶段，学生除了抓好学习以外，还需要积极参加各种有益的课外活动、社会实践活动，在活动中积累工作经验，提高自身的组织、管理能力，为未来就业、升学打好基础。因此，“全纳”基础教育质量评价应促进儿童、青少年学会主动做事。

最后，主动交往。交往不仅是学生获取新知识的手段，而且是学生必须养成的必备素养。未来的新人必须能够在他日益增长的理解能力、肌体能力和个性的情感与道德方面建立一种和谐状态，这种新人只具有人类智慧和人类技巧是不够的，他还必须感到他自己和别人之间融洽无间，具有一种人类和谐[②]。只有从经验和交往之中的学习不被机构化的教和学的过程完全阻断，而且还允许其他学习形式作为补充的时候，世界经验和人际交往才能在这种机构化的教和学的过程之中得到拓展[③]。学生只有充分利用与人交往的平台，学会交往、学会与人相处，才能拓展生存与发展的空间，求得更大的发展，为未来生活打下坚实的基础。因此，“全纳”基础教育质量评价应促进学生学会主动与人交往，积极学习他人的长处、优点，养成与人和睦相处、合作共事的能力。

第三，培育“创造性”。“创造性”就是学生在学习、生活、工作中表现出来的超越自我、现实，敢于质疑、勇于创新的行为品质。“全纳”基础教育质量评价应有助于学生养成批判意识、培养创新意识与能力。

首先，养成批判意识。基础教育阶段，儿童、青少年不仅要学会主动接受新知识、新方法，而且还要学会选择、分析，学会批判性接受新信息。鲁迅先生提倡的“拿来主义”精神就是要占有、更要挑选。学生应该学会质疑与独立思考，不轻信、不盲从、不唯书、不唯上。教育者应使受教育者学会批判思考、独立判断，而不是不加反思的认同（Unreflective Conformity）[④]。

---

① 《学习——内在的财富》，联合国教科文组织总部中文科译，教育科学出版社 1998 年版，第 87 页。

② 联合国教科文组织国际教育发展委员会编著：《学会生存——教育世界的今天和明天》，华东师范大学比较教育研究所译，教育科学出版社 1996 年版，第 21 页。

③ ［德］底特利希·本纳：《普通教育学——教育思想和行动基本结构的系统的和问题史的引论》，彭正梅等译，华东师范大学出版社 2006 年版，第 175—176 页。

④ UNESCO, *Rethinking Education: Towards a Global Common Good?* Paris: UNESCO Publishing, 2015, p. 83.

可以说，没有批判意识、求异思维，就没有新创造、新发明。因此，"全纳"基础教育质量评价应有利于儿童、青少年批判意识的养成。

其次，培养创新意识与能力。基础教育阶段，学生不仅要学会学习，而且要学会思考，具有自主判断、自主选择、自主承担的能力，这些能力的发展是造就独立的而不是仰人鼻息、依附于人的个体。儿童、青少年具有很强的可塑性，应该从小养成独立思考的习惯，学会发现新问题、提出新见解。尽管幼儿园、中小学学生不能也不必作出许多的创造、发明，但是，形成创新意识与一定的创新能力，做一些类创造、小发明是必要的，这将为他们未来的真创造、大发明打下坚实的基础。因此，"全纳"基础教育质量评价应有助于儿童、青少年创新意识与能力的养成。

（三）增进主体间性

基础教育是教育主体和谐作用的结果，提升基础教育质量不仅需要提升教育主体质量，而且需要优化教育主体间的关系，促进主体关系的和谐。目前，基础教育实践中存在主体性缺席、人文价值的缺位、师生关系"变味"等"异化"现象。"全纳"基础教育质量评价应有利于提升教育主体的主体性、凸显主体关系的人文性、建构和谐的主体间性。

第一，提升师生交往的"主体性"。师生是教育教学的主体，他们都有自己的独立意识、主体人格，在实际的交往中，应相互尊重对方的主体地位、主体人格。师生交往主体性的充分发挥与显现是当代教育教学的一个显著特征，"全纳"基础教育质量评价应有助于师生交往主体性的回归。

首先，提升教师交往的主体性。教师是基础教育的主导者，师生交往中，教师应该充分发挥自身的主导作用，积极参与交往、调节师生关系、促进师生共同成长。随着社会的发展和科技的日新月异，教师应该转变自身的角色观。作为主体，教师不是教育教学的霸主，不是学生成人成才的"救世主"；教师中心主义是对教师主体性的歪曲，是对学生主体性的亵渎。在基础教育师生交往过程中，教师不仅需要充分发挥自身在交往中的积极性、主动性，而且需要调动学生的主动性，促进师生共同进步。因此，"全纳"基础教育质量评价应有利于提升教师交往的主体性。

其次，提升学生交往的主体性。随着教育教学改革的不断深入发展，学生的主体性越来越受到学界的关注。于是，学生自我支配的时间、空间增多了。在课堂上，学生有了更多主动学习、主动提问的机会；在课外，学生有了更好自觉读书、参加业余活动的条件。诚然，这些是学生主体性的充分显现，但是，学生的主体性不仅表现在学会学习，而且应反映在学会创造；学生不仅应成为人类文化的继承者，而且应成为人类文化的创造者。作为交往主体，学生既不是受动者，也不是我行我素的自由主义者。学生中心主义是学生主体性的盲目扩张，是教师主体性的主动下岗。在基础教育师生交往中，学生应该充分意识到自身的主体地位、主体人格，只有充分发挥自身的主体性，才能成为接受人类文化的主动者、自身全面发展的主人、人类文化创新的生力军，才能充分发挥自身的主观能动性，成为交往中的真正主体。因此，“全纳”基础教育质量评价应有助于学生交往主体性的提升。

第二，强化师生交往的“人文性”。师生交往是人类文化延续的重要手段，肩负着人类文明继承和发展的重要任务，它应是人类情意的真实流露。还师生交往的“人文”面目，这是师生关系优化的真谛①。“全纳”基础教育质量评价应有助于师生交往“人文性”的回归。

首先，加强师生间的学术交流。学术是系统化、体系化的学问，是人类文化的载体，是基础教育阶段师生关系建立的必备条件、师生交往的重要媒介。学术交流既是师生的权利，也是师生的义务。我国传统文化中有“经师”与“人师”之说，“经”“人”都是师生交往的必要中介，其中知识的传授是师生交往的基础。基础教育阶段，“金钱”不能成为师生交往的媒介，“功利”不能成为师生交流的桥梁；金钱只能使师生交往“生锈”，功利只能使师生关系“发霉”。知识探讨、学术交流应成为基础教育阶段教育教学的主题，尊重知识、尊重人才应是校园的心声；师生交往应成为彼此知识增长、学术提升的苗圃，成为人类文化延续的纽带。学术交流才是基础教育师生交往的本真，文化创新才是基础教育师生交往的归宿。因此，“全纳”基础教育质量评价应有利于增进师生间的学术交流。

其次，促进师生间的情意交融。我国古代教育教学实践中有“严师”

---

① 李尚卫：《试析师生交往中的人文关怀》，《西南民族大学学报（人文社会科学版）》2004 年第 2 期。

与“慈师”之说。其实，“严”“慈”都是教师真情实感的流露与展现，墨子师生生死相依、患难与共，孟子和善可亲、以“仁爱”为本、以“得天下英才而教育之”为乐，荀子威严可敬，韩愈不顾流俗、抗颜为师、学生以“韩门弟子”为荣，胡瑗视学生为子弟、学生敬其如父兄，程颢和善可亲、让人“如坐春风和气中”，程颐威严刚毅、留下“程门立雪”之佳话，朱熹死后四方弟子不顾官方严加监视而为其送葬等，我们欣赏并力倡这种和谐的师生关系，因为它是人类情意的真诚流露。基础教育阶段，师生交往的“唯功利”倾向，不是人类真情实意的显现，是虚情假意；“知识本位”则是对人性的压抑、对人类情感的蔑视。基础教育师生交往既不能是以知识为唯一的目标、无视情意的交流，也不能是以功利为纽带、践踏人类的真情实意的传递。教师应是“经师”和“人师”的和谐统一，基础教育师生交往应是知识、人格、情感的有机统一。因此，“全纳”基础教育质量评价应有助于增进师生间的情意交融。

第三，构建和谐的主体间性。主体间性是主体之间的性质，它是当代主体教育、师生关系的价值追寻。教育主体间性是教育情境中主体间的内在性质，它具有主体性、对立统一性、教育性、动态性、多样性等特点①。基础教育主体间性反映的是基础教育中教育者与受教育者、教育者之间、受教育者之间的内在规定性，从主体性走向主体间性是建立“全纳”基础教育主体关系的必然选择。和谐的基础教育主体间性就是尊重、理解、对话、共同进步的师生关系。“全纳”基础教育质量评价应有利于基础教育和谐主体间性的构建。

首先，促进主体的自我尊重与相互尊重。现代人必须学会自己去发现并选择自己的确定性，儿童不可避免地要被其自然的关系人看作是自由人，并为他们自己起见得到尊重②。师生是教育教学的主体，他们都有自己的独立意识、主体人格，在实际的交往中不仅要自尊，而且更应相互尊重。1989年《联合国宪章》中提出，教育应培养儿童对父母、本国及外国的文化、语言、价值观的尊重，培养对自然环境的尊重，培养儿童本着各国人民、族

---

① 李尚卫：《教育主体间性特点探析》，《宜宾学院学报》2007年第1期。

② ［德］底特利希·本纳：《普通教育学——教育思想和行动基本结构的系统的和问题史的引论》，彭正梅等译，华东师范大学出版社2006年版，第170页。

裔、民族和宗教群体以及土著居民之间理解、和平、宽容、男女平等和友好的精神，在自由社会里过有责任感的生活①。和谐的教育主体间性不仅是人对人的尊重，而且是人对文化、文明的尊重。因此，“全纳”基础教育质量评价应有利于促进基础教育主体的自我尊重与相互尊重。

其次，促进主体的自我理解与相互理解。理解是在自我解蔽中敞开人的各种可能性，是人在自己生命意义上的自我发展与完善，教育主体间的理解性是相互理解与自我理解②。教育学理解不仅是教师教育智慧形成的基础，而且是师生交往的必要条件。调查表明，在基础教育阶段，学生认为“最有成绩的教师”应该是“善于了解学生、理解尊重学生”③。四川省成都市磨子桥小学提出的“阳光教育”十分注重教师对学生的理解，要求教师做到16个“知晓”④。当然，理解既包括对自己的理解，也包括对他人的理解。基础教育师生交往中，教师不仅要理解自我，更要理解学生；学生不仅要理解自我，更需学会理解教师。基础教育阶段，交往主体只有学会自我理解，学会设身处地相互理解，学术才能得到真正交流，情感才能得到深化。因此，“全纳”基础教育质量评价应有利于促进基础教育主体的自我理解与相互理解。

再次，促进主体间的平等对话。教育语境中“对话”的主旨不仅在于求得学生知识的丰富和独立思考与探究能力的发展，而且在于培养学生尊重他人、倾听不同声音的道德情怀和思维方式、行为习惯以及用充分说理的方式解决争端、向相异开放的能力⑤。基础教育阶段，师生交往应突破教师“一言堂”、学生“悄无声”的局限，只有充分尊重学生的“话语权”“表达权”，知识才能得到有效的传承，情意才能得到淋漓的表达，智慧的火花才能得到激发，创新的激情才能得到充分显现。因此，“全纳”基础教育质

① 赵中建编：《教育的使命——面向二十一世纪的教育宣言和行动纲领》，教育科学出版社1996年版，第24页。

② 熊川武：《实践教育学》，上海教育出版社2002年版，第71页。

③ 吴康宁：《教育社会学》，人民教育出版社2003年版，第212页。

④ 16个“知晓”就是知晓学生的姓名含义、生活习惯、个性特点、行为方式、思维方式、爱好兴趣、困难疑惑、情感渴盼、心路历程、知音伙伴、成长规律、家庭情况、上学路径、社区环境、家长的思想、家长的愿望。

⑤ 方武：《“对话”型课堂形态分析——以语文课程为例》，《华东师范大学学报（教育科学版）》2004年第2期。

量评价应有助于促进基础教育主体间的平等对话。

最后，促进主体的共同进步。师生交往应突破功利主义的局限，促进师生的和谐发展与共同进步。基础教育交往中，主体间只有相互尊重、相互理解、平等对话，彼此才能知无不言、言无不尽。和谐的主体间性要求教育者应从传统的“教师中心”“权威主义”中摆脱出来，充分尊重受教育者的主动性、积极性、创造性，还教育“使人为善”的本来面目，促进受教育者的健康成长。受教育者应从“学生中心”“知识无用”的桎梏中解脱出来，学会尊重教育者的劳动，使教育者充分体会到自身的价值，从而潜心于自己的基础教育事业。因此，“全纳”基础教育质量评价应有助于促进基础教育主体的共同进步。

总之，师生交往是师生关系合理化的必要手段，它应建立在相互尊重、相互理解、平等对话的基础上，只有构建“全纳”基础教育主体间性，人类的真、善、美才能得到发扬光大，“全纳”基础教育质量评价应以促进基础教育主体间性的升华为旨归。

三、促进“全纳”基础教育课程与教学改革

课程与教学改革是基础教育改革的核心内容。我国基础教育改革的具体价值应该体现在教学主体、教学内容、教学过程及教学结果等方面，教育内容价值是建构开放的课程体系，教育过程价值是教师引导和学生自主活动的有机结合①；基础教育课程与教学改革不是选拔性考试评价课程的改革，而是完整性课程体系改革②，具有课程驱动性与教学承载性③。“全纳”基础教育质量评价不仅应优化基础教育目标、提升基础教育主体性，而且能更好地促进基础教育课程与教学改革，提高基础教育质量。

（一）优化课程与教学目标

课程与教学目标是根据政府的教育方针和各级各类学校的性质而制定的

① 曾令英：《基础教育改革实践的价值导向与追问》，《中国教育学刊》2015年第10期。

② 杨启亮：《基础教育课程与教学改革的适切性》，《教育学术月刊》2013年第11期。

③ 容中逵：《论基础教育改革形成与实施的教育逻辑》，《湖南师范大学教育科学学报》2015年第4期。

学校具体的教育要求，是基础教育课程与教学改革的关键所在，包括思想品德、知识能力、体力、审美、劳动技术等方面的较详细的要求。“全纳”基础教育质量评价应有利于优化基础教育课程与教学目标，强化“核心素养”与“创新能力”。

第一，凸显“核心素养”。“核心素养”就是在一定时期，能够帮助个体实现自我、成功生活与融入社会的最关键、最重要的必备品格和能力。国际上已有的“核心素养体系”大致可分为“成功生活取向的思维核心型”“终身学习取向的知识核心型”“个人发展取向的价值核心型”“综合性取向的教育系统型”四大类型①。基础教育课程改革重在培养具有创新能力、人际交往、团队合作能力的人，生计教育、环境教育、劳动教育、信息教育将成为“核心素养”培育的核心，基本知识、基本能力和正确的生活态度也应成为课程的要旨②；教师应转变固有的教学思维，把培养学生核心素养作为课堂教学的终极目标，把“教学”真正地转变成“教育”③。因此，“全纳”基础教育质量评价应有助于儿童、青少年“核心素养”的培育，促进其基本知识、基本能力和正确的生活态度的发展。

第二，强化“创新能力”。“创新能力”是个体运用已有的知识和经验，产生某种独特、新颖、有社会或个人价值的产品的智力品质④。基础教育阶段是学生性格和才智的形成初期，基础教育创新型人才培养的主要目标是鼓励、引导学生发现自己的优势以及养成良好的性格品质⑤；创新能力培养要从小抓起，强调学生的生活体验并重视开展丰富多彩的课外活动，为学生构建知识基础，让学生学会发现问题，注重培养创新型教师，改革课堂教学，强调训练思维方法，改革学生评价方式，强调拔尖创新人才的培养⑥。基础

---

① 左璜：《基础教育课程改革的国际趋势：走向核心素养为本》，《课程·教材·教法》2016 年第 2 期。

② 吴长法等：《新中国基础教育课程改革的历程与趋势》，《课程·教材·教法》2016 年第 5 期。

③ 曹坤鹏等：《欧盟核心素养的发展及对中国基础教育课程改革的启示》，《世界教育信息》2016 年第 21 期。

④ 俞国良：《创造力心理学》，浙江人民出版社 1997 年版，第 14 页。

⑤ 任飏等：《基于创新型人才培养层次体系的基础教育改革》，《中国教育学刊》2016 年第 12 期。

⑥ 周满生：《基础教育国际化视野下学生创新能力的培养》，《教育与教学研究》2017 年第 1 期。

教育课程与教学应注重人文精神的关怀，尊重个体差异，培养有创造性的人①；积极倡导学生在合作学习和探究学习中发展问题解决能力、批判精神和创造力②。因此，“全纳”基础教育质量评价应有利于培养适龄儿童、青少年的“创新能力”。

（二）优化教育内容

教育内容是教育过程中受教育者要学习的所有知识与经验，是教育过程中传递的信息的主要组成部分，包括教材、教学大纲、学科知识等显性知识和学校文化、教师素养等隐性知识③。“全纳”基础教育质量评价应促进显性知识与隐性知识的有机统一。

第一，优化显性知识。知识是人们在实践基础上产生的，可以进行某种言说的，种族和个体对内外部世界的认识、体验、操作经验，它既可言说亦可意会，言说与意会是知识的两个基本特性④。显性知识是可言说的知识，常常具有一定的意会性质，意在无言之中，常指印刷在书本中或是存储在其他物质载体上的科学文化知识，以及专利技术和其他各类具有知识产权的知识，有易于识别和便于管理等优势⑤。在核心素养的指导下，基础教育课程与教学改革应该由学科本位转到关注学生发展，强调跨学科的整合与融合⑥；搭建基础类、拓展类、研究创新类有机学科群⑦；系统修订义务教育各科教材，统一组织编写义务教育语文、历史和德育三科教材，进一步加强书法教材编写，规范教科书的选用秩序⑧。因此，“全纳”基础教育质量评价应有助于优化显性知识。

---

① 杜尚荣等：《建设性后现代主义及其对我国基础教育课程改革的启示》，《教育与教学研究》2017 年第 4 期。

② 曹坤鹏等：《欧盟核心素养的发展及对中国基础教育课程改革的启示》，《世界教育信息》2016 年第 21 期。

③ 李尚卫：《基础教育价值论》，中央文献出版社 2009 年版，第 25 页。

④ 潘洪建：《教学知识论》，甘肃教育出版社 2004 年版，第 9—12 页。

⑤ 李尚卫：《基础教育价值论》，中央文献出版社 2009 年版，第 18 页。

⑥ 辛涛等：《基于核心素养的基础教育评价改革》，《中国教育学刊》2017 年第 4 期。

⑦ 吴长法等：《新中国基础教育课程改革的历程与趋势》，《课程·教材·教法》2016 年第 5 期。

⑧ 郝志军：《基础教育课程改革反思与推进建议》，《西北师大学报（社会科学版）》2017 年第 5 期。

第二，关注隐性知识。隐性知识则是意会知识，大部分隐含在行动、操作、体验之中，但或多或少的部分能被言说，通常指经验和窍门等不能明确观察到和表征出来的知识，不易系统化、条理化管理；基础教育阶段不仅关注显性知识，而且应充分发挥隐性知识的作用，积极促进隐性知识的显性化①。因此，“全纳”基础教育质量评价不仅应有助于显性知识的优化，而且应促进隐性知识的显性化，实现显性与隐性知识的有机统一。

（三）优化教学方法

教学方法是师生在教学过程中为了完成教学任务、实现教学目的所采用的一系列具体方式和手段的总称②，是我国当前基础教育教学改革的核心。基础教育教师应灵活熟练地运用多种教学方法，提高教学质量和效率。“全纳”基础教育质量评价应有助于教学方法的改革与完善。

第一，促成“因材施教”。“因材施教”是我国教育家孔子提出的教育思想与教学原则；它是在共同的培养目标之下，针对教育对象的性格、志趣、能力、原有基础等具体差异，提出不同的要求，采取不同的方法，施行不同的教育③。教学方法主要解决教师“怎么教”和学生“怎么学”的问题，可分为以语言传递为主的教学方法（包括讲授法、谈话法、讨论法和读书指导法等）、以直接感知为主的教学方法（包括演示法、参观法）、以实践为主的教学方法（包括实验法、实习作业法和练习法）、以欣赏活动为主的教学方法和以引导探究为主的教学方法等多种形式有机结合起来④，因“材”择学、因“才”教学、因“财”助学⑤；基础教育应坚持“因材施教”原则，灵活运用多种教学方法促进儿童、青少年的健康成长。因此，“全纳”基础教育质量评价不仅应坚持“因材施教”原则，而且应促进“因材施教”的科学化、人性化、系统化和复杂化⑥。

---

① 李尚卫：《基础教育价值论》，中央文献出版社 2009 年版，第 18 页。

② 李尚卫、吴天武主编：《普通教育学》，北京师范大学出版社 2010 年版，第 175 页。

③ 洪雪琼等：《孔子“因材施教”思想的演进及其启示》，《高教论坛》2011 年第 3 期。

④ 李尚卫等：《普通教育学》，北京师范大学出版社 2012 年版，第 175—182 页。

⑤ 张茂林：《“因材施教”新论》，《教育教学论坛》2015 年第 20 期。

⑥ 张广君：《当代“因材施教”：生成论教学哲学的审视》，《课程·教材·教法》2015 年第 4 期。

第二，注重启发诱导。基础教育阶段，学生的认知、情感、意志、行为等都处在不断成熟阶段，教学应以启发式教学为主，注重启发诱导。教育性教学就是教育者认可学习者在接受性和主动性方面的可塑性，并要求学习者发挥主动性。教学从来都不是线性地传递知识，而应适当在学习者对学习对象的自我关系的形式中构建学习过程，要求学习者进行自我思考，使集体与个体的学习方法协同作用①。目前，我国基础教育中仍存在“题海战”“时间战”、考试不断、成绩排位、成绩淘汰制等不良现象，严重影响了学生的学习积极性、主动性与创造性，影响了儿童、青少年的身心健康，影响了基础教育质量。因此，我国基础教育教学应改革传统的教学方式方法，应确立“学会生存、学会关心、学会创造”的教学目标，以教法带动学法、以学法促进教法，构建个性化的教学方法体系，提高课堂教学效率②。“全纳”基础教育质量评价不仅应坚持启发式原则，而且促进“启发方法”在基础教育中的有效运用。

第三，增进自主探究。探究式教学是指学生在教师引导下，通过独立探索、自我发现，创造性地解决问题，获得知识和发展能力的一种教学方法③。基础教育教学应使学生能够熟练掌握他们所学的内容，综合运用几种不同的简单技能去解决复杂的问题，并能在新的、类似的情景和问题中概括化运用所学的知识以进行独立学习，使学生成为终身的学习者。基础教育教学改革应注重把学生从以接受性、积累性为主的学习方式，引导到以探索性、发展性为主的学习方式上来④。因此，基础教育阶段可以利用探究性学习、非指导性教学等方式，充分调动学生的学习积极性、主动性，培养他们自主学习、探究、创新的能力，使他们学会学习、学会思考、学习创造，为其终身学习、可持续发展打下坚实的基础⑤。“全纳”基础教育质量评价应有助于儿童、青少年的自主探究，促进其自主成长。

第四，创新教学模式。教学模式是指在一定教育教学思想、理论或原理

---

① ［德］底特利希·本纳：《普通教育学——教育思想和行动基本结构的系统的和问题史的引论》，彭正梅等译，华东师范大学出版社 2006 年版，第 244 页。

② 李尚卫：《基础教育价值论》，中央文献出版社 2009 年版，第 171—172 页。

③ 李尚卫、吴天武主编：《普通教育学》，北京师范大学出版社 2010 年版，第 82 页。

④ 黄书光等：《中国基础教育改革的文化使命》，教育科学出版社 2001 年版，第 172 页。

⑤ 李尚卫：《基础教育价值论》，中央文献出版社 2009 年版，第 172 页。

的指导下，教学系统内基本构成要素（主要指教学结构、教学过程与教学方法）之间彼此联系、相互作用、协调运行的，静态与动态相统一的有机整体①；比如自学指导教学模式、异步教学模式、情境陶冶教学模式、尝试教学模式等②。教学模式具有系统化、简约化、结构化和可操作化的特征，应从追求创新到寻求合适、从单一模式建构到多种模式的综合运用、从以“教”为主的单维建构向“教”“学”并重的双维建构发展，结合课程内容特点进行教学模式分类建构等。不仅关注学生知识的掌握、学生的自主学习和探究，更要促进学生能力发展和综合素养的提升、教师的针对性教学和有效指导③。因此，“全纳”基础教育质量评价不仅有利于优化教学方法，而且有助于创新教学模式。

总之，“全纳”基础教育质量评价应有利于基础教育课程与教学改革，优化基础教育目标、内容与方法。

四、彰显基础教育学校“全纳”品质

学校特色是指学校在教育改革和发展过程中，适应市场经济和社会发展需要，从实际出发、因地制宜、创造性地贯彻国家的教育方针，使学校某些方面的潜能、优势得到充分发挥而表现出来的与众不同的办学风格与特征。有研究者认为，基础教育学校特色常常涉及培养目标、校园文化、教学方法、课程内容等，教育体系、教育结构、教育观念、教育方法、教育手段、课程教材以至教育的时间和空间等，办学理念、教育教学、校本科研和学校管理四个核心方面④，具有独特性、整体性、生本性、实践性⑤；我国基础

① 袁顶国等：《教学模式概念的系统分析——教学模式概念的三元运行机制》，《西南师范大学学报（人文社会科学版）》2005 年第 6 期。

② 李允：《繁荣背后的危机：中小学课堂教学模式同质化》，《课程 · 教材 · 教法》2015 年第 11 期。

③ 万伟：《三十年来教学模式研究的现状、问题与发展趋势》，《中国教育学刊》2015 年第 1 期。

④ 廖其发：《农村基础教育应适当体现农村特色》，《湖南师范大学教育科学学报》2015 年第 3 期；赵小成：《基础教育特色学校建设的几点思考》，《教育导刊》2014 年第 5 期；李尚卫：《基础教育价值论》，中央文献出版社 2009 年版，第 169 页。

⑤ 罗世强：《论基础教育学校变革“双基”与“特色”取向的同构共生》，《教学与管理》2015 年第 4 期。

教育学校特色建设应紧扣“个人价值→公平价值→效率价值→政治价值”的价值新位序①，遵循人的成长规律②，整合学校理念、学校环境、课程体系、教师队伍、管理机制等学校的资源③；等等。“全纳”基础教育质量评价应有助于基础教育学校的办学理念、教学、课程和校园文化特色的彰显，有助于“全纳”品质的塑造。

（一）彰显办学理念特色

办学理念是指基础教育学校在教学、管理过程中所依据的教育理论、价值观念与行为准则。它往往承继学校及其所在地域的历史文化传统，十分独特、明晰和持久，发挥着引领性作用④；应符合教育方针和政策的精神要求、学校的实际情况，为全校教职工所认可和接受、促进每位学生的发展，需要始终得到坚持、成为每个人的内心信念，等等⑤。“全纳”基础教育质量评价应创新基础教育学校办学理念，彰显基础教育学校办学理念特色。

（二）彰显校本课程特色

课程是指学校学生所应学习的学科总和及其进程和安排，包括课程计划、课程标准和教科书等基本形式⑥。2001 年《纲要》实施以来，我国基础教育课程改革的理论与实践成效显著，大大促进了素质教育的实施与基础教育质量的提高。目前，世界各国均开展了以核心素养为本的基础教育课程改革，具体内容表现在课程目标的更新、课程内容结构的调整、课程实施过程的创新、课程评价内容与形式的变革⑦。我国基础教育课程改革应走向深度

---

① 袁顶萍：《从重点学校到特色学校：基础教育价值取向转型的表征》，《重庆电子工程职业学院学报》2011 年第 2 期。

② 赵小成：《基础教育特色学校建设的几点思考》，《教育导刊》2014 年第 5 期。

③ 罗世强：《论基础教育学校变革“双基”与“特色”取向的同构共生》，《教学与管理》2015 年第 4 期。

④ 吴举宏：《基础教育中特色学校建设之悖论》，《当代教育科学》2016 年第 1 期。

⑤ 杜宏静等：《关于基础教育办学特色的思考》，《内蒙古师范大学学报（教育科学版）》2007 年第 6 期。

⑥ 李尚卫、吴天武主编：《普通教育学》，北京师范大学出版社 2010 年版，第 130—132、137 页。

⑦ 左璜：《基础教育课程改革的国际趋势：走向核心素养为本》，《课程·教材·教法》2016 年第 2 期。

国际化，继承并发扬我国教育民主化的优良传统，构建素养本位的课程与教学新体系；以培养核心素养为指向，用（跨）学科大观念统整和重构课程内容，关注学科知识技能的结构化，凸显学科的实践活动，强调学科思维方式和探究模式的渗透；修订课程标准、调整教科书、完善课程体系、凸显学科特色、建构互助合作的教师培训体系，培育学生综合素质，应凸显人的价值、再现文化特色、促进民主参与与和谐发展，在情感教育、审美教育、个性化和个别化上下功夫①。应在保证基础型课程设置的同时，对学校原有的课程体系进行转型，建立与“特色”相适应的新的课程体系，形成课程特色，建构生动的、能够凸显本校特色的校本课程，实施体现学校、教师和学生共同发展愿景②。因此，“全纳”基础教育质量评价应有利于实现原有课程体系的转型，打造校本课程、形成基础教育学校自身课程特色。

（三）彰显教育方式特色

特色教学就是要改变以往课堂教学的单一化、教条化和封闭化的模式，注重课堂教学的多样化、开放性和生成性，尊重学生的主体性和差异性，根据学生的特点采取有效的教学策略，根据学校自身的状况有计划地进行探究式教学、分层次教学的尝试，建立民主平等的师生关系③。我国基础教育学校应创建一个充分尊重儿童、青少年的主动性和个性的方法体系④，比如，精确教学（Precision Teaching，PT）、直接指导教学法（Direct Instruction，DI）、个别化教学体系（Personalized System of Instruction，PSI）等⑤；要从关注效率转变为提高质量，就必须要走向教师的个性化教学，主要表现为个

---

① 张华：《核心素养与我国基础教育课程改革“再出发”》，《华东师范大学学报（教育科学版）》2016 年第 1 期；吴长法等：《新中国基础教育课程改革的历程与趋势》，《课程·教材·教法》2016 年第 5 期；薛继红等：《近五年中国基础教育课程改革新进展述评》，《上海教育科研》2016 年第 5 期；杨向东：《核心素养与我国基础教育课程改革的关系》，《人民教育》2016 年第 19 期；李尚卫：《基础教育价值论》，中央文献出版社 2009 年版，第 173 页。

② 罗世强：《论基础教育学校变革“双基”与“特色”取向的同构共生》，《教学与管理》2015 年第 4 期；赵小成：《基础教育特色学校建设的几点思考》，《教育导刊》2014 年第 5 期；王惠颖：《特色发展：基础教育优质均衡发展的根本》，《教育科学研究》2012 年第 8 期。

③ 王惠颖：《特色发展：基础教育优质均衡发展的根本》，《教育科学研究》2012 年第 8 期。

④ 李尚卫：《基础教育价值论》，中央文献出版社 2009 年版，第 171—172 页。

⑤ ［美］Daniel J. Moran 等：《实证教育方法》，肖艳等译，中国轻工业出版社 2006 年版，第 11—15 页。

性化的课程理解、个性化的教学设计和个性化的教学活动[①]。教学形态个性化、教学时数弹性化、教学内容乐趣化、个别学习处方化、自我学习动机化[②]。因此，“全纳”基础教育质量评价应有助于打造基础教育教学方式特色。

（四）彰显校园文化特色

学校是国家向大众传播科学文化、先进文化的场所，是先进生产力的代表，它既要重视物质文化建设，更要重视精神文化建设。校园文化是一所学校在长期的教育实践过程中通过积淀、演化和创造而形成的，并为其成员所认同和遵守的价值观念体系、行为规范准则和物化环境风貌的一种整合和结晶[③]。它既是基础教育的目标之一，又是基础教育价值产生的必要条件。基础教育学校只有养成文化自觉，才会有意识地去寻找自己的学校立场，学校只有站在自己的立场上，才能懂得尊重教育、执守教育的规律，懂得尊重社会、尊重师生并努力去达成师生的完满与幸福[④]。无数个“有品位”“敢开放”“有道德”的学校集结起来，就能产生一个澄明的教育世界、一个向“人”而生的教育事业[⑤]。因此，“全纳”基础教育质量评价应有利于不断提升基础教育学校的文化自觉、促进物质文化与精神文化的协调发展。

综上所述，“全纳”基础教育质量评价的内在功能就是协调基础教育内在要素、促进基础教育改革、提升基础教育质量、彰显基础教育办学特色。

第三节　“全纳”基础教育质量评价的外在功能

基础教育需要人力、物力、财力的投入，“全纳”基础教育质量评价就是要评判基础教育是否按照国家规章制度办学，是否促进了受教育者综合素

① 孙宽宁：《基础教育教学改革：走向教师的个性化教学》，《当代教育科学》2013 年第 13 期。

② 吴长法等：《新中国基础教育课程改革的历程与趋势》，《课程·教材·教法》2016 年第 5 期。

③ 赵小成：《基础教育特色学校建设的几点思考》，《教育导刊》2014 年第 5 期。

④ 李帆：《2007，基础教育精神价值的回归》，《人民教育》2007 年第 24 期。

⑤《学习——内在的财富》，联合国教科文组织总部中文科译，教育科学出版社 1998 年版，第 135 页。

质的提高，是否满足了价值主体对基础教育的价值需求，是否达到办学的预期目标与效果。不同于内在功能，评价的外在功能是指“全纳”基础教育质量评价对优化基础教育外部环境、办学生态所具有的作用与意义，具体表现为规范教育管理、改善办学条件、凝聚社会办学合力、提升研究质量、促进国际化等方面。

一、优化“全纳”基础教育管理

管理是基础教育活动开展与价值实现的重要前提与有力保障。“全纳”基础教育质量评价的结果是基础教育管理与决策的重要依据，它能进一步规范基础教育管理制度与机制。

（一）完善管理制度

新时期的教育改革必须追求教育正义，教育正义是教育制度和教育行动的底线伦理，国家、政府和教育本身的教育行动必须首先追求教育正义，必须实现和保证教育制度的正义性①。教育管理的现代化关键在于优化教育资源、保障系统的有效运行。目前，我国需要进一步简政放权，充分调动各方面的办学的积极性，进一步推进基础教育管理制度的民主化、科学化进程，建立完善的管理制度，提高教育管理的实效性②。因此，科学、合理、公正的评价是教育管理决策科学化的基础，“全纳”基础教育质量评价应依托科学的评价标准、客观评价基础教育管理制度与治理机制的优劣，为基础教育管理制度的完善提供有效的决策依据。

（二）健全评价机制

评价作为当代学校教育与管理的重要手段，它是对学校办学、教师教学、学生学习情况的综合反映，其目的是提高基础教育质量。“全纳”基础教育质量评价应是发展性评价而非奖惩性评价，学校质量评价应充分调动学

① 劳凯声：《教育市场的可能性及其限度》，《北京师范大学学报（社会科学版）》2005 年第 1 期。
② 李尚卫：《基础教育价值论》，中央文献出版社 2009 年版，第 194 页。

校的办学积极性，增强办学自主权，促进学校健康的发展，彰显学校的“全纳”品质。教师质量评价应充分调动教师的教学积极性，促进教师的教育智慧增长与专业成长，提升教师的“全纳”意识与能力。学生质量评价应能激发学生的学习主动性、积极性、创造性，塑造学生的“全纳”素养，促进其德、智、体、美、劳的和谐发展和健康成长。当前，我国应该突破“应试”取向的评价机制，建立真正意义上的“素质教育”评价体系①。因此，“全纳”基础教育质量评价应有利于完善基础教育评价标准，优化基础教育质量评价机制。

二、改善“全纳”基础教育办学条件

政府是基础教育的办学主体，是基础教育办学条件改善的主要责任人；基础教育的公共性决定了政府应为老百姓的教育买单②。当前，我国政府需要进一步加大经费投入，改善基础教育教师待遇，不断完善基础教育基础设施、优化基础教育资源配置。“全纳”基础教育质量评价应有助于强化政府的办学责任，改善基础教育的办学条件。

（一）加强经费投入

1995 年《中华人民共和国教育法》规定，“教育活动必须符合国家和社会公共利益”“国家、社会对符合入学条件、家庭经济困难的儿童、少年、青年，提供各种形式的资助”“国家建立以财政拨款为主、其他多种渠道筹措教育经费为辅的体制”。2001 年《国务院关于基础教育改革与发展的决定》规定，基础教育实行在国务院领导下，由地方政府负责、分级管理、以县为主的体制。2006 年《中华人民共和国义务教育法》明确规定，义务教育是国家予以保障的公益性事业，较充分地体现了义务教育公平的价值取向，政府义务教育责任的核心是其投入责任，强调了政府的义务教育公平与均衡发展责任。2006 年对西部地区农村义务教育阶段学生全部免除学杂费，

① 李尚卫：《基础教育价值论》，中央文献出版社 2009 年版，第 194—195 页。
② 李尚卫：《基础教育价值论》，中央文献出版社 2009 年版，第 192 页。

对其中的贫困家庭学生免费提供课本和补助寄宿生生活费，2007 年在全国农村普遍实行这一政策。当前，我国还需要建立健全农村义务教育经费保障机制，进一步改善农村办学条件，逐步提高农村中小学公用经费的保障水平。因此，“全纳”基础教育质量评价应该有利于强化政府特别是地方教育主管部门的办学责任，增强基础教育经费投入。

（二）提高教师待遇

基础教育关系到中华民族整体素质的提高，而教师是提升基础教育质量的关键。提高基础教育教师的工资，改善其生活待遇，吸引高素质人才投身基础教育事业实有必要。尤其是农村基础教育、特殊基础教育作为我国基础教育的重要组成、弱势部分，提高农村教师与特教教师工资、改善他们的生活条件有着重要的现实意义。我们认为，农村教师工资可适当高于城市教师工资，特教教师工资应适当高于普教教师工资。只有这样，才能吸纳更多的高素质人才从事农村基础教育、特殊基础教育，促进城乡、普通与特殊基础教育的均衡发展。因此，“全纳”基础教育质量评价不仅应有利于提高基础教育教师的素质，而且更要有助于改善基础教育教师的社会地位、经济待遇，增强基础教育的吸引力，提高基础教育教师数量，减少基础教育教师的流失。

（三）改善教学手段

教育手段是指基础教育教学活动所借助的物质手段，包括教具、实验室、现代化教学设备、电化教育器材等。目前，教育手段发展走向智能化与多样化。一方面，随着科学技术的发展，新的智能化技术不断出现，这些技术在教育活动中的推广，使得教育手段更加智能化；另一方面，教师的作用正在由教书匠向教育家转变。过去，教师的教育活动以教科书和参考书为标准，教育的手段是同一的；现在，则要求教师对教育内容和方法进行主动思考，要求教师根据自身特点形成自己独特的教育风格和个性，教育手段呈现个性化、多样化的特征。因此，“全纳”基础教育质量评价应有利于改善基础教育教学设施，促进教学手段的智能化、多样化。

（四）优化资源配置

基础教育质量的提高，不仅需要加大投入，改善办学条件，而且需要优化教育资源配置，合理利用教育资源，提高教育资源的使用效率。基础教育均衡发展应将外延均衡和内涵发展有机结合，提升学校的办学质量和效益，创立区域教育特色均衡的品牌，促进城乡教育一体化①。由初级均衡即资源配置均衡向优质均衡即以提升质量为核心的高级均衡转化，实现从差距缩小到差异合作的转变②。当前，我国基础教育资源不仅存在城乡分布、个体享用等方面的差异，而且存在资源使用的不合理、低效率等方面的差异。故应实施基础教育资源配置弱势补偿制度，加大对弱势群体、地区基础教育资源的倾斜力度，减少浪费、提高基础教育资源的使用效率。因此，“全纳”基础教育质量评价应有利于优化基础教育配置与有效利用，促进城乡基础教育、普通与特殊基础教育的均衡发展以及学前、初等与中等教育的协调发展。

三、营造“全纳”社会支持体系

社会力量是基础教育顺利改革发展的重要支持力量。“全纳”基础教育质量评价不仅有利于完善基础教育管理机制、办学条件，而且有利于凝聚社会力量的办学合力、激发基础教育的办学活力。

（一）激发家庭教育“全纳”活力

家庭是社会的细胞、人生旅途中的第一个活动场所，是儿童、青少年生活、学习的重要场所；家长既是监护人，又是孩子的第一任教师。家长不仅要为孩子接受基础教育提供物质帮助，而且要为他们提供精神支持，因为家庭教育质量直接影响到儿童、青少年的健康成长。家庭是一切教育的第一场所，它负责情感和认识之间的联系及价值观和准则的传授，家长

① 胡海建：《广东基础教育特色均衡发展的现状与对策》，《肇庆学院学报》2013 年第 3 期。
② 王惠颖：《特色发展：基础教育优质均衡发展的根本》，《教育科学研究》2012 年第 8 期。

与教师之间必须进行真正的对话，儿童、青少年的协调发展要求学校教育和家庭教育互相补充①。父母不应让孩子去适应由他们自己选择的职业身份，而是应从儿童、青少年角度出发去爱他们，父母不应从由他们自己所选择的生活方式的角度，而是从孩子自身的角度来评价自己的孩子②。不仅表现在关心孩子的要求和需要上，而且肯定他的人格价值感。③ 因此，明确家长的教育责任、改善家庭教育质量必将有利于基础教育价值的实现。“全纳”基础教育质量评价应有利于增强家长的基础教育责任、提升家庭教育质量与激发家庭的“全纳”活力。

（二）优化社区“全纳”生态

社区是儿童、青少年除学校、家庭外的又一个重要的成长环境。社区环境不仅影响着他们的生活，而且影响着他们的学习。社区的物质文明、精神文明建设直接影响着孩子们的身心发展。目前，社区对教育特别是对基础教育的参与，应同国家承担的责任和开展有力的行动齐头并进，确保所有社区的儿童、青少年都有机会享受良好的教育，成人都有机会为改进自己的工作和提高生活质量而学习④。社区教育应致力于创建“学习型”社区和促进“社区人”的全面发展，终身学习应成为社区教育新的研究取向，社区教育内容的选择应根据产业结构、市民价值观、“社区人”需求和区域性特征等方面，强调以人文与科学的整合为目标整合教育资源⑤。因此，我国应进一步增强社区的基础教育责任，创造良好的社区文化环境，提升社会教育服务质量。“全纳”基础教育质量评价应有利于提升社区的基础教育责任，优化社区的文化生态，提升社区教育的服务质量，形成“全纳”社区。

---

① 《学习——内在的财富》，联合国教科文组织总部中文科译，教育科学出版社 1998 年版，第 96 页。

② ［德］底特利希·本纳：《普通教育学——教育思想和行动基本结构的系统的和问题史的引论》，彭正梅等译，华东师范大学出版社 2006 年版，第 192 页。

③ ［美］罗尔斯：《正义论》，何怀宏等译，中国社会科学出版社 2006 年版，第 466 页。

④ 《学习——内在的财富》，联合国教科文组织总部中文科译，教育科学出版社 1998 年版，第 96—97、116—117 页。

⑤ 张广斌：《价值定位与内容选择——社区教育研究新视野》，《职业技术教育》2005 年第 31 期。

（三）激发社会志士“全纳”热情

教育已成为社会的经常性生产服务，全社会都应对教育负责，只有通过教育，社会才能面目一新[①]。众所周知，国家没有明确规定每个公民应该承担多少除扮演家长、教师等角色以外的基础教育责任。但是，基础教育是全社会、全人类的事业，中国作为发展中国家来办大教育，每个公民、每个团体都应该主动为国家分忧、出力，主动为我国基础教育的发展出谋划策、出资尽力。每个成年公民应该充分认识到自身的教育责任，自觉承担教育子女并为基础教育出谋划策的责任。公民树立正确的教育责任意识不仅是社会文明、进步的标志，而且有利于儿童、青少年的健康成长，有利于社区文明建设，有利于全社会的繁荣、发展。因此，提升公民的教育责任意识、调动他们的办学积极性必将有利于基础教育环境的改进、质量的提高与价值的实现。“全纳”基础教育质量评价应有利于提升社会人士的教育责任，提升其“全纳”热情。

四、激发“全纳”基础教育研究活力

理论来源于实践，但又高于实践，对实践具有指导作用，基础教育研究成果能为基础教育管理、实施、评价提供理论指导与决策依据，对基础教育实践具有重要的指导作用。“全纳”基础教育质量评价应有利于提升基础教育研究者的学术责任，激发他们的学术智慧。

（一）优化研究者的学术取向

不同的个体会有不同的价值需求，研究者只有树立正确的学术取向，正确认识基础教育价值研究的理论与实践意义，才能采取合理的基础教育价值取向，呈现规范的基础教育价值行为。在基础教育研究中，研究者仍存在“注解政策”“迎合上意”“晋升专业技术职务”“捞取学术资本”等偏离学

---

① 《学习——内在的财富》，联合国教科文组织总部中文科译，教育科学出版社1998年版，第101页。

术目的的价值追求，在价值取向上表现为“重术轻学”“重经验轻理论”“重眼前利益轻长远效益”“重教育实际工作的需要而轻教育研究自身发展的需要”“重社会需要而轻个人需要”“重个人功利而轻个人的社会责任”等不良倾向[①]。故应回归学术研究的价值追求，提升学术研究成果的理论价值，促进“全纳”基础教育理论体系的建构，充分发挥学术研究对教育实践与决策的服务功能。因此，“全纳”基础教育质量评价应有助于规范基础教育研究者的价值取向，形成合理的研究行为。

（二）激发研究者的学术责任

研究者只有树立正确的学术研究价值观，增强学术研究的激情与献身精神，才能充分意识与履行自身作为研究主体的学术责任。献身精神就是研究者乐于献身于基础教育实践及研究事业，它具体表现为研究者在研究中淡泊名利、甘于寂寞，视学术繁荣为人生的最高追求；为了基础教育学术发展，不顾私利、直面挑战，不畏权威、善于创新；为了求真，敢做学术战场的领头人、开拓者，甘为学术成果的幕后人、奠基者；面对学术困难，不怨天尤人、坐等观望，而是积极进取、完善自我。基础教育研究者只有具备这种献身精神，才能自主承担发展、繁荣基础教育学术的使命，淋漓尽致地发表见解、精神饱满地展开争论、公正客观地提出批评。因此，“全纳”基础教育质量评价应有利于优化基础教育研究者的学术价值观、培育基础教育研究的献身精神与学术责任。

（三）促进研究者的学术创新

“学术贵在创新”，走创新之路是中国教育学者的责任[②]。学术创新是教育学者学术研究的价值追求、生命载体，而创新能力则是教育学者学术创新的根基、内核，提高创造能力才是学者不断发明、不断创新之良药。同时，学术研究应是“水到渠成”的过程，不能急于求成、急功近利；学术创新应该是长期积累与努力的结果，是自觉生成的而不是“刻意雕塑”的。传

---

① 潘艺林：《教育研究偏离学术目的的表现、原因及其启示》，《江西教育科研》1997 年第 1 期。
② 金一鸣：《走创新之路——中国教育教育学者的责任》，《课程・教材・教法》2003 年第 2 期。

统上，研究者们习惯于经院式的治学方式、"注经式"的研究模式。基础教育研究者应突破"求同存异""主客二分"的思维模式，树立"求异存同""主客合一"的研究观念，"发人之未发，优人之已有"。因此，"全纳"基础教育质量评价应有助于增强基础教育研究者的创新意识与创新能力，促进基础教育学术创新。

五、增进"全纳"基础教育国际化

基础教育不仅是民族的事业，而且是国际的、全球的事业，需要充分吸纳发达国家的优质教育资源，帮助欠发达国家与地区改善办学条件，实施世界基础教育的协调发展。"全纳"基础教育质量评价应增进基础教育的国际交流与合作。

（一）促进国际交流

发展应该是土生土长的，不过，一个国家也许还需要有外来的刺激，而且外援在一段相当长的时期内恐怕还是发展中的一个必要的组成部分。国际可通过学生与教师的流动性、文凭价值的等同、国际了解计划、交换专家、国外留学等形式，提供技术援助与财政援助、教育贷款等①。诚然，我国政府过去积极参与国际基础教育交流，为世界基础教育发展作出了巨大贡献，但是，我国政府还需进一步加大国际交流的力度，加强对欠发达国家、地区基础教育的支持与帮助，还应积极吸收外来的优质基础教育资源，不断提高我国基础教育的办学条件与水平。因此，"全纳"基础教育质量评价应有助于基础教育的国际交流。

（二）加强国际合作

1993 年《德里宣言》指出，国际合作者应努力增强各国扩大和改进基础教育服务的能力，国际金融机构应开创一种能使各国社会经济持续发展的

① 联合国教科文组织国际教育发展委员编著：《学会生存——教育世界的今天和明天》，华东师范大学比较教育研究所译，教育科学出版社 1996 年版，第 279—308 页。

国际环境[①]。必须保持所有国家之间智力和行动上的合作，工业化国家之间、发展中国家之间必须互相合作，各个邻近国家基于人口的、语言的和社会的种种理由必须彼此紧密合作，每个国家必须和各级教育、科学与文化机构合作，把它们的经验、革新尝试和对教育前途的意见视为世界宝藏的一部分[②]。可以通过国际组织、政府与非政府组织、企业界和商业界、工会专业组织以及教育系统的积极参与者等众多伙伴的协作，鼓励在教科文组织教席、联系学校、在国家之间公正地分享知识、信息技术的传播，以及在大学生、教师和研究人员的交流等方面的智力合作，促使人们了解国际社会必须解决的所有问题以及就需要协同行动的问题寻求协商一致[③]。因此，“全纳”基础教育质量评价不仅应有利于基础教育的国际交流，而且应有助于基础教育的国际合作。

综上所述，“全纳”基础教育质量评价不仅应有利于基础教育内在要素的协调，而且应有助于外部环境的优化。

---

① 赵中建编：《教育的使命——面向二十一世纪的教育宣言和行动纲领》，教育科学出版社 1996 年版，第 111 页。

② 联合国教科文组织国际教育发展委员会编著：《学会生存——教育世界的今天和明天》，华东师范大学比较教育研究所译，教育科学出版社 1996 年版，第 19 页。

③ 《学习——内在的财富》，联合国教科文组织总部中文科译，教育科学出版社 1998 年版，第 175—188 页。

第三章　“全纳”基础教育质量评价的种类

分类是指按照种类、等级或性质分别归类，它是揭示客观事物的内在属性的重要维度。已有研究中，学者从不同角度对教育评价、基础教育质量评价的类型进行了研究，本章在总结已有研究成果基础上，试图对“全纳”基础教育质量评价的基本类型做些尝试性探讨。

第一节　概　述

已有研究中，研究者从不同角度对教育评价、基础教育质量评价的类型进行了研究，综合已有的研究成果，可以从以下几个视角分析“全纳”基础教育质量评价的种类。

一、自评与他评

根据评价主体的不同，“全纳”基础教育质量评价可分为自评（内部评价）与他评（外部评价）。

（一）自评

自评（内部评价）就是自我评价的简称，它是评价主体对自己的教育或学习行为与结果的评价。学会自评不仅是基础教育主体成长的标志，而且有利于他们进一步成长。基础教育阶段，教育者学会自评就是形成自我效能感，正确认识自身的优缺点有利于提升教师的自信心，使他们不断改进教学与提高教育质量；受教育者学会自评不仅是“全纳”基础教育质量评价的重要目标之一，而且有利于学生认识自我、完善自我，促进其健康成长。可以说，自评是“全纳”基础教育阶段学校、教育者、受教育者和谐发展的重要标志。

（二）他评

他评（外部评价）是评价主体以外人或机构对主体的教育或学习行为与结果的评价。它是衡量学校的发展、教师的成长、学生的进步等情况的重要手段，他评可以帮助基础教育学校发现教育教学中存在的问题、规范教育行为、提高教育质量。

“全纳”基础教育质量评价不能以他评作为唯一方式，应充分尊重与调动教育主体（包括学校、教师、学生）参与评价的积极性，积极开展自评。

二、学生、教师、课程与学校质量评价

依据评价对象的不同，“全纳”基础教育质量评价可以分为学生质量评价、教师质量评价、课程质量评价、学校质量评价①。

（一）学生质量评价

学生质量评价就是对基础教育阶段学生的个体成长发展情况的评价，既包括对学生个体学习情况的评定，也包括对学生态度、情感和身体发育情况的评价。学生质量评价的根本目的是优化基础教育的教育教学环境，促进学生更好地成长发展。“全纳”基础教育学生质量评价就是对基础教育学生“全纳”素质的评价，应该尊重学生的发言权与参与权。学会自评是基础教育阶段受教育者素质的重要组成。

（二）教师质量评价

教师质量评价就是对基础教育阶段教师作为教学专业人员的素质、职

① 本研究认为质量教学评价应包含在学校质量评价之中（参见沈玉顺主编：《现代教育评价》，华东师范大学出版社 2002 年版，第 21—23 页）。

责、行为和教学绩效的评价，其根本目的是增强教师的教学效能感，促进教师的专业发展，提高学校的教育绩效。“全纳”基础教育教师质量评价就是对基础教育教师的“全纳”素养的评价，应以教师自评为主，充分尊重教师的评价主体地位与主体人格，充分调动他们参与教学评价的主动性、积极性、创造性。

（三）课程质量评价

课程质量评价就是以一定方法、途径对课程计划、活动以及结果等有关问题的价值或特点作出评判的过程，具体包括对课程计划、目标、内容、教材以及实施等内容的评价。“全纳”基础教育课程质量评价就是对基础教育课程的“全纳”品质的评价，应以国家基础教育课程标准为指导，促进校本课程、特色课程的开发。

（四）学校质量评价

学校质量评价就是对基础教育学校整体工作的综合评价，具体包括学校办学思想、办学基本条件、管理工作、教学工作、办学水平与特色等方面。其根本目的在于推动学校教育教学改革，改善办学条件，提高办学质量，打造办学特色。“全纳”基础教育学校质量评价就是对基础教育学校的“全纳”品质的评价，应该充分尊重学校的办学自主权。

三、诊断性、形成性与总结性评价

根据教育进程或阶段，“全纳”基础教育质量评价可分为诊断性评价、形成性评价和总结性评价，应将过程与结果有机结合起来。

（一）诊断性评价

诊断性评价又称“事先评价”，是指在基础教育活动之前进行的评价，目的在于弄清学生现有的知识与能力、学习特点等，为组织教育内容、选择教育方法等提供依据。

（二）形成性评价

形成性评价又称“过程性评价”，是指在基础教育教学过程中对学生掌握知识、发展能力等方面进行的及时评价，目的在于使师生双方能及时获得反馈信息，以便帮助教师改进今后的教学工作、提高教学质量，帮助学生总结学习得失、提高学习成绩。形成性评价（Formative Evaluation）最初是由美国的斯克里芬（G. F. Scriven）在其1967年所著的《评价方法论》中首先提出来的，它是指在活动运行的过程中，为使活动效果更好而修正其本身轨道所进行的评价。形成性评价的主要目的是为了明确活动运行中存在的问题和改进的方向，及时修改或调整活动计划，以期获得更加理想的效果。目前，形成性评价与质性评价、定性评价的运用相结合，其运用类型逐渐丰富并发展为真实性评价（Authentic Assessment）、表现性评价（Performance Assessment）和发展性评价（Development Assessment）等几种[①]。

（三）总结性评价

总结性评价又称“事后评价”，是指在一个较大的相对完整的教育阶段结束后进行的评价，主要考察基础教育的最终效果，是对基础教育活动全过程的检验。它是一种终结性、综合性的评价，是评价学校教育质量、教师教学水平、学生学业成就的重要指标。

四、底线与顶线评价

依据教育目的的不同，“全纳”基础教育质量评价可分为底线评价与顶线评价[②]。

（一）底线评价

基础教育的底线评价就是以培养具有良好素质、健康人格的合格公民为

---

① 亓文涛等：《形成性评价在基础教育教学中的应用研究》，《现代教育技术》2007年第11期。
② 杨启亮：《合格性评价：基础教育评价的应然选择》，《教育研究》2006年第11期。

目标的教育评价。底线评价是普及、合格性质的，是关注全体学生的、全面的、基本公民素质培养的评价。因此，它是扶持薄弱学校、关怀弱势群体、关心教育均衡发展、重视平民教育的评价。

（二）顶线评价

基础教育的顶线评价就是以培养适合高等专业教育和高等职业教育选拔规格的人才为目标的教育评价（它并不局限于普通高等学校入学考试，而是以应对高考为最终表现形式的一个考选流程）。顶线评价是选拔、淘汰性质的，是关注部分学生的、不全面的、考试竞争成绩的评价。因此，它是集合优质教育资源、扶持优势利益群体、限制教育均衡发展、鼓励精英教育的评价。以考试竞争和选拔淘汰为宗旨的顶线评价，偏离了现代基础教育的正常态，异化基础教育的基础性、限制儿童发展的自然性、遮蔽人才选拔的真实性、造成精英与平民的对立性，这使我们基础教育的均衡发展变得越来越艰难。

培养合格公民与为高校输送优秀人才是基础教育两个不可分割的目标追求，“全纳”基础教育质量评价应该是二者的有机统一。

五、检查性与选拔性评价

以基础教育的基本任务（或评价目的）作为分类标准，“全纳”基础教育质量评价可分检查性评价与选拔性评价两类①。

（一）检查性评价

检查性评价是为了促进学生素质全面发展、保证教育教学质量提高而开展的诊断性、监测性、反馈性、检查性教育教学评价。它是依据一定的教学管理目标与教学规范要求，对具体的教学情况和教学效果进行相应的考察、鉴定和评价其教学目标的实现情况，以便采取相应的措施更好地改进教学的

① 邬向明：《基础教育的基本任务与教育评价改革——现实社会新课程背景下教育评价改革分类的选择》，《课程·教材·教法》2006 年第 6 期。

管理活动。其内容是多种多样的，包括与教学活动有关的各个方面，即教师的教学态度、教学方法、教学技能、教学计划、教学进度和教学效果、对教与学双方情况的综合考查，以及对与教学有关的教学设备、教学设施等情况的检查。其形式有笔试、口试、实验操作、座谈、汇报、实地观察、查询资料记录、综合评论等，这一类评价形式多样、约束条件少，在一线教学工作中使用灵活，可广泛开展。

（二）选拔性评价

选拔性评价是为了保证学生顺利升学和选择工作而开展的公平、公开、公正、可操作的选拔性考试评价，具有“结果性评价”“与学生前途挂钩的功利性”两个特点。这类教育评价必须满足两个基本要求：能够为高一级学校选拔到适宜的人才；选拔过程和方式必须被社会广泛认可，即公平、公开、公正、可操作。

总之，目前学者们从不同视角分析基础教育质量评价的类型。我们认为，根据评价的对象和内容，“全纳”基础教育质量评价应包括基础教育教师质量评价、课程质量评价、学生质量评价、学校质量评价、决策质量评价等。

第二节 “全纳”基础教育教师质量评价

“全纳”基础教育教师质量评价是基础教育质量评价中最令人困扰的问题之一，它是一项极为复杂的工作，既与教师专业发展、职务职称的升迁、教师工资的涨降等密切相关，又对提高基础教育质量有重要的作用。自2002年《通知》实施以来，我国基础教育教师质量评价的理论与实践取得丰硕成果，基础教育教师质量评价制度日益完善，基础教育教师质量评价体系日趋规范、合理。但是，学者们更多着眼于技术、制度层面研究与解决基础教育教师质量评价的“科学性”等，教育管理者在评价实践中缺乏对基础教育教师的“人”的关注。强化“全纳”基础教育教师质量评价的“人文性”实有必要。

一、“全纳”基础教育教师质量评价的内涵

“全纳”基础教育教师质量评价就是基于一定评价标准，对基础教育教师“全纳”品质的价值评判。它不仅是对基础教育教师“量”的价值判断，而且更是对基础教育教师“质”的价值判断，是“量化评价”与“质性评价”的有机统一，是“科学性”与“人文性”的有机统一。

（一）“全纳”基础教育教师质量评价的“科学性”

“科学性”是指基础教育教师质量评价应基于一定评价标准，对基础教育教师的教学质量、个性品质作出合理的价值判断，注重评价参照标准的规范性，比如，幼儿教师、小学教师、中学教师、特教教师资格认定标准等。目前，我国先后颁行了《幼儿园教师专业标准（试行）》（2012，以下简称《幼儿教师标准》）、《小学教师专业标准（试行）》（2012，以下简称《小学教师标准》）、《中学教师专业标准（试行）》（2012，以下简称《中学教师标准》）和《特殊教育教师专业标准（试行）》（2015，以下简称《特教教师标准》）等，这些为确保“全纳”基础教育教师评价的科学性奠定了坚实的基础。

（二）“全纳”基础教育教师质量评价的“人文性”

“人文性”是指“全纳”基础教育教师质量评价应灵活运用评价标准，尊重基础教育教师的主体地位与人格，注重教师的和谐发展与自我价值的实现，提升其“人的价值”和“文的价值”，具有教育性、过程性、差异性、发展性、主体间性等人文特质。

第一，充分尊重基础教育教师的主体地位、主体人格。评价目标不能只看到分数、考试成绩、升学率等物化的东西，更应关注教师教学水平、学生学习能力与人格品质的进步；评价主体不能只有学校领导与教研组组长参加，而应将教学的实施者（教师）与受益者（学生）纳入评价队伍；评价方法不能只重总结性评价，还应注重诊断性评价、形成性评价。尊重教学主体的主体地位与人格，促进教学主体的主体性发展是“全纳”基础教育教

师质量评价的根本目的。

第二，应促进基础教育教师的和谐发展和自我价值的实现。教育是培养人的活动，教育的人文价值不仅表现在促进人的发展，而且还表现在促进真善美的传递，促进人、自然、社会的和谐[①]。“全纳”基础教育教师质量评价不仅应关注教师的专业成长与和谐发展，而且更应关注教师自身价值的实现——人类文明的传承。

二、我国基础教育教师质量评价中的“人文缺失”

目前，我国学界对基础教育教师质量评价存在的问题做了不少的探讨，归结起来，主要表现在制度不健全、主观性太强两个方面。事实上，自改革开放以来，特别是随着我国《义务教育法》《教师法》（1993）、2002 年《通知》等一系列规章制度的颁行，我国基础教育教师质量评价制度得到了进一步完善。但仍存在“教师缺位”“结果取向”“控制本位”“奖惩本位”等“人文缺失”。

（一）评价主体中的“教师缺位”

教学主体是教学的实施与参与者，即教师和学生。基础教育教师质量评价中的“教师缺位”主要表现在对教师主体地位的忽视，教师与评价相分离。2002 年《通知》明确提出，中小学教师教学评价应以教师自评为主。但是，事实上，我们不少中小学特别是农村中小学教师评价中，教师往往成了旁观者，他们只有教学权、没有评价权；在评价时，教师没有参与评价、发表自己言论的权利，诸如用同一标准可以评不同的课、听一节课就能作出评价等现象在中小学教师评价中屡见不鲜。有研究表明，选择教师评价“没有体现对教师关爱”占 59.8%，它说明现行的教师评价制度缺乏对教师应有的人文关怀，或至少教师们没有感受到这一关怀；同时，有 32% 的教师认为教师评价影响工作情绪，反而给教学带来不利的影响[②]。由此可见，我国

① 李尚卫：《试析教育的内在与外在价值—— 一种新的教育价值体系建构》，《教育理论与实践》2004 年第 12 期。

② 田爱丽等：《对现行中小学教师评价制度的调查与分析》，《教育理论与实践》2004 年第 5 期。

基础教育教师质量评价仍存在教师主体缺位，严重影响着基础教育教师教学工作的热情、质量。

（二）评价内容中的“结果取向”

基础教育教师质量评价中的“结果取向”表现为过分注重学生考试成绩、升学率的高低，而忽视对整个教学过程的关注，忽视教师自身的专业成长、综合素质的提高。2002年《通知》指出，教师评价应包括职业道德、了解和尊重学生、教学方案的设计与实施、交流与反思等方面的内容，不得以学生考试成绩作为评价教师的唯一标准。但是，长期以来，由于“为应试而教，为应试而学”倾向的负面影响，应试、升学成为中小学教育唯一的价值取向，多数学校尽管表面上是对教师“德、能、勤、绩”的考评，但是实质上还是只看“绩”，中小学教师教学评价往往只从一节课、考试分数、升学率来评价教师教学质量的优劣。事实上，学生学业成绩和升学率的高低是由来自学生（如个人素质、努力程度）、教师（如教学水平、职业道德）、学校（如校风、资源开发）、家庭（如家长文化素质、家庭教育态度与方式）、社会（如社会风气、社区文化）等多种因素共同决定的，因此，仅凭学生的学业表现来评价基础教育教师的教学水平既不客观也不公正，不利于教师的发展、学生的健康成长与整个学校教学质量的提高。

（三）评价功能上的“控制本位”

“控制本位”是指基础教育教师质量评价中过分注重评价对教师的控制功能，而忽略了评价的服务功能。人既是管理活动的主体，又是管理活动的对象，学校管理归根到底是对“人”的管理，必须关心、关注、关爱和促进人的发展。教师评价作为教师管理的一种重要形式，其主要目的不是如何控制、规范教师行为，而是服务、协调、激励教师成长。2002年《通知》明确指出，中小学教师评价制度的改革要有利于加强教师职业道德建设，促进教师业务水平的提高，建立有利于实施素质教育、发挥教师创造性的多元的、新型的中小学教师评价体系。从整体上来看，当前我国对基础教育教师质量评价仍是以传统的教育和管理观念为主导的评价机制，以管理人员为核心，以传统的管理理念为指导，将教师完全视为被管理对象，他们没有任何发言权，缺乏信任与尊重的状态。显然，这种“控制本位”的教师评价已不适合基础教育改革与发展需要。

（四）评价目的上的“奖惩本位”

“奖惩本位”是指在基础教育教师质量评价中，学校或主管部门往往根据师生表现的好坏进行奖励与惩罚。2002 年《通知》中提出，任何社会团体、民间学术机构组织的教学评比结果不得作为教师晋升、提级、评优等的依据，各级教育行政部门不得以升学率作为评价学校的标准。但是，我国学校管理中“优胜劣汰”“奖优罚劣”“奖勤罚懒”“能者上，庸者下”“末位淘汰”等话语盛行，基础教育教师质量评价中仍流行以学生考试的优劣来对教师进行奖惩，奖惩性教师评价在幼儿园、中小学仍然十分盛行。但是，奖惩性教师评价制度片面强调教师评价的甄别、选拔的功能，忽视了教师评价的诊断、促进发展的功能，而使教师评价沦落成为奖惩教师的依据、工具，引起广大教师的不满和对教师评价本身的不信任甚至抵制的情绪①。

由此可见，我国目前基础教育教师质量评价仍深受工具理性、技术理性的影响，缺乏价值理性的关怀。加强基础教育教师质量评价的“人文性”，凸显教师评价对教师的专业成长、自我价值实现的促进作用，实现“全纳”基础教育教师质量评价科学性与人文性的有机统一实有必要。

三、彰显“全纳”基础教育教师评价的人文特质

教师评价既具科学性又有人文性，“全纳”基础教育教师质量评价不仅要求评价目的、内容、手段、结果等合理、科学，而且要以人为本、充满人文色彩。我国传统的中小学教师评价过“粗”，是一种“大锅饭”背景下的轮廓化、印象化的评价；现代的教师评价又过“细”，刻意追求量化、科学化。教师评价宜“粗”不宜“细”，评价应该解决主要矛盾，抓住问题的关键②。当前，我国基础教育教师质量评价需要加强人文关怀，进一步提升其

① 杨建云等：《论教师发展性评价与奖惩性评价的关系》，《中国教育学刊》2003 年第 1 期。
② 吴振利：《试论中小学教师评价中的“粗”与“细”》，《教学与管理》2002 年第 7 期。

主体间性、过程性、差异性、教育性、发展性。

（一）在评价主体上，促成评价的主体间性

主体间性是“主体—主体”关系中内在的性质，和谐的主体间性应是交往双方的相互了解、彼此承认、人格与机会平等、遵守共同认可的规范，是主体与自然界的和谐①。“全纳”课堂教学主张建立基于个体的、发展性的关系型课堂，注重调动各方面的积极因素，加强对学生的行为控制；尊重不同学生之间的多元智能和学习风格，使每个学生都能获得最佳发展；主张发展性学习，努力营造积极向上的发展性课堂；注重学校、家庭和社区之间的沟通、交流与合作，努力调动各方面的积极因素参与课堂教学活动；注重对学生行为的管理和积极的纪律约束；注重学生自我管理能力、良好人际关系以及团队精神的培养②。

基础教育教师质量评价是学校对教师教学生命的价值评判，体现的是评价者和被评价者两者之间的人际交往关系，具有主体间性。基础教育教师质量评价的主体间性表现为，它不仅能调动师生的主动性、积极性、创造性，而且能协调人际关系、增进理解与对话，促进学生、教师、学校的和谐发展。因此，在“全纳”基础教育教师质量评价中，评价者应尊重被评价者的主体地位、主体人格，认真听取教师的自我评述，客观评价教学得失，善意提出教学建议；被评价者应虚心听取评价者的结果反馈，正确对待教学批评，认真吸收合理建议。只有这样，评价者与被评价者才能增进理解、达成共识、共同进步，教师与领导、学生、家长才能平等交流、共谋发展。

（二）在评价内容上，加强评价过程性、差异性

“过程性”是指基础教育教师质量中教学与评价不可分离，评价伴随于整个教学的全过程，评价内置于学校、教师的教学过程之中，它的直接目的是为了改善学校的教学，最终目的则是为了促进学生的成长③。2002 年《通

① 王锐生等：《社会哲学导论》，人民出版社 1994 年版，第 15 页。

② 王媛媛等：《全纳教育的知识社会学分析》，《外国中小学教育》2009 年第 1 期。

③ 张德伟：《日本中小学教学与评价一体化原则及其对我国的启示》，《外国教育研究》2005 年第 2 期。

知》指出，对学生、教师和学校的评价不仅要注重结果，更要注重发展和变化过程；要把形成性评价与总结性评价结合起来，使发展变化的过程成为评价的组成部分。既往的教学评价重视陈述性知识及其结论掌握，忽视程序性知识及其形成过程的评价；知识的过程性特征要求当前教学评价扩展评价范围，关注知识形成过程，倡导在真实情景中进行真实评价，保持评价的开放性与动态性①。因此，"全纳"基础教育教师质量评价不能仅以考试成绩、升学率来衡量教师的教学水平与学生的学习效果，一堂课、一次考试不能代表教学主体行为的全部。相反，为了全面、科学地评价教师，评价者应该深入教师教学生活实际，通过课堂教学、学生反馈、同行评价等多种途径获取信息，将过程与结果有机地结合起来。

"差异性"是指基础教育教师质量评价应尊重和体现教师的个体差异。教师专业发展的过程应是一个积极的、动态的、连续的、终身的发展过程，新教师、成熟教师、骨干教师、名教师、资深教师各个阶段的发展都有其自身的发展条件和不同特点，需要提供不同的专业发展支持，提出有区别的专业发展内容和专业发展评价标准，实施统一性与区别性相结合的评价标准②。发展性教师评价倡导评价内容与标准的多元化，要求评价者用积极的眼光，从多个角度去评价教师工作，以发现其优点和长处，使其体验成功的乐趣，在自尊、自信中不断地发展③。为了体现和尊重教师的个体差异，"全纳"基础教育教师质量评价应多有几把评价的尺子，使更多的教师通过评价取得成功并不断成长，鼓励教师拥有自己的专长、展示自己的个性、形成自己的风格与魅力。

（三）在评价功能上，提升评价的教育性

教师评价是对教师德、能、勤、绩的价值判断。作为教育现象，基础教育教师质量评价的"教育性"体现在它能促进教师自身的发展、学生的成才和学校教学质量的提高，具有认识、育人和审美功能。首先，科学的教师

---

① 李尚卫、潘洪建：《教学评价：关注过程，尊重差异》，《西南民族大学学报（人文社科版）》2005 年第 11 期。

② 季洪旭：《教师评价：统一性与区别性相结合》，《上海教育》2008 年第 Z1 期。

③ 刘祖琼：《我国中小学教师评价制度》，《台声·新视角》2006 年第 1 期。

质量评价能够帮助基础教育教师认识到自己教学生命的优劣，形成正确的教学观、学生观、评价观、教学质量观等，提高教师自身的认识能力；同时，它能帮助学生形成正确的教学观、学习观，提高学习的效率。其次，客观的教师质量评价能通过表扬先进、警示落后等形式起到示范作用，进一步规范基础教育教师的教学行为、学生的学习行为，使教师成为技艺精湛、道德高尚的教育工作者，使学生成为热爱学习、热爱教师、热爱学校的新人，具有育人性。最后，公正的教师质量评价能美化人的心灵、丰富人的感情、陶冶人的情操，具有审美性。因此，“全纳”基础教育教师质量评价只有坚持教育性原则，才能有效地促进教师、学生、学校的和谐发展。

（四）在评价目的上，增强评价的发展性

传统的教师评价方法是一种奖惩性的评价，是面向教师过去的评价制度，难以激发教师工作的主动性和创造性；发展性教师评价是一种面向教师未来的、激励性的评价，有利于培养教师的主人翁精神，满足教师的个人发展需求，促进教师积极进取①。当前，我国基础教育教师质量评价改革应提倡“以人为本”“以发展为核心”，以人性化的态度对待教师，突出教师在评价中的主体地位，注重教师的个人价值、伦理价值和专业价值，帮助教师认识自我、发现自我、完善自我，鼓励教师积极参与评价标准的制定和评价过程的实施，使每个教师都能从评价中获得激励、自信和不断前进的动力。尊重教师的需要、选择、人格等，和教师沟通对话，相互理解和协商，给教师充分的自主权，更多地把评价活动和过程作为教师提供自我展示的舞台和机会，使评价不只是作为奖励、评级、分类的工具，而是成为促进教师最好发展与自我实现的工具②。

总之，“全纳”基础教育教师质量评价应摒弃唯科学主义取向，应以人为本，进一步加强人文关怀，实现科学性与人文性的有机统一。只有这样，“全纳”基础教育教师质量评价才能促进教师、学生、学校的和谐发展，形成“美人之美”“美美与共”的和谐教育。

---

① 张卫宇：《借助发展性评价　引领中小学教师专业成长》，《文教资料》2007 年第 16 期。

② 朱淑霞：《我国中小学教师评价问题浅议》，《当代教育科学》2003 年第 18 期。

第三节 “全纳”基础教育课程质量评价

新中国成立以来，我国政府十分重视基础教育课程改革问题，先后进行了七次比较大的课程改革，特别是2001年《幼儿园教育指导纲要（试行）》《基础教育课程改革纲要（试行）》颁行以来，我国提出了全面推进素质教育、大力推进基础教育课程改革的热潮，课程改革深入人心、成效显著。与此同时，我国基础教育课程质量评价10年改革经历试点试验、提高发展、深化推广三个阶段①。但是，我国基础教育课程改革与质量评价的理论与实践仍存在一些待改进之处，进一步反思我国基础教育课程质量评价有着积极的现实意义与理论意义。

一、“全纳”基础教育课程质量评价的内涵

课程质量评价不同于教师与学生质量评价，它是对基础教育课程的制订、实施过程的评价，具体涉及课程目标评价、课程内容评价、课程管理评价。

（一）“全纳”基础教育课程目标评价

课程目标是基础教育课程开展的起点，是基础教育目标的核心组成部分。“全纳”基础教育课程目标评价是对基础教育课程达成的目标实施的评价，具体包括对课程体系的总目标、学科目标、学时目标等方面的评价。

（二）“全纳”基础教育课程内容评价

课程内容是指基础教育的具体内容，它是基础教育活动的核心组成，是联系主体与客体的桥梁和关键。“全纳”基础教育课程内容评价主要包括课程名称、课程结构以及具体课程内容的合理性、科学性的评价。

---

① 田迅：《基础教育课程评价改革十年研究》，湖南师范大学硕士学位论文，2011年。

（三）“全纳”基础教育课程管理评价

课程管理是对基础教育课程资源、课程活动的指导、监督，它是基础教育课程顺利实施的重要保障。“全纳”基础教育课程管理评价具体包括基础教育课程资源的开发与利用、课程方案的制订与实施等方面的评价。

二、我国基础教育课程质量评价的缺失

改革开放40多年来，我国基础教育课程改革的理论与实践成效显著，大大促进了素质教育的实施与基础教育质量的提高。但是，仍存在对课程评价内涵的理解过于宽泛，对课程实施过程的评价关注不够，课程评价理论研究与实践疏离，太注重显性课程评价、忽略隐形评价体系的建构等①；课程评价改革相对新课改的实施进展迟缓，课程评价改革在改革过程中执行变异、欠缺深度，农村的课程评价改革严重滞后，考试制度问题制约课程评价改革的发展②；等等。目前，我国基础教育“应试取向”仍根深蒂固，基础教育课程质量评价仍存在轻视人的价值与“整个人”的发展、“远离生活与本土文化”“官本位”“功利化”等不良取向③。

（一）课程目标评价轻视人的价值与“整个人”的发展

第一，总的目标要求仍存在强调社会价值、轻视人的价值及其实现。受传统教育的影响，我国基础教育课程目标仍偏重于社会发展的需要，忽视受教育者的独立人格和才能的发展、轻视受教育者的主体地位，导致一部分学生不思进取、缺乏主体意识、对社会事务冷漠和厌倦甚至产生抵触情绪，只看重升学与就业的选择，热衷于“千军万马过独木桥”的竞争。

第二，由于以升学为导向的价值取向占主导地位，基础教育课程质量评

① 郝浩竹等：《我国基础教育课程评价的现状与趋势分析》，《新课程研究（下旬刊）》2013年第8期。

② 田迅：《基础教育课程评价改革十年研究》，湖南师范大学硕士学位论文，2011年。

③ 曾玉君等：《我国基础教育课程改革价值取向：缺失与对策》，《内江师范学院学报》2013年第11期。

价发生目标扭曲，升学成了基础教育课程改革的主导目标，考试成绩、应试能力成了衡量学校教育质量的首要指标，升学率、培养精英人才成了学校追求的唯一目标，束缚了个体的全面而健康的发展，不利于学生、教师、课程的和谐发展，基础教育课程质量评价失去了在公平与效益、城乡均衡发展、人与社会的可持续发展等方面的应有之义。

（二）课程内容评价远离生活与本土文化

由于应试、升学的目标取向，基础教育课程质量评价仍然存在注重学科知识、书本知识、必修课程、显性知识的学习，轻视综合知识、直接经验、活动课程、隐性知识的获取；过分注重课堂教学、知识讲授的作用，忽视课外活动、研究性学习的意义；重视国家课程，轻视地方课程、校本课程的开发。这种脱离学生生活、远离本土文化的课程质量评价压抑了学生的求知欲望和兴趣爱好，必然引发厌学、辍学、学习与品德不良等不良现象，最终只能造就片面发展的畸形人才，进一步扭曲了基础教育课程改革和质量评价的目标追求。

（三）课程管理评价的“官本位”“功利化”

第一，我国基础教育课程质量评价仍是以传统的教育和管理观念为主导，以教育管理人员为核心，教师、学生往往被视为被管理对象，他们在课程管理中没有发言权，未能得到应有的信任与尊重。目前，我国仍实施“自上而下”的课程质量评价模式，课程管理权力过于集中，对课程计划的制订、实施、评价管得过多、过细，地方、学校缺乏应有的自主权，师生缺乏参与课程管理的主动性、积极性。这种评价模式往往滋生地方主义、官僚主义，引发重城市轻农村、重精英轻大众、重强势轻弱势等不良现象，使基础教育课程质量评价失去应有的科学性、针对性。

第二，由于“应试取向”的课程目标，我国基础教育课程评价仍盛行奖惩性评价，教育管理者、学校领导常常把学校评估、听课评课、学业考试作为评定等次、选拔优秀的唯一方式，考试成绩、升学率成了奖惩、晋职与晋级的唯一指标，成了学校、教师、学生竞争、争名声和名次的唯一法宝。以“应试”成绩、升学率评价基础教育课程改革、“素质”教育实施效果，忽视了对整个教学过程的关注，忽视了教师自身的专业成长、学生综合素质的提高。

毋庸讳言，我国基础教育课程质量评价“价值取向”的缺失非“一日之寒”，非某个因素单独为之，而是社会、集体和个体合力使然。因此，我国要切实推行“全纳”基础教育课程质量评价、实施素质教育任重而道远。

三、“全纳”基础教育课程质量评价的“应然”取向

目前，我国不少学者对基础教育课程改革与质量评价的价值取向做了许多有益的探索，比如，认为新的基础教育课程质量评价体系应具有开放性、交互性、多层次性特点，关注学生、课程、教师三个维度的可持续发展①；基础教育课程质量评价改革中思想观念改造是内在动力，评价制度改造是实现条件，实施方法改造应多元化、从实际出发②；基础教育课程质量评价的价值取向应由“目标取向”走向“过程取向”和“主体取向”，建立多元化评价理念和发展性课程评价体系，实施课程评价主体的多元化和建设具有中国特色的课程评价理论和模式③。借鉴已有研究成果，本研究认为，“全纳”基础教育课程质量评价需继续坚持以人为本，课程目标评价应凸显人的价值与促进“整个人”的发展，课程内容评价应回归生活与再现不同文化特色，课程管理评价应鼓励民主参与④。

（一）课程目标评价应凸显人的价值、促进“整个人”的发展

“全纳”基础教育课程质量评价应避免主体地位与人的价值的缺失，凸显人的价值、促进“整个人”的发展。

第一，凸显人的价值。我国传统的课程目标主要体现为社会本位的价值取向，没有对学生个体成长或个性发展提出明确具体的要求、忽视了学生的

① 陈桂云等：《高等教育大众化与基础课程质量评价体系》，《中国农业教育》2006 年第 4 期。

② 田迅：《基础教育课程评价改革十年研究》，湖南师范大学硕士学位论文，2011 年。

③ 郝浩竹等：《我国基础教育课程评价的现状与趋势分析》，《新课程研究（下旬刊）》2013 年第 8 期。

④ 曾玉君等：《我国基础教育课程改革价值取向：缺失与对策》，《内江师范学院学报》2013 年第 11 期。

自我发展。“全纳”基础教育课程目标评价应突破传统社会本位的目标取向，注重个人价值与社会价值的协调统一，既考虑个人需要又考虑社会需要的知识、能力、个性的培养，尊重人的价值及个体自我价值的实现，实现个体与社会的和谐发展。

第二，关注学生“整个人”的发展，谋求智力与人格的协调发展。“一切为了学生的发展，为了一切学生的发展，为了发展学生的一切”是新课程改革的根本理念，基础教育课程改革应彻底改变“应试”取向的课程目标，把学生能力的培养、综合性的学习、态度及价值观的养成等放在重要地位，确立以全面实施素质教育、促进学生“整个人”发展为价值取向的课程目标。

第三，避免“泛人本化”倾向。课程改革应避免从一个极端走向另一个极端，避免迎合学生的兴趣和爱好、过分强调自主研究性学习、强调学生评价的中性或无标准性等“泛人本化”倾向①。新课程评价以学生发展为本，培养创新精神和实践能力的教学评价价值取向正逐步形成，多元、开放的教学评价为广大教育工作者所熟悉和掌握，教学评价功能正逐步集中到为促进学生的发展服务；应注重学生的感受，体验和对基本技能的理解、运用，联系学生实际和社会生活、尊重学生、促进学生思想品德发展，采用自评、他评、相互评价和操行评语等形式对学生进行全面评价，注重对学生的探究能力、知识的运用能力和解决实际问题能力的评价②。因此，“全纳”基础教育课程改革应坚持以人为本，确立促进人的价值实现与“整个人”发展的课程目标，真正实现人与社会的和谐发展。

（二）课程内容评价应回归生活，再现不同文化特色

“全纳”基础教育课程内容评价必须从现有的文化条件、社会条件和学生条件出发，符合客观实际，体现社会历史的制约性，在对丰富多样的人类文明成果进行价值判断的基础上作出适当的选择③。

---

① 容中逵等：《论新基础教育课程改革的价值取向问题》，《现代教育论丛》2004 年第 5 期。

② 覃兵：《当前基础教育的教学评价问题刍议》，《湖南第一师范学报》2004 年第 2 期。

③ 王本陆等：《简论中小学教育内容选择的价值基础》，《华南师范大学学报（社会科学版）》2001 年第 5 期。

第一，课程内容评价应具开放性。“全纳”基础教育课程改革在价值取向上应变课程内容和课程知识本位为学生发展本位，变课程的预定性和封闭性为课程的生成性与开放性，变课程的统一性和求同为尊重多元与修改差异[①]；课程结构应打破学科之间的相互隔绝、科学与人文的对峙现状，从单一、封闭走向复合、开放，形成课堂教学与实践活动相结合的新课程体系。

第二，课程内容评价应回归生活世界。课程文化的生命活力在于贴近时代、贴近社会、贴近人的生活环境和生活经验，在于对丰富多样的现实文化的超越和重构；课程文化的再造是课程改革的直接诉求和终极目标[②]。“全纳”基础教育课程内容评价必须回归学生生活世界、注重学生精神生活的重建，并赋予其生活意义和生命价值，应加强课程内容与学生生活、现代社会和科技发展的联系，关注学生的学习兴趣和经验，精选终身学习必备的基础知识和技能；应弱化教材的权威性、弱化教师的中心地位，追求一种师生间平等互换的对话语境，使师生真正达成“面对面、心与心”的交流，应成为沟通“科学世界”与“生活世界”、现实生活和可能生活的桥梁[③]。

第三，课程内容评价应再现不同文化特色。基础教育内容各部分之间比例要恰当，保证文与理、学术性与非学术性、民族性与国际性、博与专、知识与经验、课内与课外、校内与校外等方面之间取得一定的平衡[④]；基础教育课程不仅要再现本民族的文化特色，而且要向国际生活、不同文化开放，充分尊重不同文化的差异，促进各种文化的融合与本民族文化的创新[⑤]。“全纳”基础教育课程内容评价应成为沟通世界文化、各民族文化的桥梁，成为跨文化交流、合作与创新的平台。

（三）课程管理评价应鼓励民主参与

“全纳”基础教育课程管理评价应远离“官本位”“功利化”倾向，促进民主参与、促进人与课程的协调发展。

---

① 刘育红：《从几种不同的课程观看基础教育课程改革》，《教育理论与实践》2003 年第 16 期。
② 钟启泉：《课程改革的文化使命》，《人民教育》2004 年第 8 期。
③ 张三花：《回归生活世界：基础教育课程改革的价值取向》，《教学与管理》2004 年第 19 期。
④ 靳玉乐：《现代课程论》，西南师范大学出版社 1995 年版，第 208 页。
⑤ 王牧华：《多元文化与基础教育课程改革的价值取向》，《教育研究》2003 年第 12 期。

第一，应建立民主的课程管理制度。当前，我国实行国家、地方、学校三级课程管理制度，使学校能真正参与课程管理、拥有课程管理的自主权，有利于学校特色的形成，但还需进一步简政放权，加快课程管理民主化进程，进一步加强地方课程、校本课程的开发，增强课程对地方、学校及学生的适应性。“全纳”基础教育课程管理评价应有利于优化课程管理制度、建立民主课程管理机制。

第二，应尊重师生的课程管理权。基础教育课程管理不仅是教育管理者、教育者的权利，也是受教育者的职责。当前，世界各国课程管理的民主化表现为中央与地方对课程管理权力分配上趋向平衡，课程管理的参与人员、队伍构成多元化，学生对课程的选择权加大①。“全纳”基础教育课程管理评价必须弱化教育管理者、教师的中心地位，实现管理者与被管理者、师生间平等的对话语境，课程管理应成为学生、教师、课程协调发展的舞台。

第三，课程质量评价应促进学生、教师与课程的和谐发展。当代教育的目的是培养具有平民化自由人格的新人，培养走向自由、要求自由劳动的普普通通的人，课程评价应是学生自我评价与他人评价相互为用的“自我接受评价”，应促进学生平民化自由人格的形成②；充分尊重教师的课程评价权，充分调动教师课程评价的积极性、主动性、创造性；建立促进基础教育课程不断发展的评价体系，通过对周期性的学校课程执行的情况、课程实施中的问题进行分析评估，调整课程内容，改进教学管理，促进课程革新。“全纳”基础教育课程评价是对基础教育课程及其改革质量的价值判断，它应是一个价值增值的过程，应以受教育者自由人格的养成为旨归，促进学生、教师与课程的自由、和谐发展。

总之，“全纳”基础教育课程质量评价是对基础教育课程及其改革质量的价值判断，它应是一个价值增值的过程，是“全纳”课程与主体共同成长的过程。

---

① 钟启泉等主编：《新课程的理念与创新——师范生读本》，高等教育出版社2003年版，第14页。

② 李雁冰：《课程评价论》，上海教育出版社2002年版，第293—316页。

第四节 “全纳”基础教育学生质量评价

学生既是基础教育的主体与受益人，也是基础教育质量的体现者。20世纪90年代以来，世界各国纷纷兴起了基础教育改革，学生学业评价日益成为基础教育课程改革的热门话题。基础教育学生学习结果评价对督促学生学习、检查教学质量、加强学生管理以及推动教育教学改革都具有极其重要的意义。随着教育教学理论的进一步发展，传统的、单一的评价标准已经不太适合时代的要求，学习结果评价的本质是促进学生的发展①。不断总结我国基础教育学生质量评价的经验，反思其中存在的问题实有必要。

一、“全纳”基础教育学生质量评价的实质

在西方“大课程，小教学”的框架中，教学是课程的实施部分，学生评价隶属于课程评价。比如关于学生评价，沃森（B. Worthen）和桑德斯（J. Sanders）曾以评价对象为标准，将其界定为“对学生在教育情境中的表现（包括已有的、正在呈现的、可能的表现）的评价”。但是，在对教师进行评价时，也会以学生的表现作为依据，所以这种界定难以区分教师评价与学生评价。这也说明单从学生表现的角度进行界定是不周延的。类似的界定方式，如吉普斯（C. Gipps）曾提出“学生评价是一系列评定学生表现及成绩的方式的综合”。

与西方不同，在我国原有的“大教学，小课程”框架中，课程是教学的材料，学生评价游离于课程之外，被视为对教学结果的检查。比如，我国有学者认为学生评价是对学生个体学习的进展和变化的评价，包括对学生学业成绩的评定、学生思想品德和个性的评价等方面②；已有研究只关注了学生评价的事实层面而忽略了价值层面，把学生评价限于提供信息的过程，学

① 张小二：《菲律宾 K－12 基础教育课程改革背景下学生学习结果评价研究》，东北师范大学硕士学位论文，2015 年。

② 陈玉琨：《教育评价学》，人民教育出版社 1999 年版，第 56 页。

生评价应是为了促进学生发展或对学生分等以便甄别，而对学生的表现进行的评价，是一种事实判断与价值判断的综合[①]；等等。

鉴于以上相关研究成果，本研究认为“全纳”基础教育学生质量评价是对所有幼儿、中小学学生综合素质的价值评判，包括基础知识、基本技能、基本能力、态度、情感和个性等方面。

二、我国传统基础教育学生质量评价的弊端

传统的基础教育学生质量评价注重评价的检测功能，提倡测验的标准化，包括测验的内容、形式、实施过程、评分等各个方面，存在以下诸多弊端[②]。

（一）评价主体“偏狭”

因为缺少基于学校的评价共同体，在基础教育学生质量评价过程中学生常常缺少发言权，例如，在对学生的课堂表现进行评价时，教师几乎是唯一的评价者，学生常常只有接受提问的权利、被动地作出反应。同时，在评价者之间、评价者与家长及学生之间因为“话语系统”存在差异，存在交流上的障碍。这反过来加剧了部分评价主体在学生评价上的“失语”现象。评价共同体的未完成状态与评价各方交流的缺失相互钳制，使得学生、家长乃至教育管理者都难以从学生评价中获得自己所需要的信息，妨碍决策的制定[③]。

（二）评价目的“偏误”

因为过于看重评价结果，人们对评价的形成性作用常常关注不够。这表现为学生、家长乃至教师最关心的不是成绩所反映的问题，而是学生的考试成绩本身。在这种认识下，评价的标准化还因分数所负担的太多与教育目的无关的附属功能而得到加强，诸如学生的选拔、教师的评优，乃至学校的发

① 柯森等：《学生评价：一种基于新课程改革的探讨》，《当代教育论坛》2004年第8期。
② 瞿葆奎等主编：《中国教育研究新进展·2004》，华东师范大学出版社2006年版，第1页。
③ 柯森等：《学生评价：一种基于新课程改革的探讨》，《当代教育论坛》2004年第8期。

展，都使得人们热衷于追求分数的客观公正。这种追求如果只是限于成绩本身，那么对标准化的追求愈烈，对基础教育的种种附属功能的追求愈甚，基础教育目的发生的偏误也就会愈大①。

（三）评价方式“偏颇”

因为传统纸笔测验占据主导地位，强化了学生评价的片面化。家长、社区人员把学生统一考试的成绩，看作学校教育质量高低的唯一标准；学校管理者也把自己组织和实施的评价成绩，作为检验教师教学、学生学习质量好坏的标准；教师则将高分视为优秀学生的标志，并给予特别的关照，例如较好的座位等。可见，与学生评价相关的各方，都倾向于把传统纸笔测验作为衡量学校声誉、教师教学质量、学生学习水平的工具，从而造成基础教育学生质量评价中“考试挂帅”“为考而教”“分数是命根”等怪现象的肆意蔓延②。

（四）评价功能“偏漏”

一般来说，学生评价包括了解学习起点、评价学习结果、诊断学习困难、激发学习动机、总结得失五种功能。然而，传统基础教育学生质量评价因为突出选拔和甄别，所以受到关注的只是已经完成的学业，评价的功能也被视为区分学生的优劣。这与新课程所倡导的“关注每一个学生的发展”的理念格格不入③。同时，重升学轻发展、过于关注学生学业成绩，也意味着对学生的学习过程和方法、情感态度和价值观的忽视，至于对创新能力的考查就更是“镜花水月”④。

总之，传统的基础教育学生质量评价已不能适应现今我国基础教育改革和发展需要，深化基础教育学生质量评价体系改革、提升当前基础教育学生质量评价实效实有必要。

---

① 徐朝晖：《创新教育与基础教育评价改革》，《教育理论与实践》2004 年第 24 期。

② 柯森等：《学生评价：一种基于新课程改革的探讨》，《当代教育论坛》2004 年第 8 期。

③ 柯森等：《学生评价：一种基于新课程改革的探讨》，《当代教育论坛》2004 年第 8 期。

④ 丛立新：《评价改革及其反思》，《教育科学研究》2003 年第 10 期。

三、“全纳”基础教育学生质量评价的“应然”取向

目前，“国际学生评价项目”（Program for International Student Assessment，PISA）强调终身学习能力的发展，评价内容与社会生活需要密切关联，评价方法设计严谨，评价结果具有政策导向作用[①]；美国“智能平衡评价联盟”（Smarter Balanced Assessment Consortium，SBAC）学业质量评价体系注重计算机自适应测验与表现性任务相结合，计算机自适应测验与操作性任务相结合，教师诊断学习能力与改进教学相结合，标准化报告和定制化报告相结合[②]。我国基础教育学业评价目标应体现学生升学与就业的需要，评价方式应融合学习过程与结果的平衡，评价手段应借助先进计算机技术的支撑，评价反馈应兼顾学生学习与教师的发展[③]。基于反思传统学生评价的弊端与借鉴已有研究成果，我们认为“全纳”基础教育学生质量评价应突出学生主体地位、尊重差异、兼顾“质”与“量”、兼顾“过程”与“结果”、重视导向、激励功能。

（一）突出学生主体地位

“全纳”基础教育学生质量评价应改变单独由教师评价学生的做法，让学生、家长等都参与到学生评价中来，使评价成为多主体共同参与和协商的活动。

第一，凸显学生的主体地位。新课程评价要求尊重被评价者的主体性，致力于对被评价者的理解而不是对被评价者的控制，所以评价应是一个充满同情与理解的过程。基础教育教师可以通过揭示学生学业成绩和引导学生自我学习、反思直接促进学生发展，还能够根据评价，诊断学生的学习需要、

① 杨希洁：《PISA 特点分析及其对我国基础教育评价制度改革的启示》，《教育科学研究》2008 年第 2 期。

② 李丽容：《推进有效教育评价　激励师生共同发展——美国基础教育 SBAC 学业质量评价体系的启示》，《柳州师专学报》2015 年第 4 期。

③ 李丽容：《推进有效教育评价　激励师生共同发展——美国基础教育 SBAC 学业质量评价体系的启示》，《柳州师专学报》2015 年第 4 期。

进行教学设计和改进教学，从而间接作用于学生的发展①。

第二，应协调多元主体在学生评价中的作用。教师应以平等成员的身份参与评价，与学生平等地交流、沟通和协商；家长应积极参与孩子的学习，与他们一起体验乐趣、感受忧伤②。要允许被评价者参与评价标准的确定、评价内容的选择、评价结果的解释，从而使其更自觉地实现评价者的要求③。这种多元化评价主体，能从不同的角度为教师和家长提供有关学生学习、发展状况的信息，有助于学生更全面地认识自我④。

（二）评价标准兼顾差异

2002 年《通知》提出：“评价标准既应注意对学生、教师和学校的统一要求，也要关注个体差异以及对发展的不同需求，为学生、教师和学校有个性、有特色的发展提供一定的空间。”

第一，学生评价需要统一标准。除了对学生、教师和学校统一要求之外，评价还需要照顾到基础性的文化科学知识的特点，保证自己拥有客观统一的标准。这种统一性不能因为受教育者优势、智能类型的差异而转移。“全纳”基础教育学生质量评价应以促进人的全面发展为旨归，不仅要关注学生的学业成就，而且要关注学生在情感态度、价值观等方面的发展⑤。

第二，学生评价标准应多元化。对学生个体智能的评价要适应其生活特点，关注学生的经历和经验的差异性，为每个学生的智能表现和个性张扬创造机会。基于基础性的文化科学知识而在评价中坚持统一标准，这与针对个性发展提出的多样化评价可以并行不悖。用个性评价的多样化需求，否定知识技能评价的统一需求，是行不通的；同时，将个性评价的多样化要求夸大为教学评价的普遍要求，是现今学生评价某些混乱局面的症结所在⑥。

---

① 易进：《教师与新课程评价改革——谈教师作为发展性评价主体的作用》，《教育科学研究》2004 年第 9 期。

② 王斌兴编著：《新课程学生评价》，开明出版社 2004 年版，第 86 页。

③ 丁朝蓬：《新课程评价改革的方向》，《教育科学研究》2003 年第 12 期。

④ 赵德成等：《新课程实施中的学生评价改革》，《中小学管理》2003 年第 6 期。

⑤ 赵德成等：《新课程实施中的学生评价改革》，《中小学管理》2003 年第 6 期；丁朝蓬：《新课程评价改革的方向》，《教育科学研究》2003 年第 12 期。

⑥ 王斌兴编著：《新课程学生评价》，开明出版社 2004 年版，第 99 页；丛立新：《评价改革及其反思》，《教育科学研究》2003 年第 10 期。

（三）评价方法兼顾“质”与“量”、“过程”与“结果”

根据学生评价主体、目标、内容的特点，“全纳”基础教育学生质量评价方法应将等级评价与分数评价，自评、互评与师评，考试成绩与学习表现，调查与考核，形成性评价与总结性评价等多种形式有机结合起来①；应兼顾“质”与“量”、“过程”与“结果”。

第一，从过分强调“量化评价”转向对“质性评价”的关注。“量化管理”曾是不少国家课程评价的发展趋势，然而，它面对生动、丰富的学生发展只能提供一组组抽象的数据，大量鲜活的信息得不到反映，表现出僵化、简单化和表面化的特点。相比之下，质性评价方法以其全面、深入、真实再现评价对象的能力受到欢迎。目前，我国基础教育学生质量评价应广泛运用“成长记录袋”“学习日记”“情景测验”等质性评价方法。

第二，注重过程，将总结性与形成性评价相结合。关注结果的总结性评价，是面向“过去”的评价；关注过程的形成性评价，则是面向“未来”、重在发展的评价。“全纳”基础教育学生质量评价只有关注过程，评价才能深入学生发展的进程，及时了解学生在发展中遇到的问题、所作出的努力以及获得的进步，才能对学生的持续发展和提高进行有效的指导，评价促进发展的功能才能真正实现②。

（四）重视导向、激励功能

评价具有导向、诊断、激励、鉴定功能。传统的基础教育学生质量评价比较注重评价的诊断与鉴定。2010 年 9 月，美国“为学生升学和就业做准备评价同盟”（The Partnership for Assessment of Readiness for College and Careers，PARCC）研制以“共同核心州立标准”为基础的“为升学与就业做准备”评价体系③。很显然，传统的基础教育学生质量评价片面强调评价的诊断、鉴定功能已不适应我国基础教育改革的新形势，从注重经济效益和对

① 赵德成等：《新课程实施中的学生评价改革》，《中小学管理》2003 年第 6 期。

② 彭广森等：《中小学生学业成绩评价改革初探》，《教育实践与研究》2003 年第 11 期。

③ 栾慧敏：《美国基础教育中基于标准的 PARCC 评价体系研究》，东北师范大学硕士学位论文，2013 年。

学生的知识评价转变为注重学生的个性发展和对学生的全面评价，这对提高基础教育质量以及整个中华民族的素质有重要意义[①]。因此，只有建立促进学生全面发展的基础教育学生质量评价体系，才能发现和发展学生多方面的潜能，了解学生发展中的需求，帮助学生认识自我，建立自信[②]，才能真正凸显评价的导向与激励功能。

总之，优化传统基础教育学生质量评价体系，凸显学生主体地位、自我价值，着眼学生的全面发展与个性成长才是“全纳”基础教育学生质量评价的应有之义。

第五节　“全纳”基础教育学校质量评价

学校是一种专门的教育场所，需要一定的、专职的教育工作人员，教材、课本，校舍设备和经费[③]。西文中，“学校”（School）一词来自拉丁语闲暇（Schola），后来转义为“趁闲暇用功学习的地方”，也就是“学校”的意思。我国古代学校通称为“学”，清代、近代教育最初称作“学堂”；辛亥革命以后，1912 年颁布《普通教育暂行办法》才正式采用“学校”这一名称。学校评价理论发展经历了测量时代、描述时代、判断时代、建构时代四个阶段，兼顾以加强学校绩效为目的的鉴定式评价和以促进学校发展为目的的发展性评价的各自优势的评价是学校评价的大势所趋[④]。传统的基础教育学校质量评价常常更加注重办学规模、基础教育设施、经费投入与使用等“外延式”发展，轻视教学质量、校园文化、社会影响等“内涵式”发展，进一步反思我国基础教育学校质量评价实有必要。

---

① 郝文武：《论城镇化进程中的农村学校布局问题》，《教育研究》2011 年第 3 期。
② 霍力岩等：《多元智力评价与我国基础教育评价改革》，《教育科学》2005 年第 3 期。
③ 胡德海：《教育学原理》，甘肃教育出版社 1998 年版，第 208—211 页。
④ 卢立涛：《浅析学校评价理论的发展历程与趋势》，《教育理论与实践》2007 年第 6 期。

一、“全纳”基础教育学校质量评价的内涵

学校质量是学校教育质量的简称，意指学校教育的过程与结果达到其目的的程度；学校质量评价就是特定评价主体对学校质量的整体或部分进行价值判断的活动，它常常需要评价目标的指引。在学校质量评价实践中，评价目标是特定评价主体对学校质量应该达到何种水平的设想，能够确保评价不偏离其所限定的方向；学校质量评价目标源于学校质量评价的最终目的，即通过学校质量评价使学校质量达到卓越水平，进而使学校成为优质学校①。

“全纳”基础学校质量评价就是根据一定评价标准对基础教育学校发展“全纳特质”的价值评判。学校发展可分为外延发展与内涵发展，前者常常注重学校的规模、粗放、同质和模仿发展，后者则强调学校的质量、精细、特色和创新发展②。“全纳”基础教育学校质量评价不仅要再现学校的办学规模、基础设施、经费投入与利用、物理环境等“外延”特性，而且应彰显学校的教学质量、人际关系、校园文化、社会声誉等“内涵”特质。

二、我国基础教育学校质量评价问题反思

随着基础教育改革的进一步推进，我国基础教育学校质量评价体系日趋完善。目前，我国学者十分注重基础教育学校质量评价的反思，比如，普通高中评价政策存在“管办评”合一、评价主体单一、评价标准不明确、原则性规定较多等问题③；幼儿园质量评估缺乏统一的有权威性的幼儿园办园评价标准，忽视其效能的发挥，不重视量化与质性评价的整合，评价主体单一化，对验收评价的信度、效度缺乏监控④；等等。综观已有理论成果与现实需求，本研究认为我国基础教育学校质量评价仍存在“学校主体缺位”

---

① 苏启敏等：《从标准化到差异化：学校质量评价目标的观念转移》，《教育科学》2016 年第 2 期。

② 郑金洲：《学校内涵发展：意蕴与实施》，《教育科学研究》2007 年第 10 期。

③ 李文静等：《改革开放以来我国普通高中学校评价政策的回顾与分析》，《现代教育管理》2016 年第 3 期。

④ 吴凡：《芬兰幼儿园质量评价简介及启示》，《山东教育》2010 年第 18 期。

“同质化”“片面化”“官本位”“功利化”等不良现象。

（一）学校主体缺位

“学校主体缺位”主要表现为基础教育学校质量评价重外部评价、轻内部评价，学校主体地位缺失。我国传统的基础教育学校质量评价属于外部评价，主要依据“标准化目标”，它反映了一些基本取向，包括给定取向、绩效取向、规范取向，常常导致学校质量的同质化、表面化、功利化[①]；评价双方地位不平等，评价者处于支配地位，学校处于服从地位，评价难以真正促进学校自主发展[②]；学校处于被动地位，疲于应付各种一般性的检查和“验收”，不但对改进学校工作无效，反而增加了学校的负担，扰乱了学校的正常秩序，使得学校缺乏办学自主权和发展空间[③]。

（二）评价标准同质化

“同质化”主要表现为基础教育学校评价重共性轻个性，趋同现象十分严重。目前，我国基础教育学校质量评价多采用指标体系、重视全面性、过度关注实施结果，难以促进学校自主反思[④]；大多采用“一把尺子”去衡量不同发展水平学校，忽视学校间差异，明显带有奖惩色彩的鉴定性评价，导致评价不客观、不公平、不科学，不利于学校个性的发展和激发学校办学的积极性、主动性[⑤]；单向线性的思维方式把学校整体分解为师资队伍等诸多部分加以评价，从教师部分中推导出学校情况，陷入“整体等于部分之和”的还原论或“简单整体论”[⑥]。

（三）评价内容片面

“评价内容片面”主要表现为基础教育学校质量评价重硬件轻软件，重

---

① 苏启敏等：《从标准化到差异化：学校质量评价目标的观念转移》，《教育科学》2016 年第 2 期。

② 龚孝华：《建构促进学校自主发展的评价体系》，《广东教育（综合版）》2013 年第 1 期。

③ 苏建庭等：《促进课程发展的学校评价指标体系研究》，《教育理论与实践》2004 年第 21 期。

④ 龚孝华：《建构促进学校自主发展的评价体系》，《广东教育（综合版）》2013 年第 1 期。

⑤ 武庆鸿：《学校效能评价：内容、方法与意义》，《教育文汇》2014 年第 3 期。

⑥ 蒋关军：《复杂性理论视野下的学校评价重建》，《内蒙古师范大学学报（教育科学版）》2015 年第 6 期。

外延轻内涵。目前，我国基础教育学校发展比较注重外观上和器物层面的变化，主要表现为学校规模的扩张、学校占地规模的不断扩大、学校绿化面积的增大、各种文体活动和庆典活动的举行、校庆活动越搞越大等，没有自觉的、丰厚的内涵发展为支撑，单纯的外延发展还只是一种“表面物理”①；学校质量评价内容过多侧重于对学校的行政管理、组织管理方面的评价，对课程的有效实施和进一步发展缺乏有效监督和发展性的评价，致使学校在课程建设和发展方面存在很大的欠缺和不足②。

（四）评价方式单一

第一，我国现有的基础教育学校质量评价方式不够科学，方法落后，方式单一，只重视结果不注重过程；过多使用量化指标对学校“硬件”进行测量，忽略了对学校“软件”质量的全面考察，很难为学校提供及时的、经常性的、能够解决实际问题的、富有前瞻性指导意义的服务和帮助③。

第二，我国多采用行政主导的“自上而下”的评价方式，尚未建立国际上流行的学校认证制度和教育评价中介机构，很难保证学校评价的规范性、中立性、客观性、准确性和延续性④。

（五）评价结果功利化

“功利化”主要表现为基础教育学校质量评价重眼前绩效，轻未来“价值增值”。当前基础教育学校质量评价中普遍存在着一种只问“分数排名”不问“意义”的价值偏离现象，以致教师教考脱节、重考轻教，学生兴趣丢失、片面发展⑤；寻求既定的取向，以考上名校和重点大学的人数为学校排名定位，进而为学校贴上成功或失败、先进或落后、优异或低劣的标签⑥；

---

① 郑金洲：《学校内涵发展：意蕴与实施》，《教育科学研究》2007 年第 10 期。

② 苏建庭等：《促进课程发展的学校评价指标体系研究》，《教育理论与实践》2004 年第 21 期。

③ 苏建庭等：《促进课程发展的学校评价指标体系研究》，《教育理论与实践》2004 年第 21 期。

④ 苏建庭等：《促进课程发展的学校评价指标体系研究》，《教育理论与实践》2004 年第 21 期。

⑤ 张洁：《试析当前学校教育评价中的价值偏离现象》，《江苏技术师范学院学报》2013 年第 6 期。

⑥ 蒋关军：《复杂性理论视野下的学校评价重建》，《内蒙古师范大学学报（教育科学版）》2015 年第 6 期。

评价结果的高利害性，各种造假现象十分严重[①]；“平均分”“优秀率”“及格率”“过差率”等只能局限性地反映学校或学生在群体中的位置，“好中求好”“强中求强”的评价标准会变相地引起地区和学校间的相互攀比和竞争，给学生和家长造成了一种无形的压力[②]。

三、“全纳”基础教育学校质量评价的未来趋势

有研究者认为，学校评价的目的已由“鉴定”转向“发展”，评价的内容由“单一”转向“多元”，评价设计由“横向静态评价”转向“纵向动态评价”，评价方法由“定量方法”转向“综合方法”，评价方式由“重结果”转向“重进步程度及努力程度”[③]。应正确认识价值主体，评价制度上价值主体的参与与利益导向的纠偏，评价方式上教育者的“自觉”和质评研究的深入[④]。“全纳”基础教育学校质量评价应彰显学校主体地位、优化学校质量标准、丰富评价内容、规范评价过程、正视评价结果。

（一）彰显学校主体地位

第一，应明确基础教育学校在评价中的权责。我国应重新划分政府与学校的权力范围、厘清政府和学校的权力边界，建立学校自主发展的运行机制与评价体系[⑤]；政府要适应由一元独大向多元并列的转变，着力构建与其他农村学校发展主体之间的平等关系、相互理解关系和共同发展关系[⑥]；委托外部评价者组织实施评价，建立发展性评价和评价性评价有机结合的评价机制，通过“实践—反思—完善—再实践—再反思—再完善”的途径优化指标体系[⑦]。

第二，应转变评价机制。我国基础教育学校质量评价应由“管理本位”

① 龚孝华：《建构促进学校自主发展的评价体系》，《广东教育（综合版）》2013 年第 1 期。
② 常磊等：《我国学校教学质量评价的现状及应对策略》，《教育理论与实践》2016 年第 26 期。
③ 武庆鸿：《学校效能评价：内容、方法与意义》，《教育文汇》2014 年第 3 期。
④ 张洁：《试析当前学校教育评价中的价值偏离现象》，《江苏技术师范学院学报》2013 年第 6 期。
⑤ 龚孝华：《建构促进学校自主发展的评价体系》，《广东教育（综合版）》2013 年第 1 期。
⑥ 蒋亦华：《农村学校发展的政府行为评价与建构》，《中国教育学刊》2015 年第 3 期。
⑦ 吴钢：《学校组织变革的绩效评价》，《教育测量与评价（理论版）》2014 年第 6 期。

转向“学生发展本位”，评价体制由“政府主导”转向“政府、学校、社会组织”共同参与，评价标准由“升学率”为唯一标准转向建立“综合性评价体系”[①]；制定和实施有关财政性学前教育投入与成本分担的法律法规，科学核算各地学前教育成本、预估成本分担比例、建立具有地域差异性与补偿性的成本分担模式，建立并完善独立于政府与幼儿园的第三方财政监督体系，以保障政府投入的力度与效益[②]。

（二）优化学校质量标准

第一，应建立明晰学校质量评价标准。比如，幼儿园质量评价可借鉴芬兰的先进经验，采用自下而上的视角、外部—内部的视角、内部的视角以及外部的视角这四种视角和伸缩性的评价标准对幼儿园质量进行评价[③]，要公平、公正地对待不同主体的“好幼儿园”标准，建立弹性的一日生活常规、创建和谐的人际关系氛围、满足幼儿游戏的愿望[④]；建立以增值评价为核心的学校评价新体系，完善质量保障体系和监测体系，形成“立足过程，促进发展”的新型评价方式[⑤]；等等。

第二，实施差异性评价。比如，优质学校、普通学校以及薄弱学校，各自的优质学校理想是存在差异的，应确立“差异化优质学校观”“差异化目标”[⑥]；纵向比较不用看起点，学校起点低，评价起点也低，学校起点高，评价起点也高，用一所学校全体学生的进步率来考评该校的教学质量，也会减轻所有学生的课业负担，调动全体学生的上进心，均衡区域教育发展[⑦]；等等。

（三）丰富评价内容

第一，应将外部评价与内部评价有机结合起来，全面评价学校质量。学

---

① 李文静等：《改革开放以来我国普通高中学校评价政策的回顾与分析》，《现代教育管理》2016年第3期。

② 赵景辉等：《政府分担学前教育成本的合理性及其运行机制》，《学前教育研究》2012年第2期。

③ 吴凡：《芬兰幼儿园质量评价简介及启示》，《山东教育》2010年第18期。

④ 张娜：《不同主体视野中“好幼儿园”标准的比较》，《学前教育研究》2012年第3期。

⑤ 常磊等：《我国学校教学质量评价的现状及应对策略》，《教育理论与实践》2016年第26期。

⑥ 苏启敏等：《从标准化到差异化：学校质量评价目标的观念转移》，《教育科学》2016年第2期。

⑦ 武庆鸿：《学校效能评价：内容、方法与意义》，《教育文汇》2014年第3期。

校外在评价体系强调政府和公众问责，主要体现为外部评价、发布评价报告、社会各界人士了解学校的表现等，包括学校增值系统和相关者态度调查。学校自我评价体系分为规划与管理、德育与文化、学与教、学生发展四个部分，以学校规划为引领，以学生发展为核心，以学与教、德育与文化为载体，以组织管理为保障，采用关键性问题作为指标表现形式①。

第二，应将重心从注重外延发展转向内涵发展。内涵发展是学校内在的、本质上的发展，办学理念提升是灵魂，教师队伍建设是基础，课程结构优化是关键，学生全面而有个性地发展是旨归②；课堂、课程、教师、学生是学校内涵发展的核心要素，行之有效、高效快捷、良性运行的机制是其必要基础与前提，学校教育科研是其内在动力，和谐的学校文化是其人际生态环境③。

（四）规范评价过程

第一，应丰富评价方式，变革评价模式。比如，提倡教师评价、学生互评、学生自评、家长评价四位一体相结合的评价方式，观察法、鉴定卡、星级评价等多种评价方式相结合④；从人力资源管理式的奖惩评价模式转向以人为本的育人评价模式，从高大上的纯粹价值性评价转向无价值判断的反思评价模式⑤；实施“增值评价”“多元评价”，用一所学校全体学生的进步率来考评该校的教学质量⑥；等等。

第二，应规范评价过程。“全纳”基础教育学校质量评价观念应由控制转向自主、由单向转向交互、由既定转向生成，综合运用多种方式实施学校评价，促进学校、教师、学生的自主性、整体性和可持续发展⑦；政府行为

---

① 龚孝华：《建构促进学校自主发展的评价体系》，《广东教育（综合版）》2013 年第 1 期。
② 冯骏等：《学校内涵发展的意蕴与路径探析》，《教育科学研究》2016 年第 6 期。
③ 郑金洲：《学校内涵发展：意蕴与实施》，《教育科学研究》2007 年第 10 期。
④ 韩翠萍等：《基础教育学生评价改革的实践研究——以山西省太原市 S 小学低年级教学中发展性评价为例》，《教学与管理》2014 年第 12 期。
⑤ 楚红丽：《学校教育评价的困境与出路：工具的价值和价值的工具》，《煤炭高等教育》2015 年第 5 期。
⑥ 武庆鸿：《学校效能评价：内容、方法与意义》，《教育文汇》2014 年第 3 期。
⑦ 蒋关军：《复杂性理论视野下的学校评价重建》，《内蒙古师范大学学报（教育科学版）》2015 年第 6 期。

应从被动行政向主动行政过渡、从管理行政向治理行政过渡、从非专业行政向专业行政过渡，“自律”和“他律”相结合[①]。

（五）正视评价结果

第一，应正确认识学校质量评价的功能。学校质量评价的最终目的是帮助学校提升学校质量水平进而成为优质学校，与标准化目标相比，差异化目标坚持建构取向、综合取向、发展取向，拥有强调个性与特色、保证公平与公正、实现进阶式发展的优势[②]；要体现激励性，并且激励要及时高效，充分发挥小组的能动性，综合多方面评价，给孩子们一个多元激励[③]。

第二，恰当运用不同评价方式，有效地促进学校的发展与“增值”。比如，“发展性评价”强调从积极动态的视角来看待事物的成长和进步过程，倡导将个体当前的表现与过去的表现进行比较、与掌握目标相对照来判断、解释个体的进步情况[④]；“增值评价”则关注学校的起点与发展过程，通过对各个学校在自身基础上的“增值”来进行评价，关注的是学校发展过程中的进步，能够实现评价过程中的公平性比较，能有效区分不同的学校因素（例如师资、课程、硬件资源等）对学校发展和学生学业进步的影响，计算出各个因素在其中所起到的作用大小，找到可能影响学校教育教学质量的关键因素，实现对学校发展的“诊断”作用[⑤]。

总之，我国需要进一步深刻反省与规避传统基础教育学校质量评价的弊端，不断创新评价理念，协调评价主体关系，完善评价标准，丰富评价方法与模式，规范评价过程，正视评价结果，优化基础教育学校质量评价体系。

---

① 蒋亦华：《农村学校发展的政府行为评价与建构》，《中国教育学刊》2015 年第 3 期。

② 苏启敏等：《从标准化到差异化：学校质量评价目标的观念转移》，《教育科学》2016 年第 2 期。

③ 曾俊家：《基础教育改革试点学校班级评价机制的创新与研究》，《教师》2014 年第 12 期。

④ 北京市教育督导与教育质量评价研究中心：《增值性评价评出学校的“加工力”》，《人民教育》2016 年第 16 期。

⑤ 边玉芳等：《增值评价：学校办学质量评估的一种有效途径》，《教育学报》2013 年第 1 期。

第六节　“全纳”基础教育决策质量评价

“全纳”基础教育决策是决策者选择、执行基础教育实施方案的过程，它是基础教育顺利发展的有力保障，研究与反思我国基础教育决策质量评价必将有利于推动基础教育改革、促进基础教育的顺利发展。目前，我国基础教育评价制度日趋完善，基础教育决策问题日益受到学界关注，但较少关注基础教育决策质量评价与决策质量评价指标体系的建立，深入探讨“全纳”基础教育决策质量评价具有重要的现实意义。

一、“全纳”基础教育决策质量评价的内涵

众所周知，1994 年世界特殊需要教育会议《萨拉曼卡宣言》首次提出了“全纳教育”的基本原则，2000 年世界教育论坛正式使用该词；我国学者也及时关注“全纳教育”①。然而，我国“全纳教育”的全面推行则始于特殊教育领域，以《特殊教育提升计划（2014—2016 年）》为标志，它明确提出“全面推进全纳教育，使每一个残疾孩子都能接受合适的教育”，我国特殊教育改革与发展从数量走向质量、从水平走向公平，加快特殊教育的现代化发展②。

近年来，我国学者越来越关注教育决策质量评价问题，比如，研究者认为民主化、科学化与绩效化是现代教育政策运作所应体现的基本价值特征③，价值选择、合法性、有效性是描述教育政策基本价值特征的三个向度④；我国教育政策应建立在“以人为本”“教育平等”“效益优化”“可选择性”“多样性”等价值取向基础之上⑤；基础教育决策应倡导科学与民主携手、

① 彭霞光：《美国全纳性教育》，《特殊儿童与师资研究》1994 年第 3 期。

② 杨克瑞：《改革开放 40 年我国特殊教育政策的顶层设计与战略推进》，《中国教育学刊》2018 年第 5 期。

③ 袁振国：《中国教育政策评论・前言》，教育科学出版社 2000 年版，第 4 页。

④ 刘复兴：《教育政策的价值分析》，教育科学出版社 2006 年版，第 45—50 页。

⑤ 劳凯声等：《论教育政策的价值基础》，《北京师范大学学报（社会科学版）》2000 年第 6 期。

规范与公正并举的原则，建立民众参与制度、确立服务公共利益原则、建立科学决策机制[①]；等等。这些研究成果无疑对我国基础教育决策及其评价提供了有益指导。但是，我国学界对基础教育决策质量评价问题仍缺乏深入研究，有待进一步揭示其内涵。

本研究认为，“全纳”基础教育决策质量评价就是价值主体对基础教育决策“全纳”品格的价值判断，它有利于规范基础教育决策行为、提高基础教育决策的实效性、促进基础教育决策目标的达成。

二、我国基础教育决策质量评价的缺失

新中国成立以来，我国颁布了一系列的基础教育规章制度，基础教育政策发展大致经历了“国家本位”“阶级本位”“社会本位”“以人为本”四个阶段[②]，决策体系日趋完善。目前，我国基础教育决策呈现出办学多元化，以受教育者的需要和要求为目标导向，大力发展素质教育，注重教师专业化发展等特点。但是，仍存在政府在学校政策制定环节的“部分缺席”与点状结构，执行过程的“局部无能”，缺乏针对所有主体的问责制度，缺乏引导学校内部运行的相关制度，评价层面对数量指标的格外青睐等不足[③]。我国基础教育决策质量评价中仍然存在“价值失衡”“价值失真”“功利取向”[④]。

（一）“价值失衡”

我国基础教育决策质量评价存在目标定位上的价值失衡，具体表现为受益主体价值需求缺位、“城市中心”“精英取向”。首先，受益主体价值需求缺位。参与政策制定与决策的主体本应是真正的政策受益人即人民，但实际上是精英决策、民众缺乏决策参与权，基础教育决策缺乏应有的针对性，进而导致社会资源的浪费、决策内容的失误乃至政策炮制、政策“烂尾楼”

① 吴遵民：《基础教育决策论——中国基础教育制定与决策机制的改革研究》，华东师范大学出版社2006年版，第131—149页。

② 古翠凤等：《基础教育政策变迁的路径分析》，《辽宁教育研究》2007年第11期。

③ 蒋亦华：《农村学校发展的政府行为评价与建构》，《中国教育学刊》2015年第3期。

④ 李尚卫：《我国基础教育决策的应然取向》，《宜宾学院学报》2011年第4期。

等不良现象。其次，“城市中心”。目前，我国主要是城市阶层掌握着教育的决策权和话语权，农村阶层没有教育决策权和话语权，导致城乡价值对立，城乡基础教育发展失衡。最后，“精英取向”。我国基础教育决策存在重视精英培养而比较忽视大众教育、注重“锦上添花”而忽视“雪中送炭”，出现了强势与弱势、重点与非重点二元分层。比如，基础教育的“重点学校”政策尽管在一定程度上促进了优势资源的合理运用，但是造成了重点与非重点学校、精英教育与大众教育的两极分化①；义务教育普及分层尽管在一定程度上促进了基础教育的普及，但是，在一定程度上加大城乡基础教育发展的不均衡、两极分化。

（二）“价值失真”

我国基础教育决策质量评价存在决策实施中的价值失真，具体表现为基础教育决策的“表面化”“扩大化”“缺损”“替换”等不良现象。我国基础教育政策制定与落实不是同一主体，基础教育决策执行是一个自上而下的过程，决策的最终执行取决于地方当局与基础教育学校，决策的实施常因执行者的理解不同而存在较大差异，导致政策实施中的“价值失真”。在执行国家基础教育决策时，有的只注重“文本”表层意义的片面理解、形式主义的执行，出现了形式上的素质教育而实质上的“应试”教育、形式上的课程改革而实质上的传统教学、形式上的“减负”而实质上的“增负”，“就近入学”变成了“以钱择校”“以县为主”变成了“以重点学校为主”，“城乡均衡”变成了“先城市后农村”甚或“有城市无农村”等不良现象。严重影响了我国基础教育教学、课程、评价改革的进程，阻碍了素质教育的有效实施。

（三）“功利取向”

我国基础教育决策质量评价存在决策效果评价的“功利取向”，表现为“形象工程”、树立“典型”、“应试”取向等。目前，我国基础教育决策在效果评价上存在强调基础教育的社会工具价值，忽视教育在培养个性、使人

---

① 李崇爱等：《我国基础教育“重点学校”政策失当的政策学分析》，《辽宁教育研究》2007 年第 6 期。

的潜能得到尽可能的发展方面的价值，注重基础教育即时的、显性的功效，忽视或轻视教育的长期效益。比如，决策效果评价时过多注重树立“典型”“形象”工程，关注具体政策在“重点学校”“官方关注学校”“工程学校”的实施情况，而比较忽视非重点、弱势学校的生存状况；以“应试”成绩、升学率评价基础教育改革、“素质”教育实施效果，忽视了基础教育决策在公平与效益、城乡均衡发展、人与社会的可持续发展等方面的实际意义。

出现以上情况，诚然与国家政策导向、政策执行者、家长价值取向等有关，但是，我们认为主要是由决策主体自身的素质与决策执行、监督机制不健全引起的，因此，提升决策者的素质和健全决策监督机制是促进基础教育决策质量评价的民主化、科学化的关键所在。

三、“全纳”基础教育决策质量评价的“应然”取向

二战以后，追求公平与效益、均衡发展成了世界各国基础教育改革政策的主要价值追寻。“全纳”基础教育决策质量评价在目标定位上应体现既合目的性又合规律性，促进“价值均衡”；实施过程中兼顾共性与个性、促进“价值归真”；效果评价应兼顾“公平与效益”，促进“价值创生”①。

（一）促进“价值均衡”

基础教育决策应避免城市中心、精英取向，注重城乡、精英与大众、重点与非重点的协调发展。“全纳”基础教育决策质量评价在目标定位上应注重“价值均衡”，在价值取向上既要合目的性又要合规律性，从而促进教育决策的民主化、科学化。

第一，“全纳”基础教育决策质量评价应既合目的性又合规律性。基础教育政策的制定是为了促进基础教育、个体与社会的和谐发展，是基础教育价值实现的有力保障。首先，基础教育决策评价应是合法的，体现受益主体的价值需求。合法性是指基础教育决策评价的价值选择符合某些普遍性的规则、规范，它表明教育政策价值选择的正当性、有益性和公正性特征，其本

① 李尚卫：《我国基础教育决策的应然取向》，《宜宾学院学报》2011 年第 4 期。

质是教育决策价值选择的合目的性，即价值选择符合人们的需要、价值理想和追求，使各个受益主体价值需求都能得到体现。其次，基础教育决策评价应充分尊重基础教育发展的规律。基础教育及其决策有其自身的规律性，其价值的产生、选择、评价、实现都有自身的特殊性，基础教育决策评价应尊重这种规律性与特殊性，使基础教育的价值得到充分显现、受益主体的价值需求得到充分实现。

第二，“全纳”基础教育决策质量评价应促进“价值均衡”。首先，协调价值主体的不同价值需求，兼顾“精英”与“大众”“重点”与“非重点”。基础教育“重点学校”政策在集中优势教育资源、迅速有效地为国家培养急需人才而作出了历史贡献的同时，也因其社会本位、差异发展、精英主义取向造成了教育的分层和两极分化①。因此，基础教育决策评价不应只重“重点”、强势学校与群体而忽视“非重点”学校、弱势学校与群体。其次，消除差异，城乡“和而不同”。目前，我国基础教育存在城乡、地区、性别差距二元格局，消除差异是中国基础教育发展的决策选择。它需要进一步推进免费义务教育，应由政府来统筹农村义务教育经费，不断改善农村基础教育条件和环境；建立有效的财政转移支付制度和完备的救助制度，实行教师公务员制与合理配置优质教师资源，建立科学的义务教育督导论证机制；等等。因此，促进基础教育的均衡发展、可持续发展是“全纳”基础教育决策质量评价的旨归。

（二）促进“价值归真”

为了确保基础教育政策价值的有效实施，需要建立科学的决策监督机制，加强决策制定者与执行者相互沟通，不断提高决策执行者的理解水平与执行能力。“全纳”基础教育决策质量评价应避免政策实施过程中的表面化、扩大化、缺损、替换、“抗拒”“一刀切”等“价值失真”现象，回归基础教育决策的“价值本真”。

第一，彰显基础教育决策的价值内涵。目前，我国应注重基础教育政策的宣传与理解，避免决策执行过程中政策的表面化、扩大化、缺损、替换、

① 李崇爱等：《我国基础教育“重点学校”政策失当的政策学分析》，《辽宁教育研究》2007 年第 6 期。

“抗拒”等不良行为，确保决策的严格、有效实施。首先，加强对基础教育政策的文本理解。教育科学发展观认为，以人为本、全面发展是教育决策的价值基础，它对于科学地制定教育政策、指导教育健康发展具有重要的指导意义。能否促进受教育者全面、充分、协调、和谐发展是衡量一切教育政策价值的最终标准。其次，应促进教育政策制定者与执行者间的“价值对话”，形成价值共识。我国不仅需要在基础教育政策制定中考虑决策受益人的价值需求，提高决策的针对性、实效性，而且还需要在决策实施中加强决策者与执行者之间的对话与沟通，促进彼此的认知、情感交流，达成价值共识，从而保证决策价值得到有效实施。

第二，避免“一刀切”，兼顾共性与个性。基础教育决策实施需要灵活处理个别差异性与一般要求之间的关系，避免决策执行过程中的“一刀切”。首先，认真执行基础教育政策的价值规范。要确保基础教育决策价值的有效实施，需要决策评价者严格执行决策价值规范，做到“有法必依”“执法必严”“违法必究”，使决策受益人真正享受到决策的实惠。其次，创造性地执行基础教育决策。基础教育政策尽管一旦制定就具有公定力，但是，决策评价不能“一刀切”，应因地、因时制宜，既要体现其原则性，又要体现其灵活性。目前，我国西部、农村基础教育发展取得了较为显著的成效，但是，城乡、东西部、民族差异仍然十分明显，西部、农村、少数民族地区整体发展水平依然十分落后，国家应在决策制定时继续加强对西部、农村、少数民族基础教育发展的倾斜，在决策评价时尊重地区与民族差异、体现决策的灵活性。

（三）促进“价值创生”

“全纳”基础教育决策质量评价应避免片面强调“典型”“形象工程”、“应试”成绩、升学率等功利行为，兼顾公平与效益，关注所有价值主体的实际所得，促进城乡、不同民族、普通与特殊基础教育均衡发展，促进人与社会的可持续发展。

第一，“全纳”基础教育决策质量评价应兼顾公平与效益，确保均衡发展。首先，基础教育决策质量评价应体现实效性。实效性是指教育决策的实际效能，它是教育决策活动以最小的代价获得具有最大化正价值的决策结果。“全纳”基础教育决策质量评价应评价基础教育决策是否真正促进受教育者的和谐发展、满足了价值主体的价值需求，应促进基础教育决策功能和效益的最大化。其次，基础教育决策质量评价应体现公平性。教育公正应成为我国基础教育决策质量评价的主导价值和首选价值，不同价值主体的价值需求得到最大限度的满足、实现教育公正和教育平等应成为各国基础教育决策追求的理想态势和发展方向。最后，公平与效益应协调一致。公平强调人与人之间政治地位的平等、权利关系的平等、受教育机会的平等；效益则强调以最少投入获得最大收益，政府应在两者间保持平衡①。公平的教育体系应该实现准入公平或称机会平等、学习环境公平或称待遇平等、结果公平或称结果平等、结果实现或称利用公平。讲教育效率应该是在保证实现准入公平和待遇公平的前提上来节省教育成本，否则就会损害教育的整体公平和整体质量②。“全纳”基础教育决策质量评价应以实现公平、效益协调统一为旨归。

第二，“全纳”基础教育决策质量评价应促进“价值创生”。基础教育决策质量评价是一个价值增值的过程，应有利于发现基础教育决策及实施效果中存在的问题，创造高质量的基础教育、人才与社会文明。首先，基础教育决策质量评价应利于提高决策质量。近年，我国基础教育决策过程体现出效果提升型特征③，它保证了基础教育决策对教育政策问题解决的深度，对于教育的发展、对于民众对教育政策以及解决教育政策问题的信心等起着重要作用。但是，我国基础教育决策质量评价还需不断总结基础教育决策制定、实施中的得失，进一步优化基础教育政策体系，促进决策的科学化。其次，基础教育决策质量评价应有利于基础教育、人与社会的和谐发展。“全纳”基础教育决策质量评价应再现基础教育发展中存在的问题，有利于改善教育教学，提高教育质量；应有利于激发教育主体的积极性、创造性，促进教育者、受教育者的可持续发展；应再现社会、国家的价值需求，促进社会政治、经济、文化的可持续发展。

总之，“全纳”基础教育决策质量评价应避免“价值失衡”“价值失真”“功利取向”等不良倾向，促进“价值均衡”“价值归真”“价值创生”。

---

① 黄忠敬：《走向均衡：我国基础教育政策重心的转移》，《教育科学》2004 年第 3 期。

② 方彤：《全球性“教育重构”运动中基础教育改革的价值取向及启示》，《教育研究与实验》2006 年第 4 期。

③ 李孔珍：《近年我国基础教育政策过程的效果提升型特征》，《教育科学》2006 年第 2 期。

第四章 “全纳”基础教育质量评价标准

评价标准是基础教育质量评价的具体规范与要求，是“全纳”基础教育质量评价的核心与关键所在；评价指标体系则是基础教育质量评价标准的操作规范体系，是“全纳”基础教育质量评价的行动指南。过去，我国一直以高考、分数作为基础教育的唯一评价指标，缺乏科学、合理的评价体系，严重偏离了基础教育质量评价的本真，影响了基础教育质量评价的质量。本章试图在总结与借鉴已有理论与实践成果的基础上，对“全纳”基础教育评价指标体系做些尝试性探讨。

第一节 概 述

目前，国内外学者们对教育质量标准、基础教育质量评价标准的内涵、内容等做了许多有益的探讨，但仍存在较大分歧，进一步探讨“全纳”基础教育质量评价标准的内涵、特质等实有必要。

一、“全纳”基础教育质量评价标准的内涵

（一）标准

中文中，“标准”一般指称衡量事物的准则，引申为榜样、规范。比如，《现代汉语词典》中“标准”是指：①衡量事物的准则；②本身合于准

则，可供同类事物比较核对的事物①。《辞海》对“标准”的解释是：①衡量事物的准则；②引申为榜样、规范②。

西方语系中，不同的学者对“标准”的称谓不同，比如，“学术标准”（Academic Standard）、“教育标准”（Educational Standard）、“内容标准”（Content Standard）、“课程标准”（Curriculum Standard）等。在这些词语中，学术标准的使用频率最高。

综合中外相关文献，我们认为“标准”就是衡量事物的准则，它是为了在一定的范围内获得最佳秩序，经协商一致制定，并由公认机构批准，共同使用和重复使用的一种规范性文件③。

（二）教育质量与评价标准

目前，对教育质量的定义有两种观点。第一种观点以教育产品质量定义教育质量，就是学生能力或学业成就；第二种观点是采用国际标准化组织的定义，从“投入—过程—产出”的系统概念考察教育质量。综合两种观点，教育质量的评估与监测并不是对学生个体做全面精确的诊断，更多是通过学生的个体来反映教育质量的一般状况④；应以结果为导向、以可应用为目标、以可测量为原则、以提高质量为宗旨等构成了国际社会对以标准提高质量的基本共识⑤。具体而言，教育质量实质上是对于教育系统及其特性是否满足各主体的需要以及满足的程度如何所作出的价值判断⑥；教育评价就是以教育质量标准为依据，以结果为导向，对学生的质量和教育自身的质量进行督导、评价与监测，并通过教育质量现状监测数据和监测结果的发布，为学校、教师改进教育教学工作和政府的教育决策提供依据和建议，引导全社会树立正确的教育质量标准，促进学生的健康发展⑦。

教育质量评价标准是衡量教育活动及其价值的具体化、情境化的规则，

---

① 《现代汉语词典》（修订本），商务印书馆2001年版，第82—83页。
② 《辞海》，上海辞书出版社1989年版，第3351页。
③ 王忠敏：《对教育质量标准的思考》，《人民教育》2012年第10期。
④ 赵茜：《城乡一体化的教育质量保障制度研究》，《教育科学研究》2011年第6期。
⑤ 靳晓燕：《专家为教育质量制定国家标准》，《光明日报》2011年9月2日。
⑥ 王海涛等：《教育质量评价标准的价值建构》，《湖南师范大学教育科学学报》2017年第1期。
⑦ 方晓东等：《中国教育质量观的发展脉络》，《人民教育》2011年第2期。

指引、规范、评判教育教学活动[1]，是教育活动中的事物或人物属性的质的临界点以及它们在质变过程中量的规定[2]。教育评价标准一般由条件标准、职责标准和效能标准三个部分组成，其中，条件标准又称素质标准，反映教育系统中被评对象应具备的条件要求；职责标准又称功能标准，反映对教育系统中被评对象的要求；效能标准反映对教育系统运转效果和效率的要求[3]。在教育评价标准中，效能标准处于核心地位，条件标准和职责标准都是围绕效能标准提出来的，它们三者的关系既紧密相连，又具有相对的独立性。

（三）“全纳”基础教育质量评价标准

基础教育质量评价标准是关于教育教学领域活动或活动结果的规定；基础教育质量评价就是根据教育目标的要求，运用评价标准（质量标准）对教育过程进行评价，判断教育目标实现的程度，以期达到促进教育质量提高的活动[4]。

目前，发达国家和地区（如美国、日本、欧盟国家、加拿大等）、较发达国家和地区（如韩国、新加坡、新西兰、芬兰、中国香港和台湾地区等）都已构建了完备的质量监测工作体系，一些国际性组织开展的基础教育质量比较项目，比如经合组织发起的“国际学生评价项目”、国际教育成就评价协会（International Association for the Evaluation of Educational Achievement，IEA）组织的“第三次数学与科学学习国际比较”（Third International Mathematics and Science Study，TIMSS）、世界银行资助的“国际教育质量监测项目”（System Assessment and Benchmarking for Education Results，SABER）引起了人们的高度关注。2007 年，我国教育部设立基础教育质量监测中心，从国家层面持续开展不同学科以及相关监测，重庆、上海、北京、福建、浙江、甘肃、江西等省（市）也成立了相关机构，并在省级层面进行质量监测，但在理念、流程、工具开发、测量技术等方面基本上都采用一些国际组

① 王海涛等：《教育质量评价标准的价值建构》，《湖南师范大学教育科学学报》2017 年第 1 期。
② 康宏等：《教育评价标准的价值反思——基于规范认识的视角》，《教育探索》2011 年第 7 期。
③ 刘新建：《系统评价学》，中国科学技术出版社 2006 年版，第 50 页。
④ 许芳等：《基础教育质量标准及评价体系探讨》，《教育与教学研究》2011 年第 3 期。

织的相关做法①。

“全纳”基础教育质量评价标准涉及办学质量、师资质量、课程质量、教学质量、人的全面发展质量等诸多内容，观察基础教育质量的立场和角度也存在宏观、中观、微观，理论、实践，历史、现实、未来，政府、社会、学校、家长等方面②。编制指标体系就是要将基础教育质量评价目标具体化，使评价目标可测、可量、可化，它是由评价目标及标准所决定的。指标体系不仅为评价对象树立了一个量标和量度，同时也对教育工作起着导向和推动作用。因此，质量评价标准是开展“全纳”基础教育质量评价活动的基础，建构科学的指标体系是实施“全纳”基础教育质量评价的必要前提。

二、“全纳”基础教育质量评价标准的种类

目前，学者们对基础教育质量评价标准的类型做了许多有益的探讨。综观已有研究成果，“全纳”基础教育质量评价标准可分为以下几种类型。

（一）定量与定性标准

根据评价手段，“全纳”基础教育评价标准可分为定量标准和定性标准。前者是指用数字或分数作为标度的标准，如多少公斤、多少米、多少分等；后者则是指用评语或字符作为标度的标准，如“非常好”“比较好”“不太好”“不好”或“优”“良”“中”“可”“差”等。有研究者认为，中小学教育评价指标可分为补偿系数（反映学校在补偿处境不利学生的学业弱势上所做的努力）、非学业素养系数（反映学校在促进学生非智力素质发展方面所做的努力）、和谐系数（反映学校在促进学生品学兼优、和谐发展方面所做的努力）、压力成绩产出比（描述了同时考虑学业成绩和学业压力，学生在一个单位学业压力上能够产出多少个单位的学业成绩，可以反映出学校教学的有效性）和学业基尼系数（反映校内和校际的学生学业成绩

① 李伦娥：《基础教育质量有了科学的评价标尺——专访湖南省教科院教育督导与评价研究所所长黄龙威》，《湖南教育（B版）》2014年第7期。

② 耿申：《基础教育质量监控：回归“质”的评价》，《中小学管理》2011年第6期。

均衡发展状况)[①]；基础教育学生质性评价标准包括行为目标与表现性目标（见表4.1.1），具体表现为知识技能、过程方法、情感态度价值观三大内容[②]，中小学教师课堂教学行为评价包括教学目标、教学设计、管理学习环境、促进学习[③]（见表4.1.2）；基础教育资源库的评价指标应该从资源库平台和资源内容两个方面综合考虑[④]（见表4.1.3）；等等。

（二）绝对标准与相对标准

根据评价的属性，“全纳”基础教育评价标准可分为绝对标准与相对标准。前者是不管什么对象和条件均使用的一个评价标准，可增加可比性，但缺乏客观性和针对性；后者则是根据不同的目的、对象和条件采用的不同的标准。

（三）显性与隐性标准

根据标准呈现的样态，“全纳”基础教育质量评价标准有显性标准与隐性标准，前者是可以充分表达与呈现的标准，后者则是不可言传、相对内隐的标准。比如，基础教育学校质量评价标准应该以包括外显成就指标和内隐成就指标的“学习成就”（包括学业成就与基本素质）作为评价标准[⑤]等。

（四）过程与结果评价标准

根据基础教育活动开展的具体环节与内容，“全纳”基础教育质量评价标准可分为过程评价标准与结果评价标准。前者侧重主体参与基础教育活动情况的再现；后者则侧重主体接受基础教育发现的变化的测量。比如，有研究者认为，基础教育质量评价标准包括人才培养质量标准（针对教学结

① 杨睿智：《基础教育质量评价指标的研制》，东北师范大学硕士学位论文，2014 年。

② 兰觉明：《基础教育改革中学生评价的质性策略研究》，《重庆师范大学学报（哲学社会科学版）》2008 年第 5 期。

③ 苏明强等：《对基础教育课堂教学中教师教学行为评价的再思考》，《雁北师范学院学报》2004 年第 3 期。

④ 唐燕妮等：《国内基础教育资源库现状及评价研究》，《中国教育信息化》2007 年第 18 期。

⑤ 苏启敏：《“学业至上”抑或“社会满意”——基础教育学校声誉评价的价值导向分析》，《中国教育学刊》2008 年第 10 期。

果)、教学质量标准(针对教学过程)、工作质量标准(针对教育者的工作和行为准则)等[①],可分为“目标—预设”标准、“活动—保障”标准、“结果—判断”标准[②];课堂教学评价可分为教学设计评价、教学实施过程评价与教学反思评价(见表4.1.4)[③];等等。

(五)内涵式与外延式评价标准

根据影响基础教育发展的内外要素,“全纳”基础教育质量评价标准可分为内涵式评价标准与外延式评价标准。前者是基于基础教育发展的自身规律,着眼于优化基础教育发展的内在要素的评价标准,比如,有研究者认为,基础教育质量评价可分为学生成长(包括学生综合素质和学业成绩)、教师进步(包括教师综合素质、履行职责、教学绩效)和学校发展(包括学校教学常规管理、课堂教学、校本教研和质量管理)等[④];班集体评价涉及班集体发展的指向性、组织性和民主性、舆论和道德水平、纪律性、团结合作性、学习活动、社会性和劳动积极性、个性和创造性、自主性、工作成就和声誉等10个方面(见表4.1.5)[⑤];等等。后者则是基于基础教育的外在要求与保障,立足于基础设施与人文环境建设等方面的评价标准。比如,有研究者认为,基础教育信息化评价指标体系包含教育信息化资源配置投入、教育信息化应用过程、教育信息化主体发展三个子领域,10个一级指标以及若干二级指标和三级指标[⑥];基础教育支出效益评价指标体系包括人力资源使用效率、物力资源使用效率、财力资源使用效率、教育产出效益四个模块评价指标(见表4.1.6)[⑦];等等。

---

① 许芳等:《基础教育质量标准及评价体系探讨》,《教育与教学研究》2011年第3期。

② 谢延龙:《论教育质量标准的三维分类》,《黑龙江高教研究》2009年第9期。

③ 叶澜等:《改革课堂教学与课堂教学评价改革——“新基础教育”课堂教学改革的理论与实践探索之三》,《教育研究》2003年第8期。

④ 黎克林:《构建我国基础教育质量监控与评价体系探析》,《教育导刊》2008年第8期。

⑤ 李伟胜:《衡量学生成长状况　提升班级生活质量——解读“新基础教育”班级评价方案》,《中小学管理》2004年第6期。

⑥ 李娜:《基础教育信息化评价指标体系建构研究——“以人为本”和“均衡发展”双重价值取向》,河南大学硕士学位论文,2015年。

⑦ 殷玉辉:《构建我国基础教育支出效益评价指标体系的思考》,《当代教育论坛》2005年第12期。

（六）宏观、中观、微观评价标准

以不断融合预设质量标准、培养质量标准及结果质量标准三大类型，“全纳”基础教育质量评价标准可分为宏观、中观、微观评价标准①。宏观层面，以政府监督监控为主题；中观层面，以建立和完善现有的教学机构，课程标准及教学质量目标等作为教学质量标准；微观层面，建立具体而明确的学生身心健康发展的标准和学业成绩考核标准，并充分体现时代要求，将重视创新精神和实践能力、加强科学和人文素养及审美情趣的培养等列入考核标准。

三、“全纳”基础教育质量评价体系的理论依据

目前，美国“智能平衡评价联盟”提出“为升学与就业做准备”的评价体系，以行动理论（Theory of Action）、以证据为中心的设计（Evidence - Centered Design，ECD）和基于教育公平的通用设计（Universal Design）作为该评价体系的理论依据②。我们认为，“全纳”基础教育质量评价体系应以全纳教育思想、终身教育思想、多元智能理论、建构主义理论、后现代主义理论、教育可持续发展理论等为理论依据。

（一）“全纳”教育思想

“全纳”教育思想是一种全新的教育思潮，是21世纪国际教育研究的新课题。“全纳”教育的基本思想是全面接纳所有的学生，倡导一视同仁，尽可能通过教育来满足更多人的不同需求，并且鼓励他们更多地参与到现代教育中去，注重个人在集体中的合作功能的实现③；旨在以实现全民教育，建立全纳社会为最高目标的一种教育④；具有公平性与全民性、参与性与融合

① 李焕武：《浅谈教育评价在我国基础教育中的运用发展》，《新课程（中旬）》2013年第5期。

② 乞佳：《美国基础教育中基于标准的SBAC评价体系研究》，东北师范大学硕士学位论文，2015年。

③ 胡立强：《关于在远程教育中应用全纳教育思想的思考》，《中国教师》2013年第22期。

④ 唐如前等：《全纳教育：一种与时俱进的教育思想——对〈全纳教育：未来之路〉的思考》，《教学与管理》2011年第12期。

性、人本性与主体间性、开放性与社会性①。“全纳”基础教育质量评价应以全纳教育思想为指导，致力于提供基础教育的“全纳”品质。

（二）终身教育思想

众所周知，“终身教育”（Lifelong Education）一词来源于终身教育之父、法国的著名教育家朗格朗（P. Lengrand）《终身教育引论》（*Introduction to Lifelong Education*）一书，它意味着将个体、社会和专业发展贯穿于人生的全过程，以期促进个体的充分发展和提高个体与社会的整体生活质量。目前，它正向青少年儿童与成人教育两个方向渗透②。信息时代，终身教育思想应该成为“全纳”基础教育质量评价的重要指导原则与方法。

（三）多元智能理论

1983 年，美国哈佛大学发展心理学家加德纳提出多元智能理论，认为人类存在语言智能、逻辑数学智能、空间智能、肢体运作智能、音乐智能、人际智能、内省智能、自然探索智能、存在智能等多种形式，其真谛在于面向每一个学生，使其“多元智能”得到全面发展，“个体优势”得到充分张扬。借鉴多元智能理论，对于开展实验研究、实践探索，促进其本土化，探索、构建“全纳”基础教育质量监控与评价指标体系有着重要意义。

（四）建构主义理论

瑞士心理学家皮亚杰提出的建构主义理论，是认知理论的一个分支，是学习理论的进一步发展。建构主义理论在教育教学评价思想和方法上的主要内容：一是目标自由的评价；二是以知识建构过程为核心的评价；三是强调学生自我成分和元认知发展的评价；四是多侧面、多形态的评价标准。建构主义主张教学评价方法应注重动态评价，用动态评价来揭示儿童发展的潜在水平。建构主义理论对建构“全纳”基础教育质量评价指标体系具有重要的指导作用。

---

① 丁勇：《全纳教育——当代教育发展的方向、内涵和启示》，《外国教育研究》2007 年第 8 期。

② P. Lengrand, *An introduction to lifelong education*, London: Croom Helm Ltd. , 1975, p. 21, pp. 74 – 75.

（五）后现代主义理论

后现代主义是在后工业社会出现后产生的，它对西方的传统思维方式进行了强烈的质问，同时也提出了一种全新的视角，具有多元性、开放性、多重性、创造性、不确定性、流动性等特征。后现代主义的知识观认为知识不是对事物自身属性或外部结构的单向反映，而是由外部客观刺激和主体主观认识相互作用的结果；后现代主义的课程观认为课程从本质上说是生成的、构建的，不是预先设定的，而是由课程参与者交互作用生成的。因此，它主张尊重人们的意见和价值观的多元性，在各种观点、观念互相碰撞、融合的过程中寻求一致或理解，正与“全纳”基础教育质量评价的基本理念十分合拍。

（六）教育可持续发展理论

第42届联合国大会通过的《我们共同的未来》（*Our Common Future*）指出，在推进人类可持续发展的事业中，教育只有在自身融入可持续发展性质时，才能承担起推动社会可持续发展的使命。教育可持续发展包括三层含义：一是整个教育系统在社会中保持活力和生机，具有持续发展的机制；二是学科和专业发展具有可持续性特征；三是受教育者在教育机会以及知识、能力、品德、身心健康方面具有发展的可持续性。教育可持续发展要求重视教育的全面性和整体性，要求教育活动有全局思想，使“教育即社会，社会即教育”的思想成为全社会的共同理念①。构建“全纳”基础教育质量监控与评价体系，应运用这一理论，把教育评价新理念推向社会。

四、“全纳”基础教育质量评价指标体系的设计原则

有研究表明，“新基础教育”推进型评价指标体系注重结构整体性、内在逻辑性、描述层级性、方式与形式多样性，确立了学校变革中日常性研究、以管理变革为学校变革核心、促进变革主体主动发展、学校变革中创造

---

① 田道勇：《可持续发展教育理论研究》，山东师范大学博士学位论文，2009年。

性研究等价值取向，强调评估主体多元化、复杂的思维方式，再现评估主体的变革、生命实践、本土立场等①。“全纳”基础教育质量评价指标体系应坚持评价指标与目标的一致性、直接可测性、相互独立性。

（一）评价指标与目标的一致性

评价指标与目标的一致性意味着“全纳”基础教育质量评价指标体系应指向全面发展，坚持科学性与人文性的统一。国际教育评价有从学科层面开展的，也有从认知层面开展的。学科层面的评价能提供课程掌握的情况，认知层面的评价能帮助我们了解受教育者面对未来社会的准备情况，使教育能为今后社会的发展、人才的培养更好地服务。我国基础教育质量评价既应强调基本知识和技能的掌握，也应强调认知能力诊断。只有这样，才能使我国的基础教育朝着全面发展、面向未来的方向发展②。

（二）直接可测性

“直接可测性”意味着“全纳”基础教育质量评价指标体系不应脱离具体教育背景，评价方式应多样，评价内容要全面，可操作性强。比如，新西兰基础教育质量评价体系合理，特色突出，既注重评价的甄别功能，也注重评价的发展功能，对低年级学生的评价以质性评价和形成性评价为主，对高年级学生的量化和总结性评价增多，评价工具和手段丰富（见表 4.1.7）③；澳大利亚学前教育国家质量标准对学前课程与教学、儿童健康与安全保障、幼儿教育园舍环境、人员编制安排、师幼关系、与家庭社区的合作以及领导与机构管理七个方面做了明确的规定，目的在于促进儿童的安全、健康和幸福，关注儿童通过高质量学前教育课程获得的成就，帮助家庭鉴别学前教育机构的良莠④；等等。

---

① 叶澜等：《学校转型性变革中的评价改革——基于“新基础教育”成型性研究中期评估的探究》，《教育发展研究》2007 年第 7 期。

② 马世晔：《从国外教育评价制度看我国基础教育评价体系的建立》，《中国考试（研究版）》2008 年第 5 期。

③ 金建生：《新西兰基础教育评价研究》，《外国教育研究》2008 年第 5 期。

④ 钱雨：《澳大利亚学前教育质量评估研究的发展与启示》，《外国教育研究》2012 年第 9 期。

（三）相互独立性

“相互独立性”意味着“全纳”基础教育质量评价指标体系应该彼此相互独立。“全纳”基础教育质量评价标准的设计过程包括要素分解、要素筛选、指标检验和指标权重。要全面反映课堂教育，需要从教育结果、学生行为特征和教师行为特征三个方面搜集信息，据此制定更为详细的指标体系。目前，为了确保评价指标的独立性，国外越来越多地采用多家权威机构联合甚至是分项目招标的方式进行，这样各家可以充分发挥各自的长处，保证教育评价工作的质量和水平。我国从事基础教育质量评价工作的机构很多，常常采用多家机构从不同角度分头开展评价，这是最为切实可行的方案①。

第二节 “全纳”基础教育教师质量评价指标体系

“全纳”基础教育教师质量评价指标体系是国家对幼儿园、小学、中学和特殊教育学校合格教师专业素质的基本要求，是教师开展教育教学活动的基本规范，是引领教师专业发展的基本准则，是教师培养、准入、培训、考核等工作的重要依据。新中国成立以来，我国先后颁布了一系列法律法规，特别是幼儿园、中小学、特教教师专业标准的颁布，形成了比较完备的基础教育教师质量评价指标体系，为基础教育教师质量评价提供了有力的制度支持与法律依据。然而，我国基础教育教师质量评价标准还需要接受基础教育改革和学科教学实践的检验，从而不断深化与完善。

一、我国基础教育教师质量评价指标体系现状

改革开放以来，我国先后颁行了《义务教育法》《教师法》《教育法》《幼儿教师标准》《小学教师标准》《中学教师标准》《特教教师标准》等，

① 马世晔：《从国外教育评价制度看我国基础教育评价体系的建立》，《中国考试（研究版）》2008年第5期。

构建了幼儿教师、小学教师、中学教师和特教教师质量标准，形成了比较完备的基础教育教师质量评价指标体系。

（一）幼儿教师质量评价指标体系

我国《幼儿教师标准》明确指出，幼儿教师是履行幼儿园教育工作职责的专业人员，需要经过严格的培养与培训，具有良好的职业道德，掌握系统的专业知识和专业技能。主要从专业理念与师德（涉及职业理解与认识、对幼儿的态度与行为、幼儿保育和教育的态度与行为、个人修养与行为四个领域）、专业知识（涉及幼儿发展知识、幼儿保育和教育知识、通识性知识三个领域）和专业能力（涉及环境的创设与利用、一日生活的组织与保育、游戏活动的支持与引导、教育活动的计划与实施、激励与评价、沟通与合作、反思与发展七个领域）三个维度构建我国幼儿教师质量标准（见表 4.2.1）。另有学者从管理能力、计划与教学实施能力、人格特质三个方面构建幼儿教师评价标准[①]；从政治思想品质、文化素养、组织管理能力、年龄经验与健康状况四个方面构建幼儿园园长素质结构指标体系[②]（见表 4.2.2）。

（二）小学教师质量评价指标体系

我国《小学教师标准》明确指出，小学教师是履行小学教育工作职责的专业人员，需要经过严格的培养与培训，具有良好的职业道德，掌握系统的专业知识和专业技能。主要从专业理念与师德（涉及职业理解与认识、对小学生的态度与行为、教育教学的态度与行为、个人修养与行为四个领域）、专业知识（涉及小学生发展知识、学科知识、教育教学知识、通识性知识四个领域）和专业能力（涉及教育教学设计、组织与实施、激励与评价、沟通与合作、反思与发展五个领域）三个维度构建我国小学教师质量评价标准（见表 4.2.3）。

（三）中学教师质量评价指标体系

我国《中学教师标准》指出，中学教师是履行中学教育工作职责的专业

① 霍力岩等：《学前教育评价（第 3 版）》，北京师范大学出版社 2015 年版，第 136—137 页。

② 霍力岩等：《学前教育评价（第 3 版）》，北京师范大学出版社 2015 年版，第 162 页。

人员，需要经过严格的培养与培训，具有良好的职业道德，掌握系统的专业知识和专业技能。主要从专业理念与师德（涉及职业理解与认识、对学生的态度与行为、教育教学的态度与行为、个人修养与行为四个领域）、专业知识（涉及教育知识、学科知识、学科教学知识、通识性知识四个领域）和专业能力（涉及教学设计、教学实施、班级管理与教育活动、教育教学评价、沟通与合作、反思与发展六个领域）三个维度构建我国中学教师质量评价标准（见表4.2.4）。

（四）特殊教育教师质量评价指标体系

我国《特教教师标准》明确提出，特殊教育教师是指在特殊教育学校、普通中小学幼儿园及其他机构中专门对残疾学生履行教育教学职责的专业人员，要经过严格的培养与培训，具有良好的职业道德，掌握系统的专业知识和专业技能。主要从专业理念与师德、专业知识和专业能力三个维度构建我国特教教师质量评价标准（见表4.2.5）。

另外，还有学者根据教师教学行为评价的观念取向以及教师教学行为评价的具体原则，具体从教学目标、教学设计、管理学习环境和促进学习四个维度提出中小学教师课堂教学行为的评价内容与标准①（见表4.1.2）；从教学目标、教学内容、教学管理、教学媒体、学生行为和教师行为六个方面构建教育信息化环境下基础教育课堂教学评价标准②，基础教育教师教育信息素养主要包括教师参与信息化教育和教学的积极性、教师的计算机水平、教师使用信息技术的能力、利用信息技术教学资源的情况③；从学情（包括主体、兴趣、交往、思考、生成五个要素）、教情（包括问题、对话、刺激、指导、评价五个要素）和素养（包括情绪、技能、方法、设计四个要素）构建基础教育课堂教学评价指标体系④；等等。

---

① 苏明强等：《对基础教育课堂教学中教师教学行为评价的再思考》，《雁北师范学院学报》2004 年第 3 期。

② 陈永光：《信息化环境下基于主体间性的基础教育课堂教学评价标准探析》，《福建电脑》2011 年第 5 期。

③ 陆莎等：《区域基础教育信息化水平及课程整合状态的模糊综合评价》，《数学的实践与认识》2007 年第 1 期。

④ 韩立福：《基础教育阶段现代学校课堂教学评价制度初探——建构多元主体的现代学校课堂教学评价综合模式》，《教育科学研究》2006 年第 11 期。

二、我国基础教育教师质量评价标准问题反思

我国尽管已建立幼儿教师、小学教师、中学教师和特教教师专业标准，但现有基础教育教师质量评价标准仍存在“结构划一”“内容片面”“适用不力”等不良倾向，对各级各类基础教育教师缺乏针对性。

（一）结构划一

文献分析表明，我国目前颁行的幼儿、中小学与特教教师专业标准不仅在文本结构方面基本一致，而且对幼儿、小学、中学、特教教师概念界定、素质结构维度及要素十分相似（见表4.2.1、表4.2.3、表4.2.4、表4.2.5）。我国中小学教师专业标准在框架结构方面是“单一性标准”，仅阐述了教师专业发展的一般性要求，其内容与幼儿教师标准基本相同[①]；《幼儿教师标准》以一个文本统率幼儿教师专业发展的各个阶段，虽然整齐划一，但有消弭幼儿教师专业发展不同阶段区别之嫌，处于不同发展阶段的幼儿教师在专业素质提升时缺少不同层次的参照标准和发展方向，有陷入发展困惑的危险[②]。由此可见，我国基础教育教师质量评价标准缺乏对不同地区（如城乡、东西部）、不同性质（如普通与特殊基础教育）、不同学科、不同层次基础教育教师的针对性。

（二）内容片面

内容片面意味着现有评价标准内容不具体、不全面，可操作性不强。具体表现为，我国基础教育教师专业标准从拟订到出台历经数年，存在一定的滞后性[③]。教师评价方案对显性因素的评价标准设置比较完备，而对隐性因素的评价标准的设置则非常欠缺。在设计指标时，总是努力靠近那

---

① 杨晶等：《中俄中小学教师专业标准比较研究》，《外国教育研究》2015年第5期。

② 杨晓萍等：《中美幼儿教师专业标准：背景、内容与比较》，《今日教育（幼教金刊）》2016年第1期。

③ 郅庭瑾等：《我国中小学教师专业标准解读》，《现代教学》2016年第13期。

些易被量化的指标，忽视不易捕捉、不便量化的信息①。中小学教师专业标准仅阐述了教师专业发展的一般性要求，注重“陈述性知识”，尚未规定详尽的实施步骤与程序②；中学教师评价标准和指标内容存在片面性、繁复性和形式主义③；《小学教师标准》维度划分不科学、领域设置不全面等④；《幼儿教师标准》没有提出幼儿教师专业伦理问题，而是用师德来对幼儿教师的专业行为进行约束，但是，“美德规范”失之于宽，对学前教育的专业性突出不够，它是对态度和精神的提倡、是一种外在的要求，违反“美德规范”远没有违反专业伦理付出的代价大⑤。由此可见，我国基础教育教师质量评价标准内容还需更加全面、具体，增强可操作性。

（三）适用不力

适用不力是指在实际评价操作过程中评价的技术和方法不够科学，对评价结果的处理比较草率⑥。一方面，唯标准，机械地适用标准；另一方面，对现有标准视而不见，自作主张，随意性强。调查显示，有的学校教师评价方案不顾国家现有的专业标准，评价者在执行时自作主张，使评价不客观、欠公正，由此触发教师的抵触情绪⑦；一些幼儿园一线教师尚未能真正将《幼儿教师标准》作为一名合格教师的道德坐标、知识坐标与能力坐标，理解总体上处于“日常工作要求”的层次，“刻板”和“僵化”，专业活动中盛行“技术性”崇拜、思维形式化⑧。

① 姜凤华等：《基础教育课程改革背景下教师评价的思考》，《教育导刊》2003 年第 5 期。

② 杨晶等：《中俄中小学教师专业标准比较研究》，《外国教育研究》2015 年第 5 期。

③ 夏芳：《中学教师评价的问题及改革策略》，广西师范大学硕士学位论文，2007 年。

④ 刘本剑：《小学教师专业素质该怎么架构——对〈小学教师专业标准〉的深层解读》，《湖南第一师范学院学报》2015 年第 1 期。

⑤ 杨晓萍等：《中美幼儿教师专业标准：背景、内容与比较》，《今日教育（幼教金刊）》2016 年第 1 期。

⑥ 夏芳：《中学教师评价的问题及改革策略》，广西师范大学硕士学位论文，2007 年。

⑦ 姜凤华等：《基础教育课程改革背景下教师评价的思考》，《教育导刊》2003 年第 5 期。

⑧ 杨其勇等：《四川〈幼儿园教师专业标准（试行）〉适应性调查研究》，《四川师范大学学报（社会科学版）》2016 年第 5 期。

三、“全纳”基础教育教师质量评价标准的建构策略

针对我国基础教育教师质量评价标准存在的现实问题，借鉴发达国家基础教育教师质量评价标准的先进经验，我们认为今后应强化“全纳”基础教育教师质量标准研发队伍、优化标准结构、完善标准内容、规范标准适用。

（一）强化教师质量标准研发队伍

标准制订者是决定基础教育教师质量评价标准质量的关键。为了提高基础教育教师质量标准的质量，我国需进一步加强基础教育教师质量评价研发队伍建设，不断提升标准制订者的专业素养，确保基础教育教师质量标准的质量。我国基础教育教师质量标准的制订需要立足国情，面向未来，体现对教师专业发展循序性、对教师专业素养和对教师服务观的要求①；注重表征性和行动性的二维性，应是动态的而非静态不变的，能够引导教师②；应注意每一项“基本要求”的具体性与可评价性，尊重教师专业发展不同阶段的差异性，基于我国民族众多的事实，补充尊重各地方民族文化的相关条目③；应处理好显性和隐性工作的关系、兼顾指标的完整性，处理好定性与定量评价的关系、兼顾指标的科学性，处理好过程性和总结性评价的关系、兼顾指标的动态性④。

（二）优化教师质量评价标准结构

针对基础教育教师质量标准结构的单一性、划一性，我国应充分借鉴发达国家的先进经验，不断丰富基础教育质量评价标准的形式、优化质量评价标准结构。比如，《全纳教师概述》认为全纳教师的核心价值观与能力包括重视学习者的多样性、支持所有的学习者、与他人合作、教师个人专业的持

---

① 郑欢等：《澳大利亚教师专业标准对我国的启示》，《教学与管理》2016 年第 6 期。
② 李玲：《教师专业标准与教师专业化的悖论》，《当代教育科学》2015 年第 11 期。
③ 郭园园等：《〈幼儿园教师专业标准（试行）〉政策文本评价》，《学前教育研究》2015 年第 9 期。
④ 姜凤华等：《基础教育课程改革背景下教师评价的思考》，《教育导刊》2003 年第 5 期。

续发展[①]；美国关于幼儿教师专业标准的文本较多，它们分别是《美国幼儿教育职业准备专业标准》《新教师许可、评估与发展的模型标准》《优秀幼儿教师专业标准》《NAEYC 幼儿教师伦理行为准则与承诺声明》[②]；澳大利亚 2010 年正式通过了新修订的《国家教师专业标准》（NPST），除了全国性的教师专业标准，各州还根据自身的情况制订适合本地教师的专业标准，标准覆盖了幼儿教师、中小学教师等各类教师的专业发展要求，如昆士兰州、维多利亚州及新南威尔士等州[③]。因此，我国需完善“全纳”基础教育教师质量评价政策内容体系，加强教师评价政策的立法建设和法律保障，改革教师职称评价制度，建立激励机制，鼓励教师、学校等多元主体及第三方机构的政策参与和支持，强调科学标准与人文考量的结合，引入评价者培训、评价者考核及资格认定制度，建立教师质量评价与监测数据库，实现教师评价政策体系电子化，等等[④]。

（三）完善教师质量标准内容

“全纳”基础教育教师质量评价标准是衡量或判断评价对象价值程度的准则与尺度，是对基础教育教师“全纳”品质要求的具体规定。实践证明，科学性和可操作性强的教师评价指标和标准能够为教师评价乃至学校教育教学工作提供正确的导向，而不恰当的教师评价指标和标准则会严重影响教师评估的顺利进行，有时甚至对学校教育教学工作造成错误的导向[⑤]。目前，美国州际新教师评估和支持联合会（The Interstate New Teacher Assessment and Support Consortium，INTASC）2011 年《示范核心教学标准》强调个性化学习，重视教师评价素养，凸显教师专业责任，反映了美国教育界对教师教育的最新诉求，表征着教师教育的实践转向[⑥]；俄罗斯中小学教师专业标

---

① *Teacher Education for Inclusion: Profile of Inclusive Teachers*, European Agency for Development in Special Needs Education, 2012, pp. 11 – 18.

② 杨晓萍等：《中美幼儿教师专业标准：背景、内容与比较》，《今日教育（幼教金刊）》2016 年第 1 期。

③ 索长清等：《澳大利亚维多利亚州幼儿教师专业标准述评》，《教育评论》2016 年第 7 期。

④ 韩玉梅：《美国中小学教师评价政策研究》，西南大学博士学位论文，2014 年。

⑤ 姜凤华等：《基础教育课程改革背景下教师评价的思考》，《教育导刊》2003 年第 5 期。

⑥ 刘正伟等：《美国中小学教师国家专业标准改革评述》，《比较教育研究》2016 年第 1 期。

准对教师的特殊专业能力作出详尽规定，强调“协同教育、教育补偿”，“程序性知识”的表述形式，在实施方面作出详尽的规定，具有很强的操作性①；澳大利亚维多利亚州《国家教师专业标准》对幼儿教师的专业发展要求作出了明确的规定，彰显了以幼儿为本的教育理念，注重多元文化的理解与教育，明确了幼儿教师专业发展的阶段性，并强调幼儿教师作为持续学习者的专业发展②；我国台湾地区2016年发布的《教师专业标准指引》在理念上注重教师专业发展的愿景管理，在内容上突出了优秀教师的核心能力，在效用上强化了标准对教师职前培养、教育实习、在职培训各环节的引领作用③；等等。因此，提升我国基础教育教师质量评价标准内容的科学性、可操作性实有必要。

（四）规范教师质量评价标准适用

针对基础教育教师质量标准“适用不力”的问题，我国将来应建立多元评价主体，提升标准执行者素养，确保标准合理实施与使用。研究表明，美国采用专业伦理来规范幼儿教师的专业行为，专业工作者一旦违反专业伦理，在经过专业组织审核和判定后，即易被逐出该专业，不能再从事该专业工作④；我国基础教育教师要把握不同时代、不同个性特征学生的教育规律，理性对待教师专业标准的基本要求，充分发挥自己的主观能动性和创造性，与时俱进，不断更新自身的教育知识，不断提升自身的专业技能、职业道德及个性品质，养成不断追求卓越的人格特征，彰显个性品质⑤。

总之，我国需加强“全纳”基础教育教师质量标准研发队伍建设，进一步规范基础教育教师质量评价标准制订与实施过程，优化质量标准结构、完善质量标准内容，从而有效地提升基础教育教师质量评价指标体系的质量。

---

① 杨晶等：《中俄中小学教师专业标准比较研究》，《外国教育研究》2015年第5期。

② 索长清等：《澳大利亚维多利亚州幼儿教师专业标准述评》，《教育评论》2016年第7期。

③ 徐宪斌：《我国台湾地区2016版〈教师专业标准指引〉述评》，《上海教育科研》2016年第8期。

④ 杨晓萍等：《中美幼儿教师专业标准：背景、内容与比较》，《今日教育（幼教金刊）》2016年第1期。

⑤ 郅庭瑾等：《我国中小学教师专业标准解读》，《现代教学》2016年第13期。

第三节　“全纳”基础教育课程质量评价指标体系

我国教育界对“课程标准”存在着不同的理解，一般认为课程标准是规定基础教育培养目标与教学内容的纲领性文件。比如，《中国大百科全书·教育》将“课程标准”定义为规定中小学的培养目标和教学内容的文件①；《教育辞典》将“课程标准”解释为对各门学科教学作纲要性规定的指令性文件②；《教育大辞典》认为“课程标准”是确定一定学段的课程水平及课程结构的纲领性文件③。

同时，国外学界对“课程标准”的理解也存在着差异。比如，《美国国家科学教育标准》认为课程标准是量度教育质量的准绳，量度的是学生们所掌握知识和能力的质量、学生学习科学的质量、教学的质量、教育系统的质量、评价的质量等④；澳大利亚维多利亚州《课程标准框架》中指出，课程标准描述的是学生学习所包括的主要领域及大多数学生在每一学习领域能达到的学习结果，它为各个学校课程规划、实施与评价提供了一种参照⑤；《加拿大安大略共同课程省级标准》提出，课程标准是为评估学生学习而设计的一般标准，其根本目的是为了给教师、家长和学生提供清晰的教学目标⑥；等等。

综观国内外有关课程标准的定义，我们认为“全纳”基础教育课程质量标准是对学生在基础教育阶段学习结果的行为描述，是国家或地方制定的基础教育阶段共同的、统一的基本要求，其范围应该涉及作为一个完整个体的发展认知、情感与动作技能三个领域，它具体包括课程目标、内容标准、

① 《中国大百科全书·教育》，中国大百科全书出版社1985年版，第208页。

② 朱作仁：《教育辞典》，江西教育出版社1987年版，第612页。

③ 顾明远：《教育大辞典》第1卷，上海教育出版社1990年版，第280页。

④ ［美］国家研究理事会：《美国国家科学教育标准》，戢守志等译，科学技术文献出版社1999年版，第6页。

⑤ 崔允漷等：《澳大利亚维多利亚州〈课程标准框架〉述评》，《外国教育资料》2000年第1期。

⑥ 沈兰：《关于制订课程标准的建议——兼评〈加拿大安省数学课程标准（1—9年级）〉》，《外国教育资料》2000年第5期。

实施建议[①]。其中，课程目标明确各门学科在知识与技能、过程与方法、情感、态度与价值观等方面的总目标和学段目标；内容标准是以“标准”的形式提供的课程内容的设计思路、组织框架和范围界线，从而为教材编写和课程实施提供了基本依据和主要标准；实施建议包括教学建议、评价建议、教材编写建议和课程资源开发与利用建议，为改善教学行为、变革学习方式、提高教材编写质量、体现评价的发展功能提供指导。

一、我国基础教育课程质量评价指标体系现状

我国现行的基础教育课程质量评价标准是基于2001年《纲要》的基本理念与要求逐步形成。2001年《纲要》指出，制定国家课程标准要依据各门课程的特点，结合具体内容，加强德育工作的针对性、实效性和主动性，对学生进行爱国主义、集体主义和社会主义教育，加强中华民族优良传统、革命传统的教育和国防教育，加强思想品质和道德教育，引导学生树立正确的世界观、人生观和价值观；要倡导科学精神、科学态度和科学方法，引导学生创新与实践。随着我国课程改革的深入，从“一纲一本”到“一纲多本”再到目前的“一标多本”，加强了课程标准、教材改革、课堂教学等方面的改革，我国的课程评价在概念、方法论等方面逐步与发达国家趋同[②]。

（一）幼儿园课程质量评价指标体系

新中国成立以来，我国先后颁布了《幼儿园暂行教学纲要（草案）》（1952）、《幼儿园教育纲要（试行草案）》（1981）、2001年《纲要》、《幼儿园教育指导纲要（试行）》（2001）和《3—6岁儿童学习与发展指南》（以下简称2012年《指南》）等相关文件，对幼儿园健康、语言、社会、科学、艺术五个领域的课程目标、内容和要求等方面进行诠释。我国幼儿园课程标准的变化显示，幼儿园课程重心从“学科”到“活动”“经验”的变化，从重视“教育者”到重视“学习者”的转变，从把课程理解为学科、静态的

① 司成勇主编：《小学课程设计与实施》，华东师范大学出版社2013年版，第149—150页。
② 薛继红：《关于对我国基础教育课程评价的探析》，《教育理论与实践》2016年第26期。

知识转变到把课程理解为动态的活动、幼儿园各种活动的总和。幼儿园课程包括有严密计划与组织的显性课程和在无形之中对幼儿产生影响的非正规的、计划外的隐性课程，牢固树立了以幼儿发展为本的幼儿园课程价值取向，基本建立了系统完整的幼儿园课程目标与内容体系。幼儿园课程的实施从单一的“上课”转变为多样化的互动、对话，形成了发展性的幼儿园课程评价体系①。

（二）义务教育课程质量评价指标体系

目前，我国义务教育课程质量标准主要包含在2001年《纲要》、“义务教育各学科课程标准”（2011）等文件之中。2001年《纲要》明确指出，义务教育课程质量标准应适应普及义务教育的要求，让绝大多数学生经过努力都能够达到，体现国家对公民素质的基本要求，着眼于培养学生终身学习的愿望和能力；在义务教育阶段的语文、艺术、美术课中要加强写字教学；小学阶段以综合课程为主，小学低年级开设品德与生活、语文、数学、体育、艺术（或音乐、美术）等课程，小学中高年级开设品德与社会、语文、数学、科学、外语、综合实践活动、体育、艺术（或音乐、美术）等课程；初中阶段设置分科与综合相结合的课程，主要包括思想品德、语文、数学、外语、科学（或物理、化学、生物）、历史与社会（或历史、地理）、体育与健康、艺术（或音乐、美术）以及综合实践活动，积极倡导各地选择综合课程，努力创造条件开设选修课程。“义务教育各学科课程标准”（2011）则从课程目标、内容和建议等方面对语文、数学、外语等学科课程标准做了翔实的诠释。

（三）普通高中课程质量评价指标体系

我国普通高中课程标准主要建立在2001年《纲要》、《普通高中课程方案（实验）》（2003，以下简称《普高课程方案》）、《普通高中课程方案（实验）和语文等十五个学科课程标准（实验）》（2003）、《普通高中课程方案和语文等学科课程标准（2017年版）》（以下简称《普高课程标准》）等。2001年《纲要》明确指出，普通高中课程质量标准应在坚持使学生普

① 王春燕等：《从幼儿园课程标准的演变看建国60年来我国幼儿园课程的发展》，《幼儿教育（教育科学）》2009年第9期。

遍达到基本要求的前提下，有一定的层次性和选择性，并开设选修课程，以利于学生获得更多的选择和发展的机会，为培养学生的生存能力、实践能力和创造能力打下良好的基础；高中以分科课程为主，为使学生在普遍达到基本要求的前提下实现有个性的发展，课程标准应有不同水平的要求，在开设必修课的同时，设置丰富多样的选修课程，开设技术类课程，积极试行学分制管理。2003 年《普高课程方案》明确指出，普通高中课程涉及语言与文学、数学、人文与社会、科学、技术、艺术、体育与健康和综合实践活动八个学习领域，包括语文、数学、外语（英语、日语、俄语等）、思想政治、历史、地理、物理、化学、生物、艺术（或音乐、美术）、体育与健康、技术等 12 个科目，课程由必修和选修两部分构成，课程内容遵循时代性、基础性、选择性原则；2003 年《普高课程方案》等 15 门课程标准则主要从课程目标与实施建议等方面介绍普通高中学科课程的具体质量标准；2017 年《普高课程标准》则明确了普通高中语文、数学等学科课程标准修订的指导思想、基本原则、主要内容以及课程性质、基本理念、学科核心素养、课程目标、课程结构、课程内容、学业质量、实施建议等。

（四）特殊教育学校课程质量评价指标体系

新中国成立以来，我国先后颁发了《关于聋哑学校使用手势教学的班级的学制和教学计划问题的指示》（1956）、《全日制聋哑学校教学计划（草案）》（1962）、《全日制六年制（八年制）聋哑学校教学计划（征求意见稿）》（1984）、《全日制盲校小学教学计划（初稿）》（1987）、《全日制弱智学校（班）教学计划（征求意见稿）》（1987）、《全日制盲校聋校、弱智学校（班）课程计划（征求意见稿）》（1994）、《盲校（聋校、弱智）义务教育课程设置实验方案》（2007）、《盲校（聋校、培智）学校义务教育课程标准（2016 年版）》等特殊教育课程建设专项文件，明确盲校、聋校、培智学校的课程性质、基本理念、基本思路、课程目标、课程内容、实施建议等。

另外，有学者认为基础教育教材选用评价标准应涉及内容、知识结构表征、教学设计、编印设计、实际应用等方面[①]（见表 4. 3. 1）；基础教育教材质

① 唐力等：《基础教育新课程教材的选用评价》，《广西教育学院学报》2005 年第 5 期。

量评价指标包括知识维度、思想品德与文化内涵维度、结构性质维度、编制水平维度、环境维度与特色维度①；义务教育学校课程设置评价内容主要包括教学课时总量、课程设置门类、课时分配比例、了解课程政策②(见表4.3.2)；基础教育教材选用评价标准应遵循公开、公正、客观、有效的评价原则，全面分析、突出重点，定性分析和定量分析结合，效果评价与过程评价结合③。

二、我国基础教育课程质量评价标准问题反思

新中国成立以来，我国先后颁布了幼儿园、中小学不同层次、不同领域或不同学科质量标准，形成比较完善的基础教育课程质量评价指标体系，但仍在形式、内容、实施诸方面存在缺失。

（一）形式：表述不规范，结构欠合理

我国基础教育课程质量评价在“形式”方面的缺失具体表现为表述不规范、结构欠合理。研究表明，我国基础教育课程标准陈述不够规范，课程目标不够清晰，当前最为严重的问题在于其基本上等同于内容标准，“看似一个缺少学习成果评价标准的课程内容框架”，有些关于表现标准的表述与内容混同，明确的表现标准明显缺失④。课程标准在许多重要问题上仍然含糊其词，似是而非，还存在许多模糊的认识，从本体论意义上来说，课程标准自身的悖论并没有得到很好的阐释⑤；区域性幼儿园课程标准的建构处于弱势状态甚至完全缺失⑥；等等。

---

① 高凌飚：《基础教育教材评价体系的构建问题》，《华南师范大学学报（社会科学版）》2002年第6期。

② 唐圣权：《基础教育课程改革的一种反思工具——义务教育学校课程设置评价方案》，《潍坊教育学院学报》2011年第3期。

③ 唐力等：《基础教育新课程教材的选用评价》，《广西教育学院学报》2005年第5期。

④ 胡军：《学生学习成果评价标准不能在课程标准中缺失——澳大利亚科学课程内容与标准给我们的启示》，《课程·教材·教法》2005年第9期。

⑤ 王慧霞：《课程标准问题的发现与悖论的揭示》，《教学与管理》2004年第19期。

⑥ 余婧：《困境与超越：我国学前课程标准的再建构——基于美国三州幼儿园课程标准的经验》，《早期教育（教科研版）》2015年第Z1期。

（二）内容：“难易失度”“远离实际”

我国基础教育课程质量标准在“内容”方面的缺失主要表现为课程目标的理想与现实严重偏离，课程内容偏多偏难，要求偏高而且与课程目标有一定偏差。研究表明，我国现行的国家课程标准还只能给评价实践提供可以遵循的宏观建议，并没有形成配套的、相对成熟的评价标准体系①；课程标准还流于叙说层面，没有深入课堂实践，课程改革停留在表面；九年义务教育的培养目标是按德、智、体、美、劳全面发展的教育理想来设计的，然而，这种理想没有在现实中得到很好的体现；学前教育专业实践课程在目标上追求全才与塑造，在评价上追求完善与标准，重结果轻过程，极其降低了学生参与教育实习的积极性与主动性，削弱了教育实习的针对性与有效性②。

（三）实施：“机械适用”“效果不佳”

随着课程改革的推进，新课程关注点已从国家层面、专家层面转向学校层面、教师层面，课程话语也从理论、政策话语走向实践、应用话语，课程实施成为课程改革的关键阶段。教师如何依据课程标准将“文本课程”转化为“教学实践”是课程标准实施的重要步骤③。目前，我国基础教育课程质量评价标准存在人们期望标准的可操作性与标准实施过程中不可操作之间的矛盾，课程标准制订与实施之间、标准文本（教材文本）与文本“读者”之间等存在冲突甚至矛盾④。

三、“全纳”基础教育课程质量评价标准的建构策略

有研究者提出，美国国家和各州课程标准呈现出严谨性、系统性、多样性与个别性、目标指向性⑤；英国幼儿园课程呈现改进课程理念、强调保教

---

① 彭钢：《从教学大纲走向课程标准——课程标准所体现的课程理念与实施要求的解读》，《当代教育科学》2003 年第 21 期。

② 彭海蕾等：《中美高校学前教育专业实践课程的比较》，《学前教育研究》2012 年第 2 期。

③ 李锋：《基于课程标准的教学：从“文本课程”到“教学实践”》，《当代教育科学》2009 年第 16 期。

④ 司成勇主编：《小学课程设计与实施》，华东师范大学出版社 2013 年版，第 161—162 页。

⑤ 莫景祺等：《美国基础教育教师教学评价述评》，《课程·教材·教法》2001 年第 3 期。

一体化，完善课程内容，综合性与基础性并重，重视多元文化、提倡全纳性等趋势[①]；我国幼儿园课程标准需进一步加强可操作性、和谐性和连续性[②]，小学课程评价标准应包括效用性、可行性、适当性、准确性等标准[③]。“全纳”基础教育课程质量评价标准方面应更新理念、优化结构、完善内容和提升实施效果。

（一）更新基础教育课程质量评价标准理念

一个国家课程标准的设置必须具有全球视野，应与全球接轨，但是实际上，我国目前基础教育课程标准的设置仍存在不顾国情而“独善其道”。基础教育课程质量评价标准常常经历“标准编制”“教材编写”“教学实施”等环节，需要通过“学术讨论”和“研修”等改革课程观念、创生课程文化。有研究表明，美国国家和各州课程标准编制在组织上具有较大的权威性和可信性[④]；基础教育课程质量评价标准从科学取向不断向人文取向发展，评价目标从注重预期达成到兼顾生成性[⑤]；教材评价包括颁布学科教材标准细则、准备评价材料、召开评价会议、审核教材推荐名单等环节，评价人员构成多元化、资格要求严格[⑥]。因此，我国基础教育课程评价质量标准需要根据普通、特殊儿童的不同特点，准确定位，不能任意剥离；“全纳”基础教育课程质量评价标准的制订者应充分领会全纳教育思想，对期望学生学什么、达到什么程度、指导思想必须有清晰的认识，对确立、选择什么样的课程目标、如何评价课程等问题必须有明确的方法及态度，应该思考和花工夫研究如何使这个基本要求的陈述明确清晰、便于操作。

---

① 李慧等：《英国幼儿园的课程设置及其发展趋势》，《外国教育研究》2012 年第 9 期。

② 李云淑：《台湾幼儿园课程标准及实施研究》，《闽台文化交流》2009 年第 2 期。

③ 廖哲勋等主编：《课程新论》，教育科学出版社 2003 年版，第 402、429—433 页。

④ 莫景祺等：《美国基础教育教师教学评价述评》，《课程·教材·教法》2001 年第 3 期。

⑤ 林洁：《美国基础教育课程评价的发展趋势及其启示》，《世界教育信息》2006 年第 11 期。

⑥ 潘丽娜等：《美国基础教育阶段的教材评价——以佛罗里达州为例》，《外国中小学教育》2007 年第 3 期。

（二）优化基础教育课程质量评价标准结构

研究表明，美国基础教育课程质量评价标准注重地方多样性和全国统一性的有机结合，课程评价要求在小学阶段较宽松、初中阶段略紧张、高中阶段相对绷紧①；在课程目标的表述上具有明显的现实性与可操作性，能体现地方特色，具有比较大的灵活性与针对性②。同时，有学者认为，我国基础教育课程质量评价体系应走确定性与不确定性相结合的道路，以混沌理论和复杂性科学的思维方式为参考性依据，注重体系的开放性和多元特征，避免走非此即彼的极端道路，通过不断评价，努力使课程研究与课程改革走上健康发展的康庄大道③。课程评价设计应解除评价与考试的直接干涉和刚性制约，将为学生的全面、充分、自由的发展，将为教师形成个性化的教学风格，使教学成为一种创造性的劳动，提供宽松的环境和广阔的天地④。民族地区的基础教育课程改革，既要坚持一体性又要彰显多元性⑤。因此，优化我国基础教育质量评价标准结构、建立“全纳”基础教育质量评价标准结构势在必行。

（三）完善基础教育课程质量评价标准内容

研究表明，英国幼儿园课程内容注重生活化，课程实施突出现代化，课程评价力求客观性⑥；美国国家和各州课程标准大力提高全体学生的推理能力、解决难题的能力、应用知识的能力、写作能力和成功交际的能力，特别强调各门学科知识与技能的整合性与通用性：加利福尼亚州的幼儿园课程标准具有清晰的课程目标层次，具体化到月龄的标准要求；内华达州的幼儿园课程标准不仅给出了幼儿健康认知的标准，还提供了标准达成的样例以及为

---

① 林洁：《美国基础教育课程评价的发展趋势及其启示》，《世界教育信息》2006 年第 11 期。

② 莫景祺等：《美国基础教育教师教学评价述评》，《课程·教材·教法》2001 年第 3 期。

③ 刘志军：《发展性课程评价方法的探讨》，《课程·教材·教法》2004 年第 1 期。

④ 彭钢：《从教学大纲走向课程标准——课程标准所体现的课程理念与实施要求的解读》，《当代教育科学》2003 年第 21 期。

⑤ 马慧芳等：《基础教育课程改革评价与反思——基于民族教育的视角》，《教育与教学研究》2011 年第 11 期。

⑥ 李慧等：《英国幼儿园的课程设置及其发展趋势》，《外国教育研究》2012 年第 9 期。

了达到该标准的相应策略；宾夕法尼亚州的幼儿园课程标准则十分重视培养幼儿的学习方法与素养；佛罗里达州基础教育阶段教材评价指标体系则具有可操作性，注重静态评价和动态评价结合①。同时，有学者认为一套好的课程标准应该做到“严谨、明晰、可测、具体、全面、学术、均衡、可控、累积”②；应从内容的选择、组织与呈现来构建新课程内容标准③；全日制义务教育学科课程标准需要创建以对话为特征的评价机制，课程标准评价过程是网状交织的多重对话过程④。因此，完善我国基础教育课程质量评价标准的内容，确立“全纳”基础教育课程质量评价标准内容实有必要。

（四）提升基础教育课程质量评价标准实施效果

课程标准制订者与实施者之间、标准文本（教材文本）与文本“读者”之间等存在冲突甚至矛盾，需要价值讨论与对话，这场对话从总体上说不是“多”与“多”的对话，而是“一”与“多”的对话，即最终要“归”到“一”上面来⑤。我国基础教育课程质量评价标准的实施需有高素质的校长和教师，教师的精神面貌如何、知识水平怎样决定课程标准实施程度的高低，决定着课程改革的成败。校长应做“课程标准”学习的带头人、“课程标准”宣传的热心人与“课程标准”实施的引路人，通过宣传与学习、讨论与研究，使教师对课程标准有充分的认识，进而为自觉实施课程标准做好准备⑥。因此，提升基础教育工作者“全纳”素养，建立“全纳”基础教育质量评价标准实施队伍实有必要。

总之，我国需进一步借鉴与吸收基础教育课程质量标准前沿信息，不断更新质量标准理念，完善质量标准结构与内容，规范质量标准实施行为，建立“全纳”基础教育课程质量评价指标体系。

---

① 余婧：《美国三州幼儿园课程标准的经验》，《教育参考》2015 年第 3 期；潘丽娜等：《美国基础教育阶段的教材评价——以佛罗里达州为例》，《外国中小学教育》2007 年第 3 期；莫景祺等：《美国基础教育教师教学评价述评》，《课程·教材·教法》2001 年第 3 期。

② 雷实：《关于义务教育语文课程标准的阶段性评价》，《课程·教材·教法》2007 年第 6 期。

③ 王凯：《美国课程标准之评价标准的比较、评价与借鉴》，《比较教育研究》2004 年第 1 期。

④ 杨小微：《在评价过程中重建对话机制——以全日制义务教育学科课程标准（实验稿）的评价研究为例》，《课程·教材·教法》2004 年第 5 期。

⑤ 司成勇主编：《小学课程设计与实施》，华东师范大学出版社 2013 年版，第 161—162 页。

⑥ 周祥：《实施〈课程标准〉校长责任重大》，《中小学管理》2002 年第 5 期。

第四节　“全纳”基础教育学生质量评价指标体系

学生质量评价标准是有关学生整体质量的指标体系，它是基础教育学生质量评价的依据、前提，是基础教育质量评价标准的重要组成。新中国成立以来，我国先后颁布了一系列有关幼儿、中小学学生质量评价的法律法规，为基础教育学生质量评价提供了有力的制度支持与法律保障。但是，我国“全纳”基础教育学生质量评价指标体系仍存在一些局限，有待于完善与优化。

一、我国基础教育学生质量评价指标体系现状

21 世纪以来，我国先后颁行了 2001 年《纲要》、2002 年《通知》、2012 年《指南》、《教育部关于推进中小学教育质量综合评价改革的意见》（以下简称 2013 年《中小学质量评价意见》）、《教育部关于加强和改进普通高中学生综合素质评价的意见》（2014，以下简称《普高学生评价意见》）、《教育部关于普通高中学业水平考试的实施意见》（2014，以下简称《普高考试意见》）等相关法律法规，形成了比较完备的基础教育学生质量评价指标体系。

（一）幼儿质量评价指标体系

我国幼儿质量评价标准主要包含在 2012 年《指南》之中，2012 年《指南》明确指出，幼儿教育应让幼儿“应该知道什么”“能做什么”“可以达到什么发展水平”，指明了幼儿学习与发展的具体方向；应关注幼儿学习与发展的整体性，尊重幼儿发展的个体差异，理解幼儿的学习方式和特点，重视幼儿的学习品质；并从健康、语言、社会、科学、艺术五大领域对 3—6 岁幼儿发展目标及要求做了明确的界定（见表 4.4.1）。另外，也有学者提出幼儿发展应包括习惯与自理能力、运动与动作、认知与语言、品德与社会

性四个方面[①]；幼儿园教育最重要的是培养幼儿良好的生活、饮食、运动、思维、学习、行为习惯与能力，促使幼儿养成自主、大方、开朗、乐观、好学的个性特征，促进幼儿礼貌、合作、分享、同情、谦让等亲社会性品质的发展[②]。

（二）中小学学生评价指标体系

我国现行中小学学生质量评价标准主要包含在2013年《中小学质量评价意见》之中，它明确指出，要依据党的教育方针、相关教育法律法规、国家课程标准等有关规定，突出重点，注重导向，把中小学学生的品德发展水平、学业发展水平、身心发展水平、兴趣特长养成、学业负担状况等方面作为评价学校质量的主要内容，着力构建中小学学生质量综合评价指标体系（见表4.4.2）。同时，2014年《普高学生评价意见》对普通高中学生综合素质评价内容（包括思想品德、学业水平、身心健康、艺术素养、社会实践等）和程序（包括写实记录、整理遴选、公示审核、形成档案和材料使用等）做了具体说明；2014年《普高考试意见》对普通高中学业水平考试的科目与内容、对象与时间、成绩呈现与使用等方面做了明确的规定。

另外，各省市对中小学学生综合素质评价标准做了实践性探索，比如，上海中小学学生综合素质发展评价标准包括学生身心健康指数（包括身体素质和心理成长评价）、学习生活幸福指数（包括学业安排、师生关系、同学关系、课外课间活动等）和学业成就发展指数（包括学习成绩、学习成本和学习品质等）[③]；北京市中小学学生核心素养评价指标体系强调核心素养与当前学科课程的关系，包括基本对应关系（身心健康—体育与健康课程、科学素养—物理、化学、生物课程）、融合渗透关系（公民道德—品德与社会、实践创新—综合实践课程）、独立关系（国际理解）[④]；等等。

还有学者对中小学学生质量评价的标准做了许多有益的探索。比如，有

---

① 霍力岩等：《学前教育评价（第3版）》，北京师范大学出版社2015年版，第76—81页。

② 赵南：《幼儿园引进市场开发的新课程的基本原则与策略》，《学前教育研究》2010年第11期。

③ 姚期等：《“三个指数”引领学生更好地学习与成长——上海市长宁区积极探索基础教育质量综合评价方式》，《基础教育课程》2014年第9期。

④ 田一等：《基础教育阶段学生核心素养评价体系研究的初步思考》，《北京教育（普教版）》2016年第2期。

研究者认为，基础教育学生质量评价内容应该包括思想品德和公民素养，身体和情绪、意志品质、个人行为习惯、与他人交流合作等心理健康水平，学业水平和学习兴趣、学习习惯、学习方法等素养，参与艺术活动的兴趣、审美情趣、艺术欣赏与表现能力等方面的艺术素养，实践能力和创新意识等①。小学一年级学生应坐立姿势正确，能友好地和小朋友玩耍，下课、放学后知道整理自己的学习用品，知道父母的名字和家庭住址，能够按时到校，能识读自己的名字和十以内的数，会比较十以内两个数的大小，能准确读写单韵母及部分声母，能说出物体的颜色、形状和大小②；可根据语文（包括听话、说话、朗读、作文、作业等）、数学（包括计算能力、分析能力、作业、课堂表现）、英语（听力、日常用语、课堂表现、朗读、作业）等不同学科特点构建小学生平时考查指标体系③；中学生“尊重·基础道德教育”综合评价包括尊重自己、他人、社会、自然、知识等方面④。

（三）特殊儿童质量评价指标体系

我国特殊儿童质量评价标准主要包含在《关于发展特殊教育的若干意见》（1989，以下简称《特教若干意见》）、《关于进一步加快特殊教育事业发展的意见》（2009，以下简称《特教加快意见》）、《特殊教育提升计划（2014—2016 年）》，（以下简称《特教一期计划》）、《第二期特殊教育提升计划（2017—2020 年）》（以下简称《特教二期计划》）。比如，《特教若干意见》指出，各级各类特教学校应贯彻执行德、智、体、美、劳全面发展的方针，对残疾学生进行思想品德教育、文化教育和身心缺陷补偿，切实加强劳动技能和职业技术教育，为他们参与社会生活、适应社会需要创造条件；《特教加快意见》提出，培养残疾学生乐观面对人生，全面融入社会的意识和自尊、自信、自立、自强精神，培养其生活自理、与人交往、融入社会、劳动和就业、信息技术等能力；《特教一期计划》提出培养学生自尊、自

---

① 李伦娥：《基础教育质量有了科学的评价标尺——专访湖南省教科院教育督导与评价研究所所长黄龙威》，《湖南教育（B 版）》2014 年第 7 期。

② 张湘生：《论基础教育课程改革下的学生评价的常用方法——行为观察》，《当代教育论坛》2011 年第 2 期。

③ 连秀革：《基础教育课程改革下小学生素质评价的研究》，《教育实践与研究》2009 年第 1 期。

④ 冷礼化：《“尊重·基础道德教育”评价的拟定基础和结构》，《北京教育》1998 年第 Z1 期。

信、自立、自强的精神，生活技能和社会适应能力，康复水平和知识接受能力；《特教二期计划》提出，促进残疾学生的个性化发展，培养残疾儿童良好阅读习惯；等等。

二、我国基础教育学生质量评价标准问题反思

反思我国基础教育学生质量评价标准现实，我们认为仍存在“目标错位”“形式划一”“内容缺损”“实践困难”等不良现象，不利于幼儿、中小学学生与特殊儿童的全面发展与个性彰显。

（一）目标错位

这主要表现为基础教育学生质量标准的目标定位没有充分考虑学生的实际需求，被评价者处于“隐身”“缺席”状态。比如，现行的基础教育学生评价仍存在把学生仅看成是评价和管理的对象，学生在评价中的主体地位没有充分发挥，评价实施之前被评价学生没有机会参与评价方案和程序的设计，评价过程中缺乏评价者与被评价教师的双向交流，评价结束后，被评价学生不能充分发表意见①；学生评价标准多为纯粹的绝对评价标准和相对评价标准，这两种标准下的评价过分强调评价的甄别与选拔功能，对被评价主体重视不够，学生自尊心、自信心、自爱心得不到保护②；既没有真正体现社会的价值，又几乎扼杀了个人的价值，更窒息了个人的创造价值③；等等。

（二）形式划一

这主要表现为基础教育学生质量评价标准类型单一，结构相似。目前，幼儿质量评价只有一个统一国家标准，没有针对不同区域（如城乡、东西

---

① 郑勇军：《基础教育改革的发展性学生评价现状调查及思考》，《景德镇高专学报》2014 年第 5 期。

② 肖文瀚：《基础教育阶段学生个体内差异评价缺失的反思与审视》，《现代教育科学（普教研究）》2012 年第 4 期。

③ 张莉：《基于课程改革基础上的对教育评价的探讨》，《文教资料》2013 年第 8 期。

部、发达与非发达地区等）、不同民族（比如少数民族等）、不同需求（如特殊需要等）等幼儿的区域性、个性化标准；中小学学生质量评价只有一个国家标准，没有单独的小学生质量评价标准，同样缺乏对不同区域、不同民族、不同需求的中小学学生的针对性。

（三）内容缺损

这主要表现为基础教育学生质量评价标准表意模糊、庞统，内容片面，不能真实再现学生的综合素养与个性品质。一方面，我国现行的学生评价中，智育是教育评价的主要内容，考试作为评价的主要依据，组织形式单一、以“他评”为主、学生处于被动地位，以选拔和甄别为目的、重视学生的总结性评价，存在内容、方法与功能单一。比如，我国基础教育学生评价观念有偏差，仍存在以考分判优劣、论先后，以听话判好坏、论赏罚，质性评价和过程性评价没有落到实处，指标不完善、缺乏针对性，评价内容不全面，忽视了对创新能力、实践能力、学习能力、问题解决能力以及情感、态度、价值观等综合素质的考察①。对北京市 17 个区域小学语文、数学、英语、科学、品德与社会等学科学业评价工具进行了一致性分析，结果表明，区域基础教育质量评价工具的导向性偏低，与课程标准内容目标的匹配程度较高，与能力目标的匹配程度较低②；等等。另一方面，特殊儿童质量评价标准笼统，指标体系不健全。调查显示，我国特殊教育发展战略十分重视特殊儿童普及率，但是，至今没有颁布独立的特殊儿童质量评价标准，对特殊儿童的核心素养以及不同类型、不同年龄特殊儿童的基本素养没有明确的要求。

（四）实践困难

这主要表现为基础教育学生质量评价标准缺乏针对性，难以实践，缺乏实效。一方面，基础教育学生质量评价标准中“学生缺位”、形式单一、内容片面，因而缺乏可操作性、难以实践。比如，传统的学生评价体系把考试

---

① 刘巧丽：《对基础教育阶段学生评价的一点思考》，《教学与管理（理论版）》2014 年第 3 期。

② 田一等：《区域基础教育学业评价与课程标准一致性的本土化研究——以北京市为例》，《教育测量与评价》2016 年第 10 期。

和测验作为学生评价的唯一形式，忽视了对学生的全面评价，在很大程度上抑制了学生的能力和创新精神，人为造成学生知识结构的畸形化，压抑了学生身心和个性的发展①；基础教育学生评价反馈缺失，学生并未明确学习中存在不足的原因，学生也没有获得该如何调节自己的学习等方面的反馈②；等等。另一方面，缺乏对基础教育学生质量评价的政策解读与有效的实践指导，难以达到理想实践效果。调查显示，北京市中小学学生综合素质评价中部分教师尚没有完全掌握科学评价学生的方法和技能，缺乏可以借鉴的、成熟的评价工具和策略，尚未解决学生评价方法和技术的继承和创新、增强评价结果的时效性、体现新形势对学生发展的要求、正确处理学生评价和学校教育活动的关系等问题③。

三、“全纳”基础教育学生质量评价标准的建构策略

基于我国基础教育学生质量评价标准的现实问题，借鉴发达国家先进经验，我们认为，“全纳”基础教育学生质量评价指标体系应定位合理、结构合理、内容全面和注重实效。

（一）建立“全纳”基础教育学生质量评价目标

2002 年《通知》指出，我国应建立以促进学生发展为目标的评价指标体系。有研究者认为，我国基础教育学生质量评价应树立公平和“全纳”的教育理念，通过相关政策法规予以保障和推动，基于实证数据推动地方和学校改进教学，通过建立评估标准为改进学科教学明确目标，通过背景信息调查为教育研究和决策提供参考，通过先进的测评技术提高评价结果的科学性④；民族地区基础教育必须转变评价观念，增进对学生的理解，创设学生展示自己天赋与才能的舞台，拓宽评价视野，对学生进行发展性评价、差异性评价、情境性评价、多元化评价等多种评价，从而促进学生生动、活泼、

① 张忠良：《基础教育课堂教学中人本化评价方法探析》，《科技资讯》2012 年第 12 期。
② 刘巧丽：《对基础教育阶段学生评价的一点思考》，《教学与管理（理论版）》2014 年第 3 期。
③ 邢利红：《北京市中小学生评价的变化和发展》，《北京教育（普教版）》2009 年第 5 期。
④ 苏红：《美国基础教育学业质量评价：体系、机制与启示》，《世界教育信息》2012 年第5 期。

健康、和谐发展①。因此，“全纳”基础教育学生质量评价指标体系需转变学生质量评价的观念，能够促进学生发展，提高教师的教学水平，提高教学质量；改革和完善考试制度，加强考察内容和生活实际的联系，培养学生的实践能力，锻炼学生的创新思维。

（二）构建“全纳”基础教育学生质量评价标准

研究表明，基础教育学生评价的对象不是静态的，要体现评价过程的“动态性”，变单一为多元，探索学生反思性评价②。美国基础教育学业质量评价体系以“国家教育进展评价”（National Assessment of Educational Progress，NAEP）为核心，以国际评价为指引，以州和学校评价为支撑，形成了明确高效的管理机制、以专家为核心的民主参与机制、持续改进的评价机制和多样化、公开透明的结果报告机制③；英国推行“面向所有学生”的基础教育学生评价制度，学生从小学到中学要参加四次全国性的统考（Standard Attainment Tests，SATs；又称阶段性考试，Key Stage Test）和一次全国性的升学考试，实施国家考试（National Curriculum Tests and Tasks）、教师的总结性与形成性评价和学生自我的反思性评价三级基础教育学生评价体系④；等等。因此，“全纳”基础教育学生质量评价应改变传统单一的评价标准，实现评价标准的多元化，尊重学生的个别差异，制定个性化且适合的评价标准⑤，建立多元的质量评价指标体系。

（三）形成“全纳”基础教育学生质量评价标准内容

美国学者调查表明，良好校本学生评价体系应将地方课程、标准、评价与州的内容标准相切合，有效利用评价信息来监督学生的进步，利用学生校外统一考试的成绩来检验校本学生评价体系的有效性，利用评价信息来评判

---

① 汪学琴：《对民族地区基础教育阶段学生评价的思考》，《乐山师范学院学报》2011 年第 4 期。

② 梁红蕾：《基于人本精神的学生评价体系——英国基础教育学生评价体系检视》，《济南职业学院学报》2013 年第 3 期。

③ 苏红：《美国基础教育学业质量评价：体系、机制与启示》，《世界教育信息》2012 年第5 期。

④ 梁红蕾：《基于人本精神的学生评价体系——英国基础教育学生评价体系检视》，《济南职业学院学报》2013 年第 3 期。

⑤ 程肖：《多元智能评价观对小学生评价的启示》，《小学教学参考》2008 年第 18 期。

地方课程以及教师教学的有效性，从时间、效用等角度对学生评价体系进行审视，留出一定时间供评价者进行合作、反思、决策①。英国学生评价不仅关注学生的学业成绩，而且要发现和发展学生多方面的潜能，了解学生发展中的需求，帮助学生认识自我、建立自信②。我国2002年《通知》指出，以促进学生发展为目标的评价体系应包括评价的内容、标准、评价方法和改进计划，评价标准应该用清楚、简明的目标术语表述，采用多样的、开放式的评价方法了解每个学生的优点、潜能、不足以及发展的需要，不得将学生成绩排队、公布。因此，“全纳”基础教育学生质量评价的核心是制定与课程相一致的学生评价标准③；实现学生学业成就与课程标准的一致性的关键是在知识种类、知识深度、知识广度、知识样本平衡四个方面实现一致性，需要进一步完善我国课程标准，提高教师评价素养，研发相应的评价工具④；实施个体内差异评价，注重成长记录袋评价法与表现差异性评价的有机结合，极大地关注基础教育阶段学生的年龄特征，关注每一个具体的学生，关注学生的全面发展⑤。

（四）强化“全纳”基础教育学生质量评价标准实施

我国基础教育学生质量评价标准体系的建立，不仅需要合理定位、优化结构、完善内容，而且需要加强宣传与指导，提高实践实效。实践证明，美国智能平衡评估协会研制SBAC学业评价体系缘于其“共同核心州立标准”的出台和基于州标准的学业评价体系改革的诉求，秉持“为升学和就业做准备”的理念，设计多元化评价模型，建立评价项目资源库和技术支持的评价报告系统等，有力地推进了美国“核心标准”的实施⑥。真实性评价主张学

① 王凯：《美国基础教育学生评价新进展述评》，《外国教育研究》2005年第5期。

② 梁红蕾：《基于人本精神的学生评价体系——英国基础教育学生评价体系检视》，《济南职业学院学报》2013年第3期。

③ 梁红蕾：《基于人本精神的学生评价体系——英国基础教育学生评价体系检视》，《济南职业学院学报》2013年第3期。

④ 邵朝友等：《论学生学业成就评价与课程标准的一致性》，《教育研究与实验》2011年第6期。

⑤ 肖文瀚：《基础教育阶段学生个体内差异评价缺失的反思与审视》，《现代教育科学（普教研究）》2012年第4期。

⑥ 刘学智等：《美国基础教育中SBAC学业评价体系研制模式与启示》，《外国教育研究》2013年第9期。

生必须运用自己所学的知识和掌握的技能解决生活中或与现实情景相似的真实任务，以便通过自己的创造性活动培养、展示和证明自己的知识、智慧、才能以及情感、态度，从而在学生的建构中真实地评价学生的学习结果①。“差点教育”理念下的中小学学生评价反馈着重强调学习过程中的掌握和进步情况，激励学生自主地学习，它不对学生优劣排名，而更关注个体的纵向发展，鼓励孩子自己和自己比，让学生自我激励、自我反思，最终使学生充分发挥潜能，自主发展②。基础教育学业评价应贯彻落实国家课程标准、研发学科学业标准，规范命题流程环节、保证命题科学有效，加强命题专业化培训、提高教师的命题能力，采用多元化评价方式、增加实践类评价手段、关注高级思维能力的考查③。上海“绿色指标”评价改革通过评价结果的解读和应用，增强评价改革的自觉性和行动力，严格基于课程标准，促进师生和家校关系的和谐，建立以校为本、以科学评价为导向的教学质量评价体系，逐步建立基于课程标准的校本教学质量评价与保障体系④。因此，我国应加强“全纳”基础教育学生质量评价标准的舆论宣传与实践指导，切实提高实践成效。

总之，“全纳”基础教育学生质量评价指标体系应基于先进教育理念、合理的目标定位、多元的质量标准、科学的标准内容，才能取得良好的实践效果。

第五节　“全纳”基础教育学校质量评价指标体系

学校是开展基础教育活动的场所与载体，是实现基础教育目标的核心要素。学校质量是基础教育教学、科研、管理等内涵发展与基础设施、生态环境等外延发展的总体再现。至今，我国先后颁布了一系列法律法规，形成具有中国特色基础教育学校质量评价指标体系，但仍有待进一步完善与优化。

① 张向众等：《真实性评价和课堂教学的整合》，《外国教育研究》2004 年第 8 期。

② 黄宝国：《“差点教育”理念下的中小学生评价》，《中小学教师培训》2013 年第 5 期。

③ 田一等：《区域基础教育学业评价与课程标准一致性的本土化研究——以北京市为例》，《教育测量与评价》2016 年第 10 期。

④ 尹后庆：《改革学业质量评价　推动基础教育转型》，《教育发展研究》2012 年第 Z2 期。

一、我国基础教育学校质量评价指标体系现状

20 世纪以来，我国先后颁行了《钦定学堂章程》（1902，壬寅学制）、《奏定学堂章程》（1904，癸卯学制）、《学校系统令》（1912—1913，壬子癸丑学制）、《学校系统改革方案》（1922，壬戌学制）、《关于改革学制的决定》（1951）、《义务教育法》（1986、2006）、《教育法》（1995）、《特殊教育学校建设标准》（2011，以下简称《特校标准》）、《关于进一步加强中小学校督导评估工作的意见》（2012，以下简称《中小学校评估意见》）、《关于推进中小学教育质量综合评价改革的意见》（2013，以下简称《中小学质量评价意见》）《幼儿园工作规程》（2016，以下简称《规程》）等相关法律法规，明确规定了基础教育学校的评价与管理规程，建立了比较完善的基础教育学校质量评价指标体系。

（一）幼儿园质量评价指标体系

幼儿园质量评价标准是评价幼儿园质量的具体指标体系。目前，我国除了颁布了有关幼儿教师质量、幼儿园课程质量、幼儿质量评价标准的相关法律法规外，还颁布了《幼儿园管理条例》（1989）、《中小学幼儿园安全管理办法》（2006）、2016 年《规程》等相关法律法规，特别是 2016 年《规程》对幼儿园教育与保育的基本目标、编班、安全、卫生保健、教育活动、基础设施、教职工、经费、管理等方面做了明确的说明，为幼儿园质量评价提供了基本规范与标准。

另外，学者们根据国际国内相关成果与经验，认为幼儿园质量评价标准主要包含儿童的身心健康与发展、结构的质量、管理的质量、保教过程的质量和教育价值取向的质量五项基本内容①；涉及态度与价值变量（教师教育观念、幼儿园总体状况、幼儿家庭与教养状况、幼儿班级质量）、结构变量（区县幼教情况、幼儿园总体状况、幼儿家庭与教养状况、幼儿班级质量）、过程变量、效率变量（半日活动、教师行为、幼儿活动与师幼互动）和效

---

① 吴凡：《芬兰幼儿园质量评价简介及启示》，《山东教育》2010 年第 18 期。

果变量（幼儿发展）等方面①。

（二）中小学质量评价指标体系

中小学教育质量评价标准是指评判小学、中学教育质量的指标体系。目前，我国先后颁布了除有关中小学教师质量评价标准、课程质量评价标准、学生质量评价标准等方面的法律法规外，还颁布了《中小学幼儿园安全管理办法》（2006）、《农村普通中小学校建设标准》（2008，以下简称《农村中小学标准》）、2012 年《中小学校评估意见》、2013 年《中小学质量评价意见》等中小学校质量评价的相关法律法规。2008 年《农村中小学标准》明确了农村中小学建设规模、项目构成、学校布局、校园规划、用地指标、校舍建筑标准等；2012 年《中小学校评估意见》提出，学校督导评估的原则是坚持以学生发展为本，把教育教学工作是否适应学生发展需要作为衡量学校办学水平的主要标准，坚持以学校发展为重，坚持规范和创新相统一，既要规范学校的办学行为，又要鼓励学校办出特色；2013 年《中小学质量评价意见》提出建立“以生为本”的中小学教育质量综合评价指标体系，要依据国家中小学课程方案、课程标准、学生体质健康标准和办学行为的要求等开展质量评价，加强专业基础能力建设，保障经费投入，完善职位机制。

另外，有学者对基础教育学校质量评价指标体系做了许多有益的探讨。比如，认为我国基础教育水平评价指标包括规模水平（含经费投入规模与学校发展规模）、质量水平（含即效质量水平与后效质量水平）（见表 4. 5. 1）②；基础教育均衡性评价指标体系包括教育资源均衡指数（含生均教育经费、生均建筑面积、生均藏书册数、生均教学仪器设备资产值、高级教师比率和教师合格率）和教育质量均衡指数（含升学率、毕业率、学生优秀率和学生合格率）两个一级指标③；基础教育质量评价指标一般分为投入

① 刘占兰：《我国幼儿园教育质量的现状——与 1992 年幼儿园质量状况比较》，《学前教育研究》2012 年第 2 期。

② 王本余：《基础教育发展水平评价的两个理论维度》，《南京师大学报（社会科学版）》1994 年第 2 期。

③ 李永超等：《首都基础教育均衡性评价模型设计与实现》，《地球信息科学学报》2010 年第 5 期。

性指标、产出性指标和效果性指标三类[①]；衡量中学办学质量的标准至少应涵盖一流的校风、一流的师资、一流的成才率、一流的成果、一流的设施设备和一流的管理[②]；基础教育财政支出绩效评价指标应包括经济绩效、政治绩效和社会绩效[③]，或经济性、效率性与有效性（见表4.5.2）[④]，或人力资源使用效率、物力资源使用效率、财力资源使用效率、教育产出效益四个模块[⑤]；农村基础教育信息化评价可根据学校管理者、教师和学生三层面、“投入—应用—产出—效果”四个环节和“效果（Effect）、效率（Efficiency）和效益（Effectiveness）”三维结构，建构3E模型评价指标体系（见表4.5.3）[⑥]。

（三）特殊教育学校质量评价指标体系

新中国成立以来，我国十分重视特殊教育学校环境建设，先后颁布了《残疾人中等职业学校设置标准（试行）》（2007）、《义务教育阶段盲校（聋校、培智）学校教学与医疗康复仪器设备配备标准》（2010）、2011年《特校标准》、《无障碍环境建设条例》（2012）、《普通学校特殊教育资源教室建设指南》（2016，以下简称《资源教室标准》）等一系列规章制度，明确了特殊教育学校建设标准。特别是2011年《特校标准》对特殊教育学校建设规模、项目构成、布局、面积等方面提出了具体要求，2016年《资源教室标准》明确了普通学校特殊教育资源教室建设的总体要求、功能作用、基本布局、场地及环境、区域设置、配备目录、资源教师、管理规范，为特殊教育机构“硬件”标准化建设提供了制度与质量保障。

---

① 史官清等：《基于优化TOPSIS法的县区基础教育水平的综合评价——以昆明市14个县区为例》，《云南财经大学学报》2009年第1期。

② 李燕高：《促进教师专业发展，提高学校办学质量——以顺德第一中学为例》，华中师范大学硕士学位论文，2008年。

③ 胡丽等：《论财政性基础教育支出的绩效评价》，《财政监督》2011年第8期。

④ 上海财经大学课题组：《公共支出评价》，经济科学出版社2006年版，第54—69页。

⑤ 殷玉辉：《构建我国基础教育支出效益评价指标体系的思考》，《当代教育论坛》2005年第12期。

⑥ 马莲姑：《基于3E模型的农村基础教育信息化评价指标体系的构建——以河南省为例》，《教学与管理》2015年第24期。

二、我国基础教育学校质量评价标准问题反思

反思我国基础教育学校质量评价标准，仍存在“认知错位”“形式划一”“内涵模糊”“缺乏实效”等不良现象，不能充分满足我国城乡幼儿园、小学、中学和特殊教育学校的实际需要与特殊需求。

（一）认知错位

这主要是指我国目前在基础教育学校质量评价目标与主体的理解上存在偏差。一方面，重“硬件”轻“软件”建设。比如，我国农村中小学、特殊教育学校与普通学校资源教室建设标准主要侧重基础设施、“硬件”的标准化设计，而对校园文化、“软件”建设较少提及。另一方面，对“全纳学校”认知不足、重视不够。我国学校质量评价在目标上仍主要遵循“应试教育”的模式，以学生的学业考试成绩和升入上一级学校的比例作为衡量学校办学质量的重要标准，尚未建立国际上流行的学校认证制度和教育评价中介机构，政府管理缺位、缺乏监管力度，学校缺乏办学自主权和发展空间，很难保证学校评价的规范性、中立性、客观性、准确性和延续性①等。

（二）形式划一

这主要是指我国基础教育学校质量评价标准类型单一、结构同质，个性与针对性不足。一方面，我国农村中小学、特殊教育学校与普通学校资源教室建设标准重“硬环境”建设、轻“软件”建设，文本形式单一、缺乏特色；另一方面，目前学校绩效评价评定标准种类单一，在评价实践中用得较多的评定标准是评分标准或简单的等级评定标准，它们与条件指标较为匹配，而与过程指标、效果指标结合就不便于操作②。

（三）内涵模糊

这主要是指我国基础教育学校质量评价制度不健全，基础教育学校质量

① 苏建庭等：《促进课程发展的学校评价指标体系研究》，《教育理论与实践》2004年第21期。
② 吴钢：《学校组织变革的绩效评价》，《教育测量与评价（理论版）》2014年第6期。

评价标准内涵界定不明晰、指标体系不具体，没有建立独立的普通幼儿园、小学、中学和特殊教育学校质量评价指标体系。具体表现为现有基础教育学校质量评价只重视结果不注重过程，过多使用量化指标对学校“硬件”进行测量，忽略了对学校“软件”、质量的全面考察①；评价内容过多侧重于对学校的行政管理、组织管理方面的评价，在促进课程有效实施和进一步发展方面缺乏有效监督和发展性的评价，致使学校在课程建设和发展方面存在很大的欠缺和不足②；学校绩效评价标准笼统，评价指标的内涵界定不够科学、明确或具体③；基础教育配置评价过多局限于财政投入评估，缺乏系统完整的评价体系④；普通高中评价标准不明确，评价指标不具体⑤；各省幼儿园质量评估侧重点不一致，缺乏统一的有权威性的幼儿园办园评价标准⑥；等等。

（四）缺乏实效

这主要是指我国基础教育学校质量评价标准缺乏针对性、可操作性，难以取得应有效果。一方面，我国现有的基础教育学校质量评价制度不健全，主体职责不明确，目标定位不准确，结构相似、类型单一，内涵不明、内容片面，可操作性不强、难以实践。具体表现为现有的学校奖惩评价工具不具有价值导向，而价值性的评价又缺乏可行的衡量工具⑦；评价内容片面，评价方法薄弱，评价结果的信度和效度较低⑧。另一方面，现有的基础教育学校质量评价制度缺乏必要的宣传与指导，评价过程缺乏应有的监督与指导，很难达到预期效果。比如，我国基础教育学校管理中存在重决策与执行、轻

---

① 苏建庭等：《促进课程发展的学校评价指标体系研究》，《教育理论与实践》2004 年第 21 期。

② 苏建庭等：《促进课程发展的学校评价指标体系研究》，《教育理论与实践》2004 年第 21 期。

③ 吴钢：《学校组织变革的绩效评价》，《教育测量与评价（理论版）》2014 年第 6 期。

④ 王贝妮：《基本公共服务均等化评价模式初探——以城乡基础教育设施为例》，《建设科技》2014 年第 15 期。

⑤ 李文静等：《改革开放以来我国普通高中学校评价政策的回顾与分析》，《现代教育管理》2016 年第 3 期。

⑥ 吴凡：《芬兰幼儿园质量评价简介及启示》，《山东教育》2010 年第 18 期。

⑦ 楚红丽：《学校教育评价的困境与出路：工具的价值和价值的工具》，《煤炭高等教育》2015 年第 5 期。

⑧ 吴钢：《学校组织变革的绩效评价》，《教育测量与评价（理论版）》2014 年第 6 期。

监督与评价等倾向①；区县缺少对幼儿园的业务管理与质量评估、缺少对幼儿园的业务指导②，幼儿园质量评估只重视管理、物质及人员的配备，忽视其效能的发挥，对验收评价的信度、效度缺乏监控③；区域基础教育发展不均衡，差距较大④（见表4.5.4）；等等。

三、“全纳”基础教育学校质量评价标准的建构策略

反思我国基础教育学校质量评价标准实际，借鉴发达国家先进经验，我们认为，“全纳”基础教育学校质量评价指标体系应凸显学校主体地位、建立多元质量评价标准、优化质量评价指标体系、强化质量标准的适用与指导。

（一）凸显学校主体地位，构建“全纳”基础教育学校质量评价生态

“全纳”基础教育学校质量评价应有一定制度支持与良好的生态环境。一方面，我国应进一步加强基础教育学校质量评价制度建设，明确政府职责，优化基础教育生态环境。良好的学校质量保障体系主要包括外部督导（主要由教育部门控制，相关机构督导）、学校自我评价（以国家办学质量标准和学校发展计划为基础，由学校领导层和该校的全体教职工共同参与，客观评价有利于本校良性发展的因素）、行动计划（学校能及时对教育部门的督导报告和相关机构的评价作出反应，让督导评价尽快发挥功用）、信息平台与社会监控（想方设法调动全社会参与，充分利用社会力量促进学校快速健康发展）四个要素构成⑤。另一方面，协调评价主体间的关系，凸显基础教育学校在质量评价中的主体地位。基础教育学校质量评价应处理好学校

① 徐昌和：《中美学校评价比较研究：组织、标准与实施》，华东师范大学博士学位论文，2014 年。

② 刘占兰：《我国幼儿园教育质量的现状——与 1992 年幼儿园质量状况比较》，《学前教育研究》2012 年第 2 期。

③ 吴凡：《芬兰幼儿园质量评价简介及启示》，《山东教育》2010 年第 18 期。

④ 皮进修等：《客观聚类分析对区域基础教育发展水平评价》，《重庆工商大学学报（自然科学版）》2015 年第 11 期。

⑤ 常磊等：《我国学校教学质量评价的现状及应对策略》，《教育理论与实践》2016 年第 26 期。

与教育行政部门、教育督导机构、家长、社会的关系，进一步厘清教育行政机关的职能权限，赋予学校更多的自主评价的权利，建立面向社会的学校自主评价的制度[①]。

（二）建立多元质量评价标准，丰富“全纳”基础教育学校质量评价形式

“全纳”基础教育学校评价标准既要注重一般性要求，也要考虑学校间的差异。一方面，进一步加强基础教育学校质量评价制度建设，完善幼儿园、小学、中学和特殊教育学校质量评价标准体系，建立独立的基础教育学校质量评价的国家标准。另一方面，联系基础教育学校实际，建立多区域、多层次质量标准体系。比如，我国中小学质量评价标准由以“升学率”为唯一标准转向建立“综合性评价体系”[②]；应建立基于学生核心素养的多元化评价指标体系，实现对学校教育质量的多元评价[③]；建立国家、省、市、县、学校五级监控与评价体系，把影响教育教学质量的诸多因素分解和细化，依据各部门不同的管理职能，在不同层面上实施分层监控和分项监控[④]；建立幼儿园分级分类标准，将幼儿发展评定作为自己日常工作的有机组成部分，切实促进每个幼儿在原有的水平上不断进步[⑤]；基础教育学校可根据实际情况自我定义条件指标、过程指标和效果指标，建立阶梯型标准，使评价标准有较强的针对性、适宜性、导向性、可操作性[⑥]；等等。

（三）优化质量评价指标体系，明晰“全纳”基础教育学校质量标准内涵

质量评价指标体系是基础教育学校质量评价的内核，我国需进一步明晰

---

① 屈咏梅：《从自我评价走向自主评价》，华东师范大学硕士学位论文，2007 年。

② 李文静等：《改革开放以来我国普通高中学校评价政策的回顾与分析》，《现代教育管理》2016 年第 3 期。

③ 北京市教育督导与教育质量评价研究中心：《增值性评价评出学校的“加工力”》，《人民教育》2016 年第 16 期。

④ 常磊等：《我国学校教学质量评价的现状及应对策略》，《教育理论与实践》2016 年第 26 期。

⑤ 郭良菁等：《儿童发展水平应该作为幼儿园质量评价的标准吗?》，《上海教育科研》2006 年第 10 期。

⑥ 吴钢：《学校组织变革的绩效评价》，《教育测量与评价（理论版）》2014 年第 6 期。

幼儿园、中小学质量评价标准的内涵，建构“全纳”基础教育学校质量评价标准体系。有研究表明，德国从教育过程、学校成绩和结果、学习和工作条件、学校领导、质量管理和合作情况六方面建构49条全德合格基础教育学校标准①；芬兰以儿童发展为中心，通过契约和档案袋记录儿童的发展轨迹，采用自下而上的视角（评价主体为幼儿）、外部—内部的视角（评价主体为机构所服务的家长）、内部的视角（评价主体为机构内的工作人员）以及外部的视角（评价主体为机构所处的社区及社会大众）四种视角和伸缩性的评价标准对幼儿园质量进行评价②。同时，有学者认为，我国促进课程发展的学校评价指标体系应涉及学校目标（包括办学目标、发展规划、落实措施）、学校保障（包括学校环境、课程资源）、学校发展能力（包括组织管理、师资力量、课程与教学）和学校成效（包括学生发展、课程发展）③（见表4.5.5）；学校质量评估主要包括学生成长（学生综合素质监控、学生学业成绩水平监控）、教师进步（学科教学过程监控、教师课堂教学评价监控、影响教学质量的因素研究）、学校发展（学校的教育教学质量监控）、县域发展（县域的教育教学质量监控）四个方面④；等等。

（四）强化质量标准的适用与指导，提高“全纳”基础教育学校质量评价实效

目前，我国还需加强质量评价标准实施与过程监督与指导，科学适用基础教育学校质量标准，提高“全纳”基础教育学校质量评价的实效。比如，进一步完善和建立全国统一的督导评估标准，积极构建具有时代特征、区域特色的学校发展性督导评估体系，完善校本管理体制、形成自我调控、自我改进、自我发展的内在机制，形成开放的学校发展性督导评估运行机制，加强社会力量的参与和信息平台建设，建立国家、省、市、县、校监控网络与监测体系⑤；建立“学校变革实践”的创生性评价标准，通过研究者进入变

① 王定华：《德国基础教育质量提高问题的考察与分析》，《中国教育学刊》2008年第1期。
② 吴凡：《芬兰幼儿园质量评价简介及启示》，《山东教育》2010年第18期。
③ 苏建庭等：《促进课程发展的学校评价指标体系研究》，《教育理论与实践》2004年第21期。
④ 常磊等：《我国学校教学质量评价的现状及应对策略》，《教育理论与实践》2016年第26期。
⑤ 常磊等：《我国学校教学质量评价的现状及应对策略》，《教育理论与实践》2016年第26期。

革实践，实现价值创生，将评价直接指向变革过程，并在推进学校转型时逐渐完成评价标准设计①；建构发展性学校评价体系，采用以自评为主的评价方法，促进评价双方的沟通与理解，建立起相互信任、相互促进的评价关系，通过评价学校在促进课程有效实施与进一步发展方面的工作，充分肯定其已有成绩，同时指出努力方向，发挥评价应有的导向、激励与改进功能，引导学校和教师将主要精力投入到课程改革中来，以保障新一轮课程改革的有效开展②；等等。

总之，我国需进一步总结基础教育学校质量评价中的经验，吸收国内外优秀的理论与实践成果，不断完善基础教育学校质量评价制度，建立多元质量评价指标体系，提升“全纳”基础教育学校质量评价标准的针对性、实效性。

① 张向众：《试论学校变革实践本位的创生性评价标准设计——“新基础教育研究”的探索》，《河北师范大学学报（教育科学版）》2012 年第 4 期。

② 苏建庭等：《促进课程发展的学校评价指标体系研究》，《教育理论与实践》2004 年第 21 期。

表 4.1.1　基础教育学生质性评价标准体系

一级目标	二级目标	三级目标
行为目标	知识	了解：说出、背诵、辨认、列举、复述等 理解：解释、说明、归纳、概述、推断、整理等 应用：设计、辩护、撰写、检验、计划、推广等
	技能	模仿：模拟、再现、例证等 独立操作：完成、制定、解决、绘制、尝试等 迁移：联系、转换、灵活运用、举一反三等
表现性目标		经历（感受）：参与、寻找、交流、分享、访问、考察等 反映（认同）：遵守、接受、欣赏、关注、拒绝、摒弃等 领悟（内化）：形成、具有、树立、热爱、坚持、追求等

表 4.1.2　中小学教师课堂教学行为评价内容和评价标准

评价维度	评价内容	评价标准
教学目标	教师要把学生培养成逻辑缜密，思想方法、行为方式以及社会价值观都有助于学习的学习者。	要对所有学生的各种不同理解、应用技能和活动经验都有所尊重；要使学生具有决定学什么知识和应提供什么学习环境的真正发言权；要能够在学生中间培养学习的协作精神；要重点培养学生的思考能力、解决问题意识和情感态度与价值观，充分发展学生的认知结构。
教学设计	教师要为学生的学习制订合理的方案。	能够为学生制订一个具体的学习目标和学习计划；能够针对学习的内容进行合理的设计与修改，使之适合学生的经历、兴趣、知识水平、理解能力和其他能力；能够选择适当的教学和评价方法，来提高学生对所学知识的理解。
管理学习环境	教师要营造和管理好学习环境，为学生的学习提供必要的时间、空间和资源。	要安排好一切可利用的时间，让学生充分参与探究活动；要创造一种灵活的、宽松的、有助于学生进行学习的环境；要确保学习环境的安全性；要合理利用现代教育技术，为学生的学习提供有效的服务；要能鉴别和利用校外的学习资源；要使学生真正参与学习环境的设计。

续表

评价维度	评价内容	评价标准
促进学习	教师要引导学生进行学习，将学习活动化难为易。	要组织好学生围绕所学知识展开讨论；要设法使学生认识到并担负起他们在学习中所应担负起的那份责任；要认识到学生之间存在的差异并能采取相应的做法和措施，鼓励全体学生人人都充分参与到学习中；要利用学生的反馈信息，及时调整和改进教学的进程。

表 4.1.3 基础教育资源库评价量表

评价项目	具体指标		得分
资源库平台（40）	使用	对网络环境要求低，打开速度快	8
		提供的功能简单易学，教师可以快速地掌握平台的使用规则	7
		完备便捷的检索系统，能快速、有效地寻找到所需资源	8
		在平台的帮助文档中能快速、有效地找到解决问题的方法	5
	界面	各个功能模块的分类合理清晰	6
		平台的界面友好、可视性强	6
资源内容（60）	标准	符合教育部《基础教育教学资源元数据应用规范》（CELTS－42）和《教育资源建设技术规范》（CELTS－31）	10
	资源范围	内容涵盖基础教育各个年级的各个学科且教材版本齐全	8
		包含教学素材、主题学习素材、网络课程素材等多种资源	8
		资源类型丰富，包含文本、图片、音频、视频等多种文件格式	8
	资源质量	教学资源具有权威性科学性，没有知识性错误	10
		教学资源具有实用性，能对教师教学或学生学习起到切实的辅助作用	8
		教学资源更新速度快，紧跟新课程改革的步伐	8

表 4.1.4 “新基础教育”课堂教学评价表

一级指标	二级指标	三级指标	评分		
			A (1)	B (0.7)	C (0.5)
教学设计评价	教学目标设计	教学目标清晰具体			
		针对学生实际状态			
		考虑学生发展可能			
	教学内容设计	体现与生活世界沟通			
		体现结构灵活性			
		体现学科教育价值			
	教学过程设计	师生双方活动形式			
		考虑双方活动有效性			
		开放设计有度、有弹性			
教学实施过程评价	积累性常规活动	活动节奏恰当			
		点面结合灵活			
		活动方式趣味性			
	开放式导入	开放合理性			
		开放发散性			
		开放深刻性			
	资源生成	学生有主动活动时间，自主学习有效			
		资源生成的丰富性（形式、内容、方向）			
		资源生成的质量（综合、新颖、有创造）			
	回应反馈	教师回应及时			
		回应明确有推进			
		对新资源有敏感性			
	过程生成	新资源利用程度			
		分析比较、综合重组水平			
		形成深入学习新方案			
	互动深化	生生互动程度（倾听质量、不同意见表达）			
		生生互动质量（讨论深化）			
		师生互动程度（教师组织与点拨水平）			

续表

一级指标	二级指标	三级指标	评分		
			A (1)	B (0.7)	C (0.5)
教学实施过程评价	开放式小结	总结提炼水平			
		内容的延伸性（新问题的提出）			
		作业的开放性、实践性			
教学反思评价	自我评价	总体评价恰当性			
		总体评价具体性			
		自我意识清晰性			
	问题反思	问题归因恰当			
		反思清晰度			
		反思深刻度			
	教学重建	改进设想的可行性			
		改进设想的针对性			
		有层次提升			

说明：

1. “资源生成”是“过程生成”的必要条件，且取决于学生积极性的调动，但不完全局限于某一阶段。
2. “回应反馈”主要是指教师对学生活动的反应，包括教师与学生一对一活动、与学生小组活动或其他形态的师生相关活动。它与“资源生成”相关，且为交互作用。
3. 项目中所列5项，并非每节课必须都完成，这是就某一部分教学内容进行的全过程描述，程序也可能有变动。不能机械教条式使用，是这一指标体系能否促进改革和激发教师创新力的重要条件。
4. 每一项目都由师生合作完成。
5. 评价人员在上述表格评分栏的每一横行三格中，必须且只能选择1个。

表4.1.5 “新基础教育”班级建设综合评价表

项目（22分）	指 标	A级 (1)	B级 (0.7)	C级 (0.5)
干部队伍（4分）	定期轮换干部			
	干部之间分工合作			
	干部的独创能力			
	干部的反思总结能力			

续表

项目（22分）	指　标	A级 (1)	B级 (0.7)	C级 (0.5)
岗位建设（4分）	是否人人有岗位			
	是否定期轮换			
	岗位管理机制			
	岗位教育效应			
环境建设（3分）	反映班级个性			
	是否定期更换			
	环境的教育性			
班级日常活动（2分）	班级活动的经常性			
	班级活动的有效性			
班级主题活动（4分）	主题活动的针对性			
	活动过程的教育性			
	组织活动的独立性			
	活动参与的广泛性			
综合评价（5分）	班级中的人际关系			
	班级在学校中的地位（竞争力）			
	学生对班级的满意度			
	班风、独立性、创新能力			
	班级中的师生关系			
总计				

表4.1.6　基础教育支出效益评价指标体系

一级指标	权数	二级指标	权数
人力资源使用效率	0.24	生师比	0.192
		师职比	0.175
		专任教师学历合格率	0.375
		学历不合格教师中具有专业合格证书的比例	0.258

续表

一级指标	权数	二级指标	权数
物力资源使用效率	0.18	生均校舍建筑面积	0.217
		生均图书资料	0.258
		教学仪器配备达标率	0.275
		音、体、美教学器材配备达标率	0.25
财力资源使用效率	0.18	生均公用经费	0.35
		公用费用占事业费的比例	0.3
		教学费用占事业费的比例	0.35
教育产出效益	0.4	万元财政投入培养的学生数	0.183
		毕业率	0.217
		升学率	0.217
		巩固率	0.117
		留级率	0.116
		统考成绩	0.15

表 4.1.7 新西兰基础教育评价体系表

谁评价	向谁负责	评价谁	评价什么	评价性质
教育检查办公室	国会	全国基础教育	同类比较，个别指导	第三方评价/指导性/终结性
教育部督察办	教育部/政府	各州教育事业	全方位	自我评价/指导性/终结性
地区教育董事会	地区议会/教育局	学区基础教育	资金/管理/学业/人事	第三方评价/指导性/发展性
学区督导员	学区教育局	学区基础教育	课程/教学/考试	内部评价/指导性
大学	项目	项目客体	项目要求	第三方评价/终结性
民间机构	项目/商业机构	项目客体/全国教育事业	全方位	第三方评价/发展性/终结性/参照性
校长	学校董事会/校长自己	教师	教学/课程/学业	内部评价/指导性/发展性/终结性

续表

谁评价	向谁负责	评价谁	评价什么	评价性质
教师	校长/教师自己/学生	课程/教学 学生/教师	学生/学业 课程/教学	内部评价/发展性评价
家长	家长自己/孩子	孩子/学校/教师	管理/课程/教学	第三方评价/发展性评价

表 4.2.1　我国幼儿教师质量评价指标体系

维度	领域	基本要求
专业理念与师德	职业理解与认识	1. 贯彻党和国家教育方针政策，遵守教育法律法规。2. 理解幼儿保教工作的意义，热爱学前教育事业，具有职业理想和敬业精神。3. 认同幼儿教师的专业性和独特性，注重自身专业发展。4. 具有良好的职业道德修养，为人师表。5. 具有团队合作精神，积极开展协作与交流。
	对幼儿的态度与行为	6. 关爱幼儿，重视幼儿身心健康，将保护幼儿生命安全放在首位。7. 尊重幼儿人格，维护幼儿合法权益，平等对待每一个幼儿。不讽刺、挖苦、歧视幼儿，不体罚或变相体罚幼儿。8. 信任幼儿，尊重个体差异，主动了解和满足有益于幼儿身心发展的特殊需求。9. 重视生活对幼儿健康成长的重要价值，积极创造条件，让幼儿拥有快乐的幼儿园生活。
	幼儿保育和教育的态度与行为	10. 注重保教结合，培育幼儿良好的意志品质，帮助幼儿形成良好的行为习惯。11. 注重保护幼儿的好奇心，培养幼儿的想象力，发掘幼儿的兴趣爱好。12. 重视环境和游戏对幼儿发展的独特作用，创设富有教育意义的环境氛围，将游戏作为幼儿的主要活动。13. 重视丰富幼儿多方面的直接经验，将探索、交往等实践活动作为幼儿最重要的学习方式。14. 重视自身日常态度言行对幼儿发展的重要影响与作用。15. 重视幼儿园、家庭和社区的合作，综合利用各种资源。
	个人修养与行为	16. 富有爱心、责任心、耐心和细心。17. 乐观向上、热情开朗，有亲和力。18. 善于自我调节情绪，保持平和心态。19. 勤于学习，不断进取。20. 衣着整洁得体，语言规范健康，举止文明礼貌。
专业知识	幼儿发展知识	21. 了解关于幼儿生存、发展和保护的有关法律法规及政策规定。22. 掌握不同年龄幼儿身心发展特点、规律和促进幼儿全面发展的策略与方法。23. 了解幼儿在发展水平、速度与优势领域等方面的个体差异，掌握对应的策略与方法。24. 了解幼儿发展中容易出现的问题与适宜的对策。25. 了解有特殊需要的幼儿的身心发展特点及教育策略与方法。

续表

维度	领域	基本要求
专业知识	幼儿保育和教育知识	26. 熟悉幼儿园教育的目标、任务、内容、要求和基本原则。27. 掌握幼儿园环境创设、一日生活安排、游戏与教育活动、保育和班级管理的知识与方法。28. 熟知幼儿园的安全应急预案，掌握意外事故和危险情况下幼儿安全防护与救助的基本方法。29. 掌握观察、谈话、记录等了解幼儿的基本方法。30. 了解0—3岁婴幼儿保教和幼小衔接的有关知识与基本方法。
	通识性知识	31. 具有一定的自然科学和人文社会科学知识。32. 了解中国教育基本情况。33. 掌握幼儿园各领域教育的特点与基本知识。34. 具有相应的艺术欣赏与表现知识。35. 具有一定的现代信息技术知识。
专业能力	环境的创设与利用	36. 建立良好的师幼关系，帮助幼儿建立良好的同伴关系，让幼儿感到温暖和愉悦。37. 建立班级秩序与规则，营造良好的班级氛围，让幼儿感受到安全、舒适。38. 创设有助于促进幼儿成长、学习、游戏的教育环境。39. 合理利用资源，为幼儿提供和制作适合的玩教具和学习材料，引发和支持幼儿的主动活动。
	一日生活的组织与保育	40. 合理安排和组织一日生活的各个环节，将教育灵活地渗透到一日生活中。41. 科学照料幼儿日常生活，指导和协助保育员做好班级常规保育和卫生工作。42. 充分利用各种教育契机，对幼儿进行随机教育。43. 有效保护幼儿，及时处理幼儿的常见事故，在危险情况下优先救护幼儿。
	游戏活动的支持与引导	44. 提供符合幼儿兴趣需要、年龄特点和发展目标的游戏条件。45. 充分利用与合理设计游戏活动空间，提供丰富、适宜的游戏材料，支持、引发和促进幼儿参与游戏。46. 鼓励幼儿自主选择游戏内容、伙伴和材料，支持幼儿主动地、创造性地开展游戏，充分体验游戏的快乐和满足。47. 引导幼儿在游戏活动中获得身体、认知、语言和社会性等多方面的发展。
	教育活动的计划与实施	48. 制订阶段性的教育活动计划和具体活动方案。49. 在教育活动中观察幼儿，根据幼儿的表现和需要，调整活动，给予适当的指导。50. 在教育活动的设计和实施中体现趣味性、综合性和生活化，灵活运用各种组织形式和适宜的教育方式。51. 提供更多的操作探索、交流合作、表达表现的机会，支持和促进幼儿主动学习。
	激励与评价	52. 关注幼儿日常表现，及时发现和赏识每个幼儿的点滴进步，注重激发和保护幼儿的积极性、自信心。53. 有效运用观察、谈话、家园联系、作品分析等多种方法，客观、全面地了解和评价幼儿。54. 有效运用评价结果，指导下一步教育活动的开展。
	沟通与合作	55. 使用符合幼儿年龄特点的语言进行保教工作。56. 善于倾听，和蔼可亲，与幼儿进行有效沟通。57. 与同事合作交流，分享经验和资源，共同发展。58. 与家长进行有效沟通合作，共同促进幼儿发展。59. 协助幼儿园与社区建立合作互助的良好关系。

续表

维度	领域	基本要求
专业能力	反思与发展	60. 主动收集分析相关信息，不断进行反思，改进保教工作。61. 针对保教工作中的现实需要与问题，进行探索和研究。62. 制订专业发展规划，不断提高自身专业素质。

表 4.2.2　幼儿园园长素质结构评价表

项目	权数	要素	评定等级		
			上	中	下
政治思想品质	60%	方针政策水平（20%） 认真执行方针政策 努力学习马列理论	 认真 认真自觉	 基本上能 能学习	 不认真 不注意学习
		事业心及责任感（20%） 忠诚事业 不畏困难 勤恳负责	 一贯 一贯 一贯	 基本上能 基本上能 基本上能	 工作不安心 较差 较差
		道德修养及领导作风（20%） 坚持原则，以身作则 胸怀大度，作风民主 有群众观点，深入实际	 一贯 一贯 强、自觉	 有时不能 一般 一般	 经常不能 经常不能 较淡薄
文化素养	10%	文化知识（5%） 文化程度 求知兴趣	 中专以上 广博、强	 中学 一般	 初中以下 窄、弱
		专业理论知识（5%） 教育科学理论 卫生保健知识	 系统学习 系统学习	 能注意学习 能注意学习	 不注意学习 不注意学习
组织管理能力	20%	组织能力（10%） 用人所长、调动积极性 统筹兼顾、合理安排 控制管理过程 协调各方面力量	 较好 较好 较好 较好	 一般 一般 一般 一般	 较差 较差 较差 较差
		创新进取精神（10%） 办园指导思想正确 掌握教改动态与信息 能规划园所前景 工作富于创造性	 较好 较好 较好 较好	 一般 一般 一般 一般	 较差 较差 较差 较差

续表

项目	权数	要素	评定等级		
			上	中	下
年龄经验与健康状况	10%	年龄 工作经验（本职工作年限） 总结工作经验的能力 健康状况	适宜 10 年以上 善于总结提高 良好	尚可 5 年以上 能努力学习 一般	较差 5 年以下 需要别人指点 较差

表 4.2.3　我国小学教师质量评价指标体系

维度	领域	基本要求
专业理念与师德	职业理解与认识	1. 贯彻党和国家教育方针政策，遵守教育法律法规。2. 理解小学教育工作的意义，热爱小学教育事业，具有职业理想和敬业精神。3. 认同小学教师的专业性和独特性，注重自身专业发展。4. 具有良好的职业道德修养，为人师表。5. 具有团队合作精神，积极开展协作与交流。
	对小学生的态度与行为	6. 关爱小学生，重视小学生身心健康，将保护小学生生命安全放在首位。7. 尊重小学生独立人格，维护小学生合法权益，平等对待每一个小学生。不讽刺、挖苦、歧视小学生，不体罚或变相体罚小学生。8. 信任小学生，尊重个体差异，主动了解和满足有益于小学生身心发展的特殊需求。9. 积极创造条件，让小学生拥有快乐的学校生活。
	教育教学的态度与行为	10. 树立“育人为本、德育为先”的理念，将小学生的知识学习、能力发展与品德养成相结合，重视小学生的全面发展。11. 尊重教育规律和小学生身心发展规律，为每一个小学生提供适合的教育。12. 引导小学生体验学习乐趣，保护小学生的求知欲和好奇心，培养小学生的广泛兴趣、动手能力和探究精神。13. 引导小学生学会学习，养成良好学习习惯。
	个人修养与行为	14. 富有爱心、责任心、耐心和细心。15. 乐观向上、热情开朗、有亲和力。16. 善于自我调节情绪，保持平和心态。17. 勤于学习，不断进取。18. 衣着整洁得体，语言规范健康，举止文明礼貌。
专业知识	小学生发展知识	19. 了解关于小学生生存、发展和保护的有关法律法规及政策规定。20. 了解不同年龄及有特殊需要的小学生身心发展特点和规律，掌握保护和促进小学生身心健康发展的策略与方法。21. 了解不同年龄小学生学习的特点，掌握小学生良好行为习惯养成的知识。22. 了解幼小衔接和小初衔接阶段小学生的心理特点，掌握帮助小学生顺利过渡的方法。23. 了解对小学生进行青春期和性健康教育的知识和方法。24. 了解小学生安全防护的知识，掌握针对小学生可能出现的各种侵犯与伤害行为的预防与应对方法。

续表

维度	领域	基本要求
专业知识	学科知识	25. 适应小学综合性教学的要求，了解多学科知识。26. 掌握所教学科知识体系、基本思想与方法。27. 了解所教学科与社会实践的联系，了解与其他学科的联系。
	教育教学知识	28. 掌握小学教育教学基本理论。29. 掌握小学生品行养成的特点和规律。30. 掌握不同年龄小学生的认知规律。31. 掌握所教学科的课程标准和教学知识。
	通识性知识	32. 具有相应的自然科学和人文社会科学知识。33. 了解中国教育基本情况。34. 具有相应的艺术欣赏与表现知识。35. 具有适应教育内容、教学手段和方法现代化的信息技术知识。
专业能力	教育教学设计	36. 合理制订小学生个体与集体的教育教学计划。37. 合理利用教学资源，科学编写教学方案。38. 合理设计丰富多彩的班队活动。
	组织与实施	39. 建立良好的师生关系，帮助小学生建立良好的同伴关系。40. 创设适宜的教学情境，根据小学生的反应及时调整教学活动。41. 调动小学生学习积极性，结合小学生已有的知识和经验激发其学习兴趣。42. 发挥小学生主体性，灵活运用启发式、探究式、讨论式、参与式等教学方式。43. 将现代教育技术手段渗透运用到教学中。44. 能够较好地使用口头语言、肢体语言与书面语言，使用普通话教学，规范书写钢笔字、粉笔字、毛笔字。45. 妥善应对突发事件。46. 鉴别小学生行为和思想动向，用科学的方法防止和有效矫正不良行为。
	激励与评价	47. 对小学生日常表现进行观察与判断，发现和赏识每一个小学生的点滴进步。48. 灵活使用多元评价方式，给予小学生恰当的评价和指导。49. 引导小学生进行积极的自我评价。50. 利用评价结果不断改进教育教学工作。
	沟通与合作	51. 使用符合小学生特点的语言进行教育教学工作。52. 善于倾听，和蔼可亲，与小学生进行有效沟通。53. 与同事合作交流，分享经验和资源，共同发展。54. 与家长进行有效沟通合作，共同促进小学生发展。55. 协助小学与社区建立合作互助的良好关系。
	反思与发展	56. 主动收集分析相关信息，不断进行反思，改进教育教学工作。57. 针对教育教学工作中的现实需要与问题，进行探索和研究。58. 制订专业发展规划，不断提高自身专业素质。

表 4.2.4 我国中学教师质量评价指标体系

维度	领域	基本要求
专业理念与师德	职业理解与认识	1. 贯彻党和国家教育方针政策，遵守教育法律法规。2. 理解中学教育工作的意义，热爱中学教育事业，具有职业理想和敬业精神。3. 认同中学教师的专业性和独特性，注重自身专业发展。4. 具有良好的职业道德修养，为人师表。5. 具有团队合作精神，积极开展协作与交流。
	对学生的态度与行为	6. 关爱中学生，重视中学生身心健康发展，保护中学生生命安全。7. 尊重中学生独立人格，维护中学生合法权益，平等对待每一个中学生。不讽刺、挖苦、歧视中学生，不体罚或变相体罚中学生。8. 尊重个体差异，主动了解和满足中学生的不同需要。9. 信任中学生，积极创造条件，促进中学生的自主发展。
	教育教学的态度与行为	10. 树立“育人为本、德育为先”的理念，将中学生的知识学习、能力发展与品德养成相结合，重视中学生的全面发展。11. 尊重教育规律和中学生身心发展规律，为每一个中学生提供适合的教育。12. 激发中学生的求知欲和好奇心，培养中学生学习兴趣和爱好，营造自由探索、勇于创新的氛围。13. 引导中学生自主学习、自强自立，培养良好的思维习惯和适应社会的能力。
	个人修养与行为	14. 富有爱心、责任心、耐心和细心。15. 乐观向上、热情开朗、有亲和力。16. 善于自我调节情绪，保持平和心态。17. 勤于学习，不断进取。18. 衣着整洁得体，语言规范健康，举止文明礼貌。
专业知识	教育知识	19. 掌握中学教育的基本原理和主要方法。20. 掌握班集体建设与班级管理的策略与方法。21. 了解中学生身心发展的一般规律与特点。22. 了解中学生世界观、人生观、价值观形成的过程及其教育方法。23. 了解中学生思维能力与创新能力发展的过程与特点。24. 了解中学生群体文化特点与行为方式。
	学科知识	25. 理解所教学科的知识体系、基本思想与方法。26. 掌握所教学科内容的基本知识、基本原理与技能。27. 了解所教学科与其他学科的联系。28. 了解所教学科与社会实践的联系。
	学科教学知识	29. 掌握所教学科课程标准。30. 掌握所教学科课程资源开发的主要方法与策略。31. 了解中学生在学习具体学科内容时的认知特点。32. 掌握针对具体学科内容进行教学的方法与策略。
	通识性知识	33. 具有相应的自然科学和人文社会科学知识。34. 了解中国教育基本情况。35. 具有相应的艺术欣赏与表现知识。36. 具有适应教育内容、教学手段和方法现代化的信息技术知识。

续表

维度	领域	基本要求
专业能力	教学设计	37. 科学设计教学目标和教学计划。38. 合理利用教学资源和方法设计教学过程。39. 引导和帮助中学生设计个性化的学习计划。
	教学实施	40. 营造良好的学习环境与氛围，激发与保护中学生的学习兴趣。41. 通过启发式、探究式、讨论式、参与式等多种方式，有效实施教学。42. 有效调控教学过程。43. 引发中学生独立思考和主动探究，发展学生创新能力。44. 将现代教育技术手段渗透应用到教学中。
	班级管理与教育活动	45. 建立良好的师生关系，帮助中学生建立良好的同伴关系。46. 注重结合学科教学进行育人活动。47. 根据中学生世界观、人生观、价值观形成的特点，有针对性地组织开展德育活动。48. 针对中学生青春期生理和心理发展特点，有针对性地组织开展有益中学生身心健康发展的教育活动。49. 指导学生理想、心理、学业等多方面发展。50. 有效管理和开展班级活动。51. 妥善应对突发事件。
	教育教学评价	52. 利用评价工具，掌握多元评价方法，多视角、全过程评价学生发展。53. 引导学生进行自我评价。54. 自我评价教育教学效果，及时调整和改进教育教学工作。
	沟通与合作	55. 了解中学生，平等地与中学生进行沟通交流。56. 与同事合作交流，分享经验和资源，共同发展。57. 与家长进行有效沟通合作，共同促进中学生发展。58. 协助中学与社区建立合作互助的良好关系。
	反思与发展	59. 主动收集分析相关信息，不断进行反思，改进教育教学工作。60. 针对教育教学工作中的现实需要与问题，进行探索和研究。61. 制订专业发展规划，不断提高自身专业素质。

表 4.2.5　我国特教教师质量评价指标体系

维度	领域	基本要求
专业理念与师德	职业理解与认识	1. 贯彻党和国家教育方针政策，遵守教育法律法规。2. 理解特殊教育工作的意义，热爱特殊教育事业，具有职业理想和敬业精神。3. 认同特殊教育教师的专业性和独特性，注重自身专业发展。4. 具有良好的职业道德修养，为人师表。5. 具有团队合作精神，积极开展协作与交流。
	对学生的态度与行为	6. 关爱学生，将保护学生生命安全放在首位，重视学生的身心健康发展。7. 平等对待每一个学生，尊重学生人格尊严，维护学生合法权益。不讽刺、挖苦、歧视学生，不体罚或变相体罚学生。8. 理解残疾是人类多样性的一种表现，尊重个体差异，主动了解和满足学生身心发展的特殊需要。9. 引导学生正确认识和对待残疾，自尊自信、自强自立。10. 对学生始终抱有积极的期望，坚信每一位学生都能成功，积极创造条件，促进学生健康快乐成长。

续表

维度	领域	基本要求
专业理念与师德	教育教学的态度与行为	11. 树立“育人为本、德育为先”的理念，将学生的品德养成、知识学习与能力发展相结合，潜能开发与缺陷补偿相结合，提高学生的综合素质。12. 尊重特殊教育规律和学生身心发展特点，为每一个学生提供适合的教育。13. 激发并保护学生的好奇心和自信心，引导学生体验学习乐趣，培养学生的动手能力和探究精神。14. 重视生活经验在学生成长中的作用，注重教育教学、康复训练与生活实践的整合。15. 重视学校与家庭、社区的合作，综合利用各种资源。16. 尊重和发挥好少先队、共青团组织的教育引导作用。
	个人修养与行为	17. 富有爱心、责任心、耐心和细心。18. 乐观向上、热情开朗、有亲和力。19. 具有良好的耐挫力，善于自我调节，保持平和心态。20. 勤于学习，不断进取。21. 衣着整洁得体，语言规范健康，举止文明礼貌。
专业知识	学生发展知识	22. 了解关于学生生存、发展和保护的有关法律法规及政策。23. 了解学生身心发展的特殊性与普遍性规律，掌握学生残疾类型、原因、程度、发展水平、发展速度等方面的个体差异及教育的策略和方法。24. 了解对学生进行青春期教育的知识与方法。25. 掌握针对学生可能出现的各种侵犯与伤害行为、意外事故和危险情况下的危机干预、安全防护与救助的基本知识与方法。26. 了解学生安置和不同教育阶段衔接的知识，掌握帮助学生顺利过渡的方法。
	学科知识	27. 理解所教学科知识体系的基本内容、基本思想与方法。28. 了解所教学科与其他学科及社会生活的联系。
	教育教学知识	29. 掌握特殊教育教学基本理念，了解康复训练的基本知识与方法。30. 掌握特殊教育评估的知识与方法。31. 掌握学生品德心理和教学心理的基本原理和方法。32. 掌握所教学科的课程标准以及基于标准的教学调整策略与方法。33. 掌握在学科教学中整合情感态度、社会交往与生活技能的策略与方法。34. 了解学生语言发展的特点，熟悉促进学生语言发展、沟通交流的策略与方法。
	通识性知识	35. 具有相应的自然科学和人文社会科学知识。36. 了解教育事业和残疾人事业发展的基本情况。37. 具有相应的艺术欣赏与表现知识。38. 具有适应教育内容、教学手段和方法现代化的信息技术知识。
专业能力	环境创设与利用	39. 创设安全、平等、适宜、“全纳”的学习环境，支持和促进学生的学习和发展。40. 建立良好的师生关系，帮助学生建立良好的同伴关系。41. 有效运用班级和课堂教学管理策略，建立班级秩序与规则，创设良好的班级氛围。42. 合理利用教学资源，为学生提供和制作适合的教具、辅具和学习材料，支持学生有效学习。43. 运用积极行为支持等不同管理策略，妥善预防、干预学生的问题行为。

续表

维度	领域	基本要求
专业能力	教育教学设计	44. 运用合适的评估工具和评估方法，综合评估学生的特殊教育需要。45. 根据教育评估结果和课程内容，制订学生个别化教学计划。46. 根据课程和学生身心特点，合理地调整教学目标和教学内容，编写个别化教学活动方案。47. 合理设计主题鲜明、丰富多彩的班级、少先队和共青团等群团活动。
	组织与实施	48. 根据学生已有的知识和经验，创设适宜的学生环境和氛围，激发学生学习的兴趣和积极性。49. 根据学生的特殊需要，选择合适的教学策略与方法，有效实施教学。50. 运用课程统整策略，整合多学科、多领域的知识与技能。51. 合理安排每日活动，促进教育教学、康复训练与生活实践紧密结合。52. 整合应用现代教育技术及辅助技术，支持学生的学习。53. 协助相关专业人员，对学生进行必要的康复训练。54. 积极为学生提供必要的生涯规划和职业指导教育，培养学生的职业技能和就业能力。55. 正确使用普通话和国家推行的盲文、手语进行教学，规范书写钢笔字、粉笔字、毛笔字。56. 妥善应对突发事件。
	激励与评价	57. 对学生日常表现进行观察与判断，及时发现和赏识每一位学生的点滴进步。58. 灵活运用多元评价方法和调整策略，多视角、全过程评价学生的发展情况。59. 引导学生进行积极的自我评价。60. 利用评价结果，及时调整和改进教育教学工作。
	沟通与合作	61. 运用恰当的沟通策略和辅助技术进行有效沟通，促进学生参与、互动与合作。62. 与家长进行有效沟通合作，开展教育咨询、送教上门等服务。63. 与同事及其他专业人员合作交流，分享经验和资源，共同发展。64. 与普通教育工作者合作，指导、实施随班就读工作。65. 协助中学与社区建立良好的合作互助关系，促进学生的社区融合。
	反思与发展	66. 主动收集分析特殊教育相关信息，不断进行反思，改进教育教学工作。67. 针对特殊教育教学工作中的现实需要与问题，进行教育教学研究，积极开展教育教学改革。68. 结合特殊教育事业发展需要，制订专业发展规划，积极参加专业培训，不断提高自身专业素质。

表 4.3.1　基础教育教材质量评价量化表

教材名称____________　出版社____________　教材使用对象____________

评价册别____________　评价者____________

维度	项　目	等　级 A　B　C　D	评分
内容 (0.3)	1. 完整性：符合“课程标准”中的内容标准和要求		
	2. 层次性：内容的基础性层次和发展性层次		
	3. 准确性：内容科学、准确		

续表

维度	项 目	等级 A	B	C	D	评分
内容（0.3）	4. 新颖性：从生活、社会、科学技术发展的现实中取材					
	5. 渗透性：过程、方法、科学的人文精神					
	6. 难易程度：广度、深度与学生认知能力的匹配度					
知识结构表征（0.2）	7. 主线与辅线知识合理运用					
	8. 基础性与探究性					
	9. 知识网络结构的结合点与切入点					
	10. 知识各部分内容适时"有效"综合					
	11. 教材结构与学习动机、情境创设协调					
教学设计（0.3）	12. 学习活动设计的合理性					
	13. 教学活动栏目设计的指导性、功能匹配性					
	14. 科学探究活动框架的适宜性					
	15. 学习活动的检测与反馈的有效性					
编印设计（0.1）	16. 章节以标题或序号等明确划分结构，突出核心内容					
	17. 模型真实，图表规范，形式多样化					
	18. 教材文字表达规范、准确、简练、流畅、统一					
	19. 版面设计符合"用眼卫生"，字型及字体大小恰当					
实际应用（0.2）	20. 使用的便利程度					
	21. 编写特色的可利用程度					
	22. 教学效果的符合度					
	23. 教材的配套情况					
总平均分						

注：A、B、C、D 分别赋分为：4、3、2、1，评分是每个维度的平均分。总平均分是五个维度的得分加权平均数。

表 4.3.2 义务教育学校课程设置评分表

被评价学校 ____________ 评价者 ____________ 评价日期____________

评价指标 一级指标	二级指标	权重	检查项目编号	评分标准（每项一级指标满分按 100 分计，扣完为止，不计负数）	原始分	折算分
教学课时总量	每学年教学周数	0.1	10	多于或少于 35 周（初三 33 周），每相差 1 周扣 10 分；节假日、公休日、寒暑假补课的，将各年级每周天数累加，每天扣 10 分。		
	周总时数	0.1	5	将各年级的周总课时差数累加；每相差 1 课时扣 10 分。		

续表

评价指标		权重	检查项目编号	评分标准（每项一级指标满分按100分计，扣完为止，不计负数）	原始分	折算分
一级指标	二级指标					
教学课时总量	作息时间	0.1	9 11 12 8	每日教育活动时间（含早读、自习、教学、课间和其他活动），小学超过6小时的，初中超过7小时的，每超过0.5小时，扣10分；早（午）读时间超过20分钟的，每超过5分钟，扣5分；安排走读学生到学校晚自习的，扣50分；书面课外作业量：小学低年级超过30分钟、小学中高年级超过60分钟、初中超过90分钟的，每超过1分钟扣1分，小学两个阶段的扣分要累加。		
课程设置门类	国家规定的学科课程	0.2	13	对照市课程计划，将各年级缺少门数累加，每缺少一门，扣10分。		
	综合实践活动	0.05	14	三至六年级，每缺少一个年级的综合实践活动，扣25分；七至九年级，每缺少一个年级的综合实践，扣33.3分。		
	地方与学校课程	0.05	15	有专题教育，得40分；有校本课程，得40分；能积极配合教育行政部门组织的教育活动，校会、班会、团队活动、科技活动等开展正常，得20分。		
课时分配比例		0.2	6	将所有年级的“各课程课时差之和”加起来，将所得的总和乘以5就是应扣分数。		
了解课程政策	教师知晓应设课程	0.1	16	知晓应设课程的教师比例乘100，即为该二级指标得分数。		
	教师了解课程计划	0.1	16	了解课程计划的教师比例乘以100，即为该二级指标得分数。		
合计						
评价结果可信度F			17	评价结果可信度 =1 − 谎言系数		

注：在学生问卷第四题中，选择答案2的可以被认定为说谎，所有年级的学生问卷合并统计，求出说谎学生比例（用小数表示，精确到百分位），即谎言系数。

表 4.4.1 我国 3—6 岁幼儿发展水平评价标准

领域	一级目标	二级目标	要求		
			3—4 岁	4—5 岁	5—6 岁
健康	身心状况	具有健康的体态	1. 身高和体重适宜。参考标准：男孩身高 94.9—111.7 厘米、体重 12.7—21.2 公斤，女孩身高 94.1—111.3 厘米、体重 12.3—21.5 公斤。 2. 在提醒下能自然坐直、站直。	1. 身高和体重适宜。参考标准：男孩身高 100.7—119.2 厘米、体重 14.1—24.2 公斤，女孩身高 99.9—118.9 厘米、体重 13.7—24.9 公斤。 2. 在提醒下能保持正确的站、坐和行走姿势。	1. 身高和体重适宜。参考标准：男孩身高 106.1—125.8 厘米、体重 15.9—27.1 公斤，女孩身高 104.9—125.4 厘米、体重 15.3—27.8 公斤。 2. 经常保持正确的站、坐和行走姿势。
		情绪安定愉快	1. 情绪比较稳定，很少因一点小事哭闹不止。 2. 有比较强烈的情绪反应时，能在成人的安抚下逐渐平静下来。	1. 经常保持愉快的情绪，不高兴时能较快缓解。 2. 有比较强烈情绪反应时，能在成人提醒下逐渐平静下来。 3. 愿意把自己的情绪告诉亲近的人，一起分享快乐或求得安慰。	1. 经常保持愉快的情绪。知道引起自己某种情绪的原因，并努力缓解。 2. 表达情绪的方式比较适度，不乱发脾气。 3. 能随着活动的需要转换情绪和注意。
		具有一定的适应能力	1. 能在较热或较冷的户外环境中活动。 2. 换新环境时情绪能较快稳定，睡眠、饮食基本正常。 3. 在帮助下能较快适应集体生活。	1. 能在较热或较冷的户外环境中连续活动半小时左右。 2. 换新环境时较少出现身体不适。 3. 能较快适应人际环境中发生的变化。如换了新老师能较快适应。	1. 能在较热或较冷的户外环境中连续活动半小时以上。 2. 天气变化时较少感冒，能适应车、船等交通工具造成的轻微颠簸。 3. 能较快融入新的人际关系环境。如换了新的幼儿园或班级能较快适应。

续表

领域	一级目标	二级目标	要求		
			3—4 岁	4—5 岁	5—6 岁
健康	动作发展	具有一定的平衡能力，动作协调灵敏	1. 能沿地面直线或在较窄的低矮物体上走一段距离。 2. 能双脚灵活交替上下楼梯。 3. 能身体平稳地双脚连续向前跳。 4. 分散跑时能躲避他人的碰撞。 5. 能双手向上抛球。	1. 能在较窄的低矮物体上平稳地走一段距离。 2. 能以匍匐、膝盖悬空等多种方式钻爬。 3. 能助跑跨跳过一定距离，或助跑跨跳过一定高度的物体。 4. 能与他人玩追逐、躲闪跑的游戏。 5. 能连续自抛自接球。	1. 能在斜坡、荡桥和有一定间隔的物体上较平稳地行走。 2. 能以手脚并用的方式安全地爬攀登架、网等。 3. 能连续跳绳。 4. 能躲避他人滚过来的球或扔过来的沙包。 5. 能连续拍球。
		具有一定的力量和耐力	1. 能双手抓杠悬空吊起 10 秒左右。 2. 能单手将沙包向前投掷 2 米左右。 3. 能单脚连续向前跳 2 米左右。 4. 能快跑 15 米左右。 5. 能行走 1 公里左右（途中可适当停歇）。	1. 能双手抓杠悬空吊起 15 秒左右。 2. 能单手将沙包向前投掷 4 米左右。 3. 能单脚连续向前跳 5 米左右。 4. 能快跑 20 米左右。 5. 能连续行走 1.5 公里左右（途中可适当停歇）。	1. 能双手抓杠悬空吊起 20 秒左右。 2. 能单手将沙包向前投掷 5 米左右。 3. 能单脚连续向前跳 8 米左右。 4. 能快跑 25 米左右。 5. 能连续行走 1.5 公里以上（途中可适当停歇）。
		手的动作灵活协调	1. 能用笔涂涂画画。 2. 能熟练地用勺子吃饭。 3. 能用剪刀沿直线剪，边线基本吻合。	1. 能沿边线较直地画出简单图形，或能边线基本对齐地折纸。 2. 会用筷子吃饭。 3. 能沿轮廓线剪出由直线构成的简单图形，边线吻合。	1. 能根据需要画出图形，线条基本平滑。 2. 能熟练使用筷子。 3. 能沿轮廓线剪出由曲线构成的简单图形，边线吻合且平滑。 4. 能使用简单的劳动工具或用具。
	生活习惯与生活能力	具有良好的生活与卫生习惯	1. 在提醒下，按时睡觉和起床，并能坚持午睡。 2. 喜欢参加体育活动。 3. 在引导下，不偏食、挑食。喜欢吃瓜果、蔬菜等新鲜食品。 4. 愿意饮用白开水，不贪喝饮料。	1. 每天按时睡觉和起床，并能坚持午睡。 2. 喜欢参加体育活动。 3. 不偏食、挑食，不暴饮暴食。喜欢吃瓜果、蔬菜等新鲜食品。 4. 常喝白开水，不贪喝饮料。 5. 知道保护眼睛，不	1. 养成每天按时睡觉和起床的习惯。 2. 能主动参加体育活动。 3. 吃东西时细嚼慢咽。 4. 主动饮用白开水，不贪喝饮料。 5. 主动保护眼睛。不在光线过强或过暗的地方看书，连续看电视等

续表

领域	一级目标	二级目标	要求		
			3—4 岁	4—5 岁	5—6 岁
健康	生活习惯与生活能力	具有良好的生活与卫生习惯	5. 不用脏手揉眼睛，连续看电视等不超过 15 分钟。 6. 在提醒下，每天早晚刷牙、饭前便后洗手。	在光线过强或过暗的地方看书，连续看电视等不超过 20 分钟。 6. 每天早晚刷牙、饭前便后洗手，方法基本正确。	不超过 30 分钟。 6. 每天早晚主动刷牙，饭前便后主动洗手，方法正确。
		具有基本的生活自理能力	1. 在帮助下能穿脱衣服或鞋袜。 2. 能将玩具和图书放回原处。	1. 能自己穿脱衣服、鞋袜、扣纽扣。 2. 能整理自己的物品。	1. 能知道根据冷热增减衣服。 2. 会自己系鞋带。 3. 能按类别整理好自己的物品。
		具备基本的安全知识和自我保护能力	1. 不吃陌生人给的东西，不跟陌生人走。 2. 在提醒下能注意安全，不做危险的事。 3. 在公共场所走失时，能向警察或有关人员说出自己和家长的名字、电话号码等简单信息。	1. 知道在公共场合不远离成人的视线单独活动。 2. 认识常见的安全标志，能遵守安全规则。 3. 运动时能主动躲避危险。 4. 知道简单的求助方式。	1. 未经大人允许不给陌生人开门。 2. 能自觉遵守基本的安全规则和交通规则。 3. 运动时能注意安全，不给他人造成危险。 4. 知道一些基本的防灾知识。
语言	倾听与表达	认真听并能听懂常用语言	1. 别人对自己说话时能注意听并作出回应。 2. 能听懂日常会话。	1. 在群体中能有意识地听与自己有关的信息。 2. 能结合情境感受到不同语气、语调所表达的不同意思。 3. 方言地区和少数民族幼儿能基本听懂普通话。	1. 在集体中能注意听老师或其他人讲话。 2. 听不懂或有疑问时能主动提问。 3. 能结合情境理解一些表示因果、假设等相对复杂的句子。
		愿意讲话并能清楚地表达	1. 愿意在熟悉的人面前说话，能大方地与人打招呼。 2. 基本会说本民族或本地区的语言。 3. 愿意表达自己的需要和想法，必要时能配以手势动作。 4. 能口齿清楚地说儿歌、童谣或复述简短的故事。	1. 愿意与他人交谈，喜欢谈论自己感兴趣的话题。 2. 会说本民族或本地区的语言，基本会说普通话。少数民族聚居地区幼儿会用普通话进行日常会话。 3. 能基本完整地讲述自己的所见所闻和经历的事情。 4. 讲述比较连贯。	1. 愿意与他人讨论问题，敢在众人面前说话。 2. 会说本民族或本地区的语言和普通话，发音正确清晰。少数民族聚居地区幼儿基本会说普通话。 3. 能有序、连贯、清楚地讲述一件事情。 4. 讲述时能使用常见的形容词、同义词等，语言比较生动。

续表

领域	一级目标	二级目标	要求		
			3—4 岁	4—5 岁	5—6 岁
语言	倾听与表达	具有文明的语言习惯	1. 与别人讲话时知道眼睛要看着对方。 2. 说话自然，声音大小适中。 3. 能在成人的提醒下使用恰当的礼貌用语。	1. 别人对自己讲话时能回应。 2. 能根据场合调节自己说话声音的大小。 3. 能主动使用礼貌用语，不说脏话、粗话。	1. 别人讲话时能积极主动地回应。 2. 能根据谈话对象和需要，调整说话的语气。 3. 懂得按次序轮流讲话，不随意打断别人。 4. 能依据所处情境使用恰当的语言。如在别人难过时会用恰当的语言表示安慰。
	阅读与书写准备	喜欢听故事、看图书	1. 主动要求成人讲故事、读图书。 2. 喜欢跟读韵律感强的儿歌、童谣。 3. 爱护图书，不乱撕、乱扔。	1. 反复看自己喜欢的图书。 2. 喜欢把听过的故事或看过的图书讲给别人听。 3. 对生活中常见的标识、符号感兴趣，知道它们表示一定的意义。	1. 专注地阅读图书。 2. 喜欢与他人一起谈论图书和故事的有关内容。 3. 对图书和生活情境中的文字符号感兴趣，知道文字表示一定的意义。
		具有初步的阅读理解能力	1. 能听懂短小的儿歌或故事。 2. 会看画面，能根据画面说出图中有什么，发生了什么事等。 3. 能理解图书上的文字是和画面对应的，是用来表达画面意义的。	1. 能大体讲出所听故事的主要内容。 2. 能根据连续画面提供的信息，大致说出故事的情节。 3. 能随着作品的展开产生喜悦、担忧等相应的情绪反应，体会作品所表达的情绪情感。	1. 能说出所阅读的幼儿文学作品的主要内容。 2. 能根据故事的部分情节或图书画面的线索猜想故事情节的发展，或续编、创编故事。 3. 对看过的图书、听过的故事能说出自己的看法。 4. 能初步感受文学语言的美。
		具有书面表达的愿望和初步技能	1. 喜欢用涂涂画画表达一定的意思。	1. 愿意用图画和符号表达自己的愿望和想法。 2. 在成人提醒下，写写画画时姿势正确。	1. 愿意用图画和符号表现事物或故事。 2. 会正确书写自己的名字。 3. 写画时姿势正确。

续表

领域	一级目标	二级目标	要求		
			3—4 岁	4—5 岁	5—6 岁
社会	人际交往	愿意与人交往	1. 愿意和小朋友一起游戏。 2. 愿意与熟悉的长辈一起活动。	1. 喜欢和小朋友一起游戏，有经常一起玩的小伙伴。 2. 喜欢和长辈交谈，有事愿意告诉长辈。	1. 有自己的好朋友，也喜欢结交新朋友。 2. 有问题愿意向别人请教。 3. 有高兴的或有趣的事愿意与大家分享。
		能与同伴友好相处	1. 想加入同伴的游戏时，能友好地提出请求。 2. 在成人指导下，不争抢、不独霸玩具。 3. 与同伴发生冲突时，能听从成人的劝解。	1. 会运用介绍自己、交换玩具等简单技巧加入同伴游戏。 2. 对大家都喜欢的东西能轮流分享。 3. 与同伴发生冲突时，能在他人帮助下和平解决。 4. 活动时愿意接受同伴的意见和建议。 5. 不欺负弱小。	1. 能想办法吸引同伴和自己一起游戏。 2. 活动时能与同伴分工合作，遇到困难能一起克服。 3. 与同伴发生冲突时能自己协商解决。 4. 知道别人的想法有时和自己不一样，能倾听和接受别人的意见，不能接受时会说明理由。 5. 不欺负别人，也不允许别人欺负自己。
		具有自尊、自信、自主的表现	1. 能根据自己的兴趣选择游戏或其他活动。 2. 为自己的好行为或活动成果感到高兴。 3. 自己能做的事情愿意自己做。 4. 喜欢承担一些小任务。	1. 能按自己的想法进行游戏或其他活动。 2. 知道自己的一些优点和长处，并对此感到满意。 3. 自己的事情尽量自己做，不愿意依赖别人。 4. 敢于尝试有一定难度的活动和任务。	1. 能主动发起活动或在活动中出主意、想办法。 2. 做了好事或取得了成功后还想做得更好。 3. 自己的事情自己做，不会的愿意学。 4. 主动承担任务，遇到困难能够坚持而不轻易求助。 5. 与别人的看法不同时，敢于坚持自己的意见并说出理由。

续表

领域	一级目标	二级目标	要求		
			3—4 岁	4—5 岁	5—6 岁
社会	人际交往	关心尊重他人	1. 长辈讲话时能认真听，并能听从长辈的要求。 2. 身边的人生病或不开心时表示同情。 3. 在提醒下能做到不打扰别人。	1. 会用礼貌的方式向长辈表达自己的要求和想法。 2. 能注意到别人的情绪，并有关心、体贴的表现。 3. 知道父母的职业，能体会到父母为养育自己所付出的辛劳。	1. 能有礼貌地与人交往。 2. 能关注别人的情绪和需要，并能给予力所能及的帮助。 3. 尊重为大家提供服务的人，珍惜他们的劳动成果。 4. 接纳、尊重与自己的生活方式或习惯不同的人。
	社会适应	喜欢并适应群体生活	1. 对群体活动有兴趣。 2. 对幼儿园的生活好奇，喜欢上幼儿园。	1. 愿意并主动参加群体活动。 2. 愿意与家长一起参加社区的一些群体活动。	1. 在群体活动中积极、快乐。 2. 对小学生活有好奇和向往。
		遵守基本的行为规范	1. 在提醒下，能遵守游戏和公共场所的规则。 2. 知道不经允许不能拿别人的东西，借别人的东西要归还。 3. 在成人提醒下，爱护玩具和其他物品。	1. 感受规则的意义，并能基本遵守规则。 2. 不私自拿不属于自己的东西。 3. 知道说谎是不对的。 4. 知道接受了的任务要努力完成。 5. 在提醒下，能节约粮食、水电等。	1. 理解规则的意义，能与同伴协商制定游戏和活动规则。 2. 爱惜物品，用别人的东西时也知道爱护。 3. 做了错事敢于承认，不说谎。 4. 能认真负责地完成自己所接受的任务。 5. 爱护身边的环境，注意节约资源。
		具有初步的归属感	1. 知道和自己一起生活的家庭成员及与自己的关系，体会到自己是家庭的一员。 2. 能感受到家庭生活的温暖，爱父母，亲近与信赖长辈。 3. 能说出自己家所在街道、小区（乡镇、村）的名称。 4. 认识国旗，知道国歌。	1. 喜欢自己所在的幼儿园和班级，积极参加集体活动。 2. 能说出自己家所在地的省、市、县（区）名称，知道当地有代表性的物产或景观。 3. 知道自己是中国人。 4. 奏国歌、升国旗时能自动站好。	1. 愿意为集体做事，为集体的成绩感到高兴。 2. 能感受到家乡的发展变化并为此感到高兴。 3. 知道自己的民族，知道中国是一个多民族的大家庭，各民族之间要互相尊重，团结友爱。 4. 知道国家一些重大成就，爱祖国，为自己是中国人感到自豪。

续表

领域	一级目标	二级目标	要求		
			3—4 岁	4—5 岁	5—6 岁
科学	科学探究	亲近自然，喜欢探究	1. 喜欢接触大自然，对周围的很多事物和现象感兴趣。 2. 经常问各种问题，或好奇地摆弄物品。	1. 喜欢接触新事物，经常问一些与新事物有关的问题。 2. 常常动手动脑探索物体和材料，并乐在其中。	1. 对自己感兴趣的问题总是刨根问底。 2. 能经常动手动脑寻找问题的答案。 3. 探索中有所发现时，会感到兴奋和满足。
		具有初步的探究能力	1. 对感兴趣的事物能仔细观察，发现其明显特征。 2. 能用多种感官或动作去探索物体，关注动作所产生的结果。	1. 能对事物或现象进行观察比较，发现其相同与不同。 2. 能根据观察结果提出问题，并大胆猜测答案。 3. 能通过简单的调查收集信息。 4. 能用图画或其他符号进行记录。	1. 能通过观察、比较与分析，发现并描述不同种类物体的特征或某个事物前后的变化。 2. 能用一定的方法验证自己的猜测。 3. 在成人的帮助下能制订简单的调查计划并执行。 4. 能用数字、图画、图表或其他符号记录。 5. 探究中能与他人合作与交流。
		在探究中认识周围事物和现象	1. 认识常见的动植物，能注意并发现周围的动植物是多种多样的。 2. 能感知和发现物体和材料的软硬、光滑和粗糙等特性。 3. 能感知和体验天气对自己生活和活动的影响。 4. 初步了解和体会动植物和人们生活的关系。	1. 能感知和发现动植物的生长变化及其基本条件。 2. 能感知和发现常见材料的溶解、传热等性质或用途。 3. 能感知和发现简单物理现象，如物体形态或位置变化等。 4. 能感知和发现不同季节的特点，体验季节对动植物和人的影响。 5. 初步感知常用科技产品与自己生活的关系，知道科技产品有利也有弊。	1. 能察觉到动植物的外形特征、习性与生存环境的适应关系。 2. 能发现常见物体的结构与功能之间的关系。 3. 能探索并发现常见的物理现象产生的条件或影响因素，如影子、沉浮等。 4. 感知并了解季节变化的周期性，知道变化的顺序。 5. 初步了解人们的生活与自然环境的密切关系，知道尊重和珍惜生命，保护环境。

续表

领域	一级目标	二级目标	要求		
			3—4 岁	4—5 岁	5—6 岁
科学	数学认知	初步感知生活中数学的有用和有趣	1. 感知和发现周围物体的形状是多种多样的，对不同的形状感兴趣。 2. 体验和发现生活中很多地方都用到数。	1. 在指导下，感知和体会有些事物可以用形状来描述。 2. 在指导下，感知和体会有些事物可以用数来描述，对环境中各种数字的含义有进一步探究的兴趣。	1. 能发现事物简单的排列规律，并尝试创造新的排列规律。 2. 能发现生活中许多问题都可以用数学的方法来解决，体验解决问题的乐趣。
		感知和理解数和量及数量关系	1. 能感知和区分物体的大小、多少、高矮长短等量方面的特点，并能用相应的词表示。 2. 能通过一一对应的方法比较两组物体的多少。 3. 能手口一致地点数 5 个以内的物体，并能说出总数，能按数取物。 4. 能用数词描述事物或动作。如我有 4 本图书。	1. 能感知和区分物体的粗细、厚薄、轻重等量方面的特点，并能用相应的词语描述。 2. 能通过数数比较两组物体的多少。 3. 能通过实际操作理解数与数之间的关系，如 5 比 4 多 1、2 和 3 合在一起是 5。 4. 会用数词描述事物的排列顺序和位置。	1. 初步理解量的相对性。 2. 借助实际情境和操作（如合并或拿取）理解“加”和“减”的实际意义。 3. 能通过实物操作或其他方法进行 10 以内的加减运算。 4. 能用简单的记录表、统计图等表示简单的数量关系。
		感知形状与空间关系	1. 能注意物体较明显的形状特征，并能用自己的语言描述。 2. 能感知物体基本的空间位置与方位，理解上下、前后、里外等方位词。	1. 能感知物体的形体结构特征，画出或拼搭出该物体的造型。 2. 能感知和发现常见几何图形的基本特征，并能进行分类。 3. 能使用上下、前后、里外、中间、旁边等方位词描述物体的位置和运动方向。	1. 能用常见的几何形体有创意地拼搭和画出物体的造型。 2. 能按语言指示或根据简单示意图正确取放物品。 3. 能辨别自己的左右。

续表

领域	一级目标	二级目标	要求		
			3—4 岁	4—5 岁	5—6 岁
艺术	感受与欣赏	喜欢自然界与生活中美的事物	1. 喜欢观看花草树木、日月星空等大自然中美的事物。 2. 容易被自然界中的鸟鸣、风声、雨声等好听的声音所吸引。	1. 在欣赏自然界和生活环境中美的事物时，关注其色彩、形态等特征。 2. 喜欢倾听各种好听的声音，感知声音的高低、长短、强弱等变化。	1. 乐于收集美的物品或向别人介绍所发现的美的事物。 2. 乐于模仿自然界和生活环境中有特点的声音，并产生相应的联想。
		喜欢欣赏多种多样的艺术形式和作品	1. 喜欢听音乐或观看舞蹈、戏剧等表演。 2. 乐于观看绘画、泥塑或其他艺术形式的作品。	1. 能够专心地观看自己喜欢的文艺演出或艺术品，有模仿和参与的愿望。 2. 欣赏艺术作品时会产生相应的联想和情绪反应。	1. 艺术欣赏时常常用表情、动作、语言等方式表达自己的理解。 2. 愿意和别人分享、交流自己喜爱的艺术作品和美感体验。
	表现与创造	喜欢进行艺术活动并大胆表现	1. 经常自哼自唱或模仿有趣的动作、表情和声调。 2. 经常涂涂画画、粘粘贴贴并乐在其中。	1. 经常唱唱跳跳，愿意参加歌唱、律动、舞蹈、表演等活动。 2. 经常用绘画、捏泥、手工制作等多种方式表现自己的所见所想。	1. 积极参与艺术活动，有自己比较喜欢的活动形式。 2. 能用多种工具、材料或不同的表现手法表达自己的感受和想象。 3. 艺术活动中能与他人相互配合，也能独立表现。
		具有初步的艺术表现与创造能力	1. 能模仿学唱短小歌曲。 2. 能跟随熟悉的音乐做身体动作。 3. 能用声音、动作、姿态模拟自然界的事物和生活情景。 4. 能用简单的线条和色彩大体画出自己想画的人或事物。	1. 能用自然的、音量适中的声音基本准确地唱歌。 2. 能通过即兴哼唱、即兴表演或给熟悉的歌曲编词来表达自己的心情。 3. 能用拍手、踏脚等身体动作或可敲击的物品敲打节拍和基本节奏。 4. 能运用绘画、手工制作等表现自己观察到或想象的事物。	1. 能用基本准确的节奏和音调唱歌。 2. 能用律动或简单的舞蹈动作表现自己的情绪或自然界的情景。 3. 能自编自演故事，并为表演选择和搭配简单的服饰、道具或布景。 4. 能用自己制作的美术作品布置环境、美化生活。

表 4.4.2　我国中小学学生质量综合评价指标体系

评价内容	关键指标	指标考查要点	评价主要依据
品德发展水平	行为习惯	学生在文明礼貌、勤俭节约、热爱劳动、爱护环境等方面的认知和表现情况。	社会主义核心价值观、义务教育课程方案和相关学科课程标准、普通高中课程方案和相关学科课程标准、《中小学德育工作规程》《中共中央　国务院关于进一步加强和改进未成年人思想道德建设的若干意见》《中小学生守则》《小学生日常行为规范（修订）》《中学生日常行为规范（修订）》《中小学文明礼仪教育指导纲要》等。
	公民素养	学生在珍爱生命、遵纪守法、诚实守信、团结友善、乐于助人等方面的认知和表现情况。	
	人格品质	学生在自尊自信、自律自强、尊重他人、乐观向上等方面的认知和表现情况。	
	理想信念	学生的爱国情感、民族认同、社会责任、集体意识、人生理想等方面的情况。	
学业发展水平	知识技能	学生对各学科课程标准要求的基础知识、基本技能的理解和掌握情况。	义务教育课程方案和各学科课程标准、普通高中课程方案和各学科课程标准以及其他相关规范性文件等。
	学科思想方法	学生对各学科思想和方法的理解和掌握情况。	
	实践能力	学生关注现实生活、参加社会实践和志愿服务活动、解决实际问题、进行职业准备等方面的情况。	
	创新意识	学生独立思考、批判质疑、钻研探究，解决问题的思路、方式方法等方面的情况。	
身心发展水平	身体形态机能	学生身高、体重、肺活量和身体运动能力等达到《国家学生体质健康标准》要求的情况以及视力状况等。	义务教育课程方案和相关学科课程标准、普通高中课程方案和相关学科课程标准、《国家学生体质健康标准》《国务院办公厅转发教育部等部门关于进一步加强学校体育工作若干意见的通知》《中小学学生近视眼防控工作方案》《中小学健康教育指导纲要》《中小学心理健康教育指导纲要（2012 年修订）》《学校艺术教育工作规程》《教育部办公厅关于在义务教育阶段中小学实施“体育、艺术 2+1 项目”的通知》以及其他相关规范性文件等。
	健康生活方式	学生对健康知识与技能的了解和掌握情况，生活与卫生习惯、参加课外文娱体育活动等方面的情况。	
	审美修养	学生在审美情趣和艺术修养等方面的发展情况。	
	情绪行为调控	学生对自己情绪的察觉与排解、对行为的自我约束情况，应对和克服学习、生活中遇到的困难的态度和表现情况。	
	人际沟通	师生关系、同伴关系、亲子关系等方面的情况。	

续表

评价内容	关键指标	指标考查要点	评价主要依据
兴趣特长养成	好奇心求知欲	学生对某些知识、事物和现象的专注、思考和探求情况。	
	爱好特长	学生课余生活的丰富性，在文学、科学、体育、艺术等领域表现出的喜好、付出的努力和表现的结果。	
	潜能发展	学生在某些方面表现出的突出素质和进一步发展的能力	
学业负担状况	学习时间	学生上课时间、作业时间、补课时间、睡眠时间等。	义务教育课程方案和各学科课程标准、普通高中课程方案和各学科课程标准、《中共中央 国务院关于加强青少年体育增强青少年体质的意见》《中小学学生近视眼防控工作方案》《教育部关于当前加强中小学管理规范办学行为的指导意见》以及其他相关规范性文件等。
	课业质量	课程教学、作业和考试（测验）的有效程度以及学生的感受和看法。	
	课业难度	课程教学、作业和考试（测验）的难易程度以及学生的感受和看法。	
	学习压力	学生在学习过程中表现出的快乐、疲倦、焦虑、厌学等状态。	

表 4.5.1 我国基础教育水平实际评价指标

指标归类			定义	备注
规模水平	经费投入规模	教育事业费	教育投资中用于教育事业的经常性经费。可将其按用途详细区分为：人员经费（如工资、职工福利费、助学金等）和公用经费（公务费、设备购置费、业务费及维修费）两种。	（至于各类投入中的使用构成状况，这里就不逐一列出）可供比较的指标除两大项的绝对数以外，尚有它们各自所占国民收入以及教育总投入的比例。
		基本建设费	教育投资中用于教育的固定资产投资的费用。如建筑安装工程支出，设备、工具、器具的购置价值及其他基本建设费用。	

续表

指标归类			定义	备注
规模水平	学校发展规模	学龄儿童入学率	学龄儿童入学人数/学龄儿童人口总数×100%。	“适龄儿童”在我国一般统计为7—11周岁。
		毕业率	获准毕业学生总数/毕业班学生总人数×100%。	
		普及率	学年期间一年级学生数/各年龄组学生总数×100%。	
		巩固率	学年末学生总数/学年初学生总数×100%。	
		学校数	当年所有的普通中小学学校数。	
		教师数	从事基础教育工作的教师总人数。	
质量水平	即效质量水平	留级率	留级人数/学年之初学生总数×100%。	
		升学率	升学学生总数/毕业班总人数×100%。	
		合格率	按规定达到学术及各项标准的毕业生数/毕业班学生总数×100%。	
		差生率	差生总数/毕业班学生总数×100%。	
		优秀生率	优等生总数/毕业班学生总数×100%。	
		专业对口率	按照培养目标被使用的毕业生数/毕业生总数×100%。	
	后效质量水平			关于后效质量水平的评价研究在我国几乎未曾涉猎。

表 4.5.2　基础教育财政支出绩效评价指标体系

评价维度	指标要素	单位（%）
经济性	基础教育财政支出占 GDP 比重	
	本级教育生均公共教育支出占人均 GDP 比重	
	本级教育城镇学生与农村学生生均公共教育经费比	
	本级教育各地生均公共教育经费的标准离差率	
效率性	公用事业性经费占教育事业性经费比	
	专任教师比	
	生师比	
	毕业生教育年数效率系数	

续表

评价维度	指标要素	单位（%）
有效性	入学率	
	毕业生升学率	
	学生保留率	
	复读率	
	专任教师学历合格率	
	毕业生成绩合格学生百分比	

表 4.5.3　农村基础教育信息化 3E 模型评价指标体系

内容	一级指标	二级指标
学校管理	经费来源	学校信息化自主投入经费占政府信息化专项投入经费百分比；学校信息化自主投入经费占生均公用经费百分比（大约）。
	硬件	各类信息化设备采购总经费投入；硬件维护投入师机比、生机比；信息化设备数量如数码投影机、背投电视机、电子白板等（总量、可用、少于 5 年的数量）。
	网络	学校网络租赁包括带宽和信息费用；网络维护投入学校内网带宽；学校外网带宽。
	软件	软件平台建设与维护投入；各类软件平台（校园门户、视频点播等）建设情况；各类软件平台的应用情况。
	数字资源	数字教学资源的投入；学校校本资源总量。
	人员培训	教研、教科研、信息技术培训、应用奖励等方面经费总投入；教师参与校本、校内培训天数和人次。
	学生信息化应用	学生信息化活动组织开展的费用总投入；将在学生行为方面体现出来。
	学校信息化规章制度	
教师信息化行为特征	教师信息化应用投入	参加信息技术培训的时间；参与各类信息化教育活动；技术问题（如死机、网速慢、杀毒等）导致多花的时间。
	教师信息化应用活动	资源制作与共享方面；学校信息化平台应用；课堂上的信息技术教具的应用；课堂上信息技术应用的方式与目的。
	教师信息化应用产出	计算机证书获取百分比；信息化相关课题的参与度；信息化相关论文的发表数量；信息化活动获奖情况。
	教师信息化应用效益	应用各种信息技术工具所能节省的工作时间；在各项业务中应用信息技术所能节省的工作时间。

续表

内容	一级指标	二级指标
学生信息化行为特征	学生对教师应用信息技术教学的感受	教师应用信息技术开展各项活动的频率；对教师应用信息技术开展活动的满意度；对教师应用信息技术开展活动的喜欢程度。
	学生信息化应用活动	学生在学校和家里应用网络信息技术的频率；学生访问校园网的频率；学校应用网络信息技术的方便性。
	学生信息化应用产出	计算机证书获取；参与各项信息技术活动的频率；信息化各项活动的获奖情况。
	学生信息化应用效益	信息技术技能提升；学习兴趣的增强；使学习内容变得容易理解；乐于与同学合作完成任务；老师和自己交流的机会；同学和自己交流的机会；独立解决学习问题的能力；学习成绩。

表 4.5.4 我国 2013 年区域基础教育发展水平现状

地区	经济实力因子		生师比因子		社会投入因子		综合得分	排名
	得分	排名	得分	排名	得分	排名		
上海	2.4903	2	-0.8623	29	1.9792	1	1.4084	1
北京	2.6277	1	-0.8271	28	1.1682	6	1.3889	2
浙江	0.9950	4	0.8686	6	1.4412	2	0.9090	3
天津	1.6311	3	-0.5114	21	-0.1918	17	0.7480	4
广东	0.2360	10	1.8066	1	1.2727	5	0.6770	5
江苏	0.9330	8	0.6780	9	-0.1621	16	0.6309	6
福建	0.5037	8	0.8961	8	-0.2241	18	0.3949	7
山东	0.2137	11	1.4671	3	-0.3683	20	0.3865	8
辽宁	0.6373	6	-0.0165	17	-1.1314	28	0.1998	9
内蒙古	0.6083	7	-0.6168	24	-1.0130	25	0.0692	10
河北	-0.1940	17	0.7272	7	-0.6696	23	-0.0316	11
湖南	-0.1421	16	0.4793	10	-0.4660	22	-0.0316	12
湖北	0.0864	13	0.1922	14	-1.1538	29	-0.0560	13
河南	-1.0787	29	1.7733	2	0.9885	7	-0.0795	14
陕西	-0.0063	14	0.1456	15	-1.0304	26	-0.1008	15
广西	-0.7519	23	0.9880	4	0.6055	10	-0.1177	16

续表

地区	经济实力因子		生师比因子		社会投入因子		综合得分	排名
	得分	排名	得分	排名	得分	排名		
四川	-0.3913	21	0.4078	11	0.0275	13	-0.1202	17
吉林	0.4530	9	-0.7432	27	-1.8823	31	-0.1508	18
重庆	-0.1408	15	-0.3956	19	-0.0264	14	-0.1649	19
安徽	-0.3337	19	0.2400	12	-0.2927	19	-0.1653	20
江西	-0.9064	28	0.9243	5	0.6967	9	-0.2036	21
山西	-0.3066	18	0.2280	13	-1.0324	27	-0.2457	22
黑龙江	0.1128	12	-0.7024	25	-1.7883	30	-0.3143	23
云南	-0.8281	26	0.0238	16	-0.0706	12	-0.3810	24
海南	-0.5047	22	-0.5927	23	-0.0706	15	-0.4099	25
新疆	-0.3489	20	-0.5446	22	-0.8569	24	-0.4136	26
宁夏	-0.7874	24	-0.4781	20	0.6034	11	-0.4558	27
青海	-0.8025	25	-1.2740	30	0.7772	8	-0.6122	28
甘肃	-0.8733	27	-0.7353	26	-0.3706	21	-0.6776	29
贵州	-1.7037	31	-0.0989	18	1.3243	4	-0.7775	30
西藏	-1.4278	30	-3.2383	31	1.3711	3	-1.3005	31

表 4.5.5 我国促进课程发展的学校评价指标体系

一级指标	二级指标	三级指标
学校目标	办学目标	办学目标明确、合理、富有特色。
	发展规划	学校有较为明确的、有利于课程实施与发展的近期和长远发展规划。
	落实措施	学校有具体可行的措施来逐步实现自己的发展规划。
学校保障	学校环境	学校有比较浓郁的学习氛围，有丰富多彩的有利于学生身心健康发展的学生社团活动和课外活动。
	课程资源	学校有较充足的图书、网络、实验室、运动场等资源可供教师、学生使用，教师、学生可充分利用学校的各种教学设施、教学资源。

续表

一级指标	二级指标	三级指标
学校发展能力	组织管理	学校有保障课程有效实施的具体可行的管理措施，学校的课程实施计划与课程改革的要求相一致；学校为教师继续学习、交流研讨提供足够的时间、空间、经费支持；学校有比较具体的教育科研规划，鼓励教师积极进行课程与教学改革；学校积极与校外专家、研究机构建立较为稳定的联系，定期沟通交流，并尝试进行课程与教学的相关合作与研究；学校培养以教师自评为主，学校领导、学生、同事、家长共同参与的教师评价制度；学校对积极参与课改、大胆进行教学改革尝试的教师予以一定鼓励与认可。
	师资力量	学校教师有不断学习、努力提升自身专业素质的意识与实际行动；教师基本上能对所用教材适切性进行批判性的分析和选择；教师具有综合利用校内外的各种课程资源进行教学的意识与能力；学校教师基本上能意识到课程与教学工作需要教师间的合作协商。
	课程与教学	学校的课程设置与教材选用应具有实用性、时代性、选择性和灵活性；学校应赋予学生和教师一定的课程的选择与安排的权利；学校在鼓励教师校本化地实施国家课程、地方课程，努力开发校本课程方面有具体可行的工作方案；学校教师能够用心倾听学生对教学的意见和建议。
学校成效	学生发展	学生基本具有良好的学习习惯和较浓的学习兴趣；学生的社会适应能力及个性特点能得到一定的发展；对学生的评价客观、公正，并以鼓励、引导为主；对学生的考评除试卷考试外，应综合运用实际操作、平时表现、学生自评等多种方式进行。
	课程发展	基本能“开齐、上足、教好”国家课程、地方课程；基本能开发着眼于学生个性和特长发展的校本课程。

第五章 “全纳”基础教育质量评价制度

评价制度是“全纳”基础教育质量评价的法律保障与政策支持。目前，我国先后颁布了一系列的普通与特殊基础教育教师、课程、学生和学校质量评价制度，形成了比较完备的基础教育教师、课程、学生和学校质量评价标准，建立了更加完善的基础教育质量评价体系。但是，我国基础教育质量评价制度仍不健全，有待于完善。本章主要对“全纳”基础教育质量评价制度的内涵、种类、发展历程以及未来趋势等做些尝试和探讨。

第一节 概 述

教育质量评价制度是有关教育评价活动的行为规范与准则，是确保基础教育质量评价活动顺利开展的前提与保障。目前，不少学者对教育评价制度的内涵、种类、特点、功能等方面做了许多有益的探索，但对基础教育评价制度的专题研究较少，进一步探讨“全纳”基础教育质量评价制度的内涵、基本类型、功能实有必要。

一、“全纳”基础教育质量评价制度的内涵

制度是政治学、经济学、社会学等学科领域中一个普遍受关注的概念。制度经济学的代表人物道格拉斯·C. 诺斯认为制度是一个社会的博弈规则，或者更规范地说，它们是一些人为设计的、形塑人们互动关系的约束，它构

造了人们在政治、社会或经济领域里交换的激励机制[①]。柯武刚、史漫飞认为制度是由人制定的规则，它们抑制着人际交往中可能出现的任意行为和机会主义行为，其关键功能是增加秩序，具有系统性、非随机性是可理解的[②]。新制度主义政治学的代表人物詹姆斯·G. 马奇和约翰·P. 奥尔森认为制度是社会组织的规则，包括惯例、程序、习俗、角色、信仰、文化和日常生活中的知识，它不仅包括正式规则、程序和规范，还包括为人的行为提供意义框架的象征系统、认知模式和道德模板[③]。

根据《辞海》的解释，“制度”是指要求组织成员共同遵守的，按一定程序办事的规程。汉语中“制”有节制、限制的意思，“度”有尺度、标准的意思。这两个字结合起来，表明制度是节制人们行为的尺度。由此可见，制度一般指要求大家共同遵守的办事规程或行动准则，也指在一定历史条件下形成的法令、礼俗等规范或一定的规格；不同的行业、不同的部门、不同的岗位都有其具体的做事准则，目的都要使各项工作按计划、按要求达到预计目标。广义而言，制度不仅是正式的、理性化的、系统化的、形成文字的行为规范，同时也是非正式的、非理性化的、非系统化的、不成文的行为规范，如道德、观念、习惯、风俗等。

教育评价制度是以某种教育评价模式为核心而建立起来的一种严密的对评价对象及评价自身进行价值判断的规则体系。它是一种国家法规性的制度，规范人们在教育评价活动中必须共同遵守的有关教育评价的办事规程或行为。从静态方面分析，教育评价制度包括基础理论系统、规程系统两个要素；从动态方面分析，教育评价制度的运行并产生预期的社会效果，除了构成教育评价制度本身的两个要素之外，还有评价机构系统、评价操作系统、评价质量管理系统三个必不可少的要素[④]。

据此，我们认为，“全纳”基础教育质量评价制度就是有关“全纳”基

---

① ［美］道格拉斯·C. 诺斯：《制度、制度变迁与经济绩效》，刘守英译，上海三联书店 1994 年版，第 3—4 页。

② ［德］柯武刚、史漫飞：《制度经济学：社会秩序与公共政策》，韩朝华译，商务印书馆 2000 年版，第 32—33 页。

③ ［美］B. 盖伊·彼得斯：《政治科学中的制度理论：“新制度主义”》，王向民等译，上海世纪出版集团、上海人民出版社 2011 年版，第 29 页。

④ 陈如：《略论我国教育评价制度系统的构建》，《教育探索》1999 年第 6 期。

础教育质量评价的基本规范与行为准则，具体包括基础教育质量评价的相关法律法规。

二、“全纳”基础教育质量评价制度的种类

目前，学者们对教育评价制度做了许多有益的探讨，借鉴已有研究成果，我们认为“全纳”基础教育质量评价制度主要可分为以下几种类型。

（一）“全纳”基础教育宏观、中观、微观评价制度

根据教育评价制度调控的范围、内容，“全纳”基础教育质量评价制度可分为宏观、中观、微观评价制度。宏观评价制度是有关社会、国家基础教育整体发展水平的评价制度，主要是指国际组织、国家、中央政府依法制定的有关基础教育法规、法令、方针、政策，比如，2001 年《纲要》、2002 年《意见》、2013 年《意见》等；中观评价制度就是区域基础教育发展状况的评价制度，主要是指地方政府根据国家法律法规颁布的有关基础教育改革与发展的制度；微观评价制度是幼儿园、中小学自己制定的有关教育教学活动的评价制度，具体包括课堂教学、科研、管理等方面的评价制度。

（二）“全纳”学前教育、初等教育和中等教育评价制度

根据不同教育层次，“全纳”基础教育质量评价制度可分为学前教育、初等教育和中等教育质量评价制度。学前教育质量评价制度是有关学前教育教师、课程、幼儿、幼儿园质量评价的行为规范与准则；初等教育质量评价制度是有关小学教师、课程、学生和学校质量评价的行为规范与准则；中等教育质量评价制度则是有关初中、高中教师、课程、学生、学校质量评价的行为规范与准则。

（三）“全纳”基础教育教师、课程、学生和学校评价制度

根据评价的对象，“全纳”基础教育质量评价制度可分为基础教育教师质量评价制度、课程质量评价制度、学生质量评价制度和学校质量评价制度。基础教育教师质量评价制度是指有关幼儿（园）、小学、中学和特校教

师质量评价的行为规范与准则；基础教育课程质量评价制度是有关幼儿园、小学、中学和特校课程评价的行为规范与准则；基础教育学生质量评价制度是有关幼儿、小学生、中学生和特殊儿童质量评价的行为规范与准则；基础教育学校质量评价制度则是有关幼儿园、小学、中学和特校质量评价的行为规范与准则。

（四）义务与非义务基础教育评价制度

根据教育发展的必要性或要求，“全纳”基础教育质量评价制度可分为义务基础教育质量评价制度与非义务基础教育质量评价制度。前者是指国家规定必须接受的基础教育阶段的质量评价制度，目前，我国实行九年义务教育，义务教育质量评价制度主要涉及小学与初中阶段的普通或特殊教育；非义务教育质量评价制度是指除国家规定要求必须接受基础教育阶段以外的基础教育质量评价制度，目前，我国主要指普通或特殊婴儿保育、幼儿教育与高中教育。

（五）普通与特殊基础教育评价制度

根据教育的性质，“全纳”基础教育质量评价制度可分为普通与特殊基础教育评价制度。前者是服务于正常儿童的基础教育质量评价制度；后者则指服务于特殊需要儿童的基础教育评价制度。目前，我国基础教育评价制度日趋成熟，但是学前、初等、中等教育各个层次的配套质量评价制度仍需要健全。

三、“全纳”基础教育质量评价制度的功能

“全纳”基础教育质量评价制度既然是有关基础教育质量评价的法律法规，是顺利、有效开展基础教育质量评价活动的制度保障和法律支撑，对基础教育的改革与发展、基础教育质量的提高具有重要的意义。

（一）优化教育理念

基础教育理念是基础教育行为的先导，评价制度的完善必然会带来对基础教育理念的更新与转变。教育评价制度作为教育管理的一种有效手段，自

20世纪80年代初引入我国之后，迅速在基础教育领域普遍实施，形成了上级政府评下级政府、政府评学校、学校评教师、教师评学生的定期与临时、全面评价与单项评价相结合的多层次、多元化评价体系，促进了基础教育优先发展地位的落实[1]。特别是随着基础教育评价制度的完善和“全纳”教育的全面推行，各级领导纷纷把基础教育发展纳入当地社会经济发展规划之中，进行统筹安排；领导干部主动想教育发展大事，谋教育发展良策，亲自到学校调查研究，接触师生，为学校解决实际问题已经蔚然成风，基础教育优先发展战略的地位落实进入了新阶段。

（二）规范基础教育行为

作为基础教育活动的行为规范，“全纳”基础教育质量评价制度直接体现教育价值观、质量观、人才观，对人的行为具有重要的导向作用；它会像一只“看不见的手”，牵引师生自觉或不自觉地转到素质教育的轨道上来[2]。目前，我国要使基础教育评价制度产生积极的导向作用，就必须改革传统的“只重筛选、检查的功能”、“只重量化、数字的反映”和“只重形式、结果的显示”评价制度[3]。实践证明，各级各类基础教育学校的领导和教师对办学规律有了更深入的认识，办学要求更加明确，办学行为更加规范；各级各类基础教育学校依据各自培养目标的要求，制定了有关学生入学、课程设置、课堂教学、学业成绩考核等各个环节和领导、教师、学生等各个层次的评价制度，依法治校，严格管理，教育质量稳步提高。

（三）促进基础教育公平

质量评价制度既然是有关基础教育评价的法律法规，那么应是一切基础教育活动的行为规范与准则，应对所有基础教育质量评价主体的行为具有约束力。众所周知，1994年《萨拉曼卡宣言》正式提出“全纳”教育理念，强调每个人都有受教育的基本权利，提出每个人都有其独特的个性、兴趣、

---

① 曾昭袭：《基础教育评价体系及制度创新研究》，《江西教育科研》2005年第12期。

② 曹建平：《素质教育评价制度的特点及构建原则》，《湖南师范大学教育科学学报》2002年第2期。

③ 朱小石：《课程改革应以现代教育评价制度为导向》，《中国教育学刊》2004年第3期。

能力和学习需要，学校要接纳全体儿童；2015 年《仁川宣言》提出未来 15 年将进一步推进“全纳”教育的开展，为每个受教育者提供高质、公平和终身学习机会①；《反思教育：向“全球共同利益”的理念转变?》提出教育应该尊重生命、人的尊严、平等权利、社会正义、文化多元、国际协作和责任共担②。据此，“全纳”教育日益深入人心，世界各国纷纷将“全纳”教育理念融入基础教育质量评价之中，我国素质教育评价制度的实施与顺利推进，正是吸纳了“全纳”教育思想，顺应了时代潮流，切实提高了基础教育评价的公平性和促进个体享受公平、高质的基础教育。

（四）提高基础教育成效

没有科学的基础教育质量评价制度，就没有正确、合理的基础教育行为和理想的基础教育结果；不全面推行素质教育评价制度，“应试教育”就会再次盛行，再次主导基础教育教学行为与评价活动，恶化基础教育质量。正是因“全纳”基础教育质量评价制度有助于更新基础教育理念，规范基础教育行为，促进基础教育公平，因而能有效地促进基础教育改革与发展，切实提高基础教育质量。

总之，“全纳”基础教育质量评价制度是有关基础教育评价的法律法规和行为准则，它是基础教育质量评价活动的制度保障，能优化基础教育理念、规范基础教育行为、提高基础教育质量。

第二节　基础教育质量评价制度的历史沿革

目前，国内外学者对教育评价发展历史做了许多有益的探讨。比如，有研究者认为，教育评价的发展大体分为萌动时期（20 世纪初至 20 世纪 20 年

① UNESCO, *Education 2030 Incheon Declaration and Framework for Action Towards Inclusive and Equitable Quality Education and Lifelong Learning for all* (*Final Draft for Adoption*). Retrieved from http://www.unesco.org/new/fileadmin/MULTIMEDIA/HQ/ED/ED_new/pdf/FFA-ENG-27Oct15.pdf.

② UNESCO, *Rethinking Education: Towards a Global Common Good?*, Paris: UNESCO Publishing, 2015, p. 10.

代）、探索时期（20世纪30—40年代）、发展时期（20世纪50—60年代）和兴盛时期（20世纪70—80年代）四个时期①；变革时期（1792—1900）、效率与测验时期（1900—1930）、泰勒时期（1930—1945）、萌芽时期（1946—1957）、发展时期（1958—1972）、专业化时期（1973—1983）、扩展与整合时期（1983—2001）七个时期②；现代教育评价发展经历"测量时代"（Measurement Generation）、"描述时代"（Description Generation）、"判断时代"（Judgment Generation）和"建构时代"（Construction Generation）四个阶段③；我国教育质量评价制度经历了古代的传统考试、近代的科学测试和当代的科学评价三个不同的发展阶段④；等等。借鉴已有的研究成果，我们认为基础教育评价制度大致经历传统考试阶段（19世纪中叶前）、测量时期（19世纪中期至20世纪30年代）、描述判断时期（20世纪30—70年代）和建构时期（20世纪80年代至今）四个阶段。

一、传统考试阶段（19世纪中期前）

此阶段主要以考试方式进行教育评价，从教育评价的方法论来看，古代主要采用口试法和面试法，而现代所用的笔试法则是伴随着学校教育的普及而出现的一种新的方法。

我国基础教育质量评价制度由来已久，最早可追溯到两千多年前业已存在的考核制度。我国古代《礼记·学记》中指出："比年入学，中年考校。一年视离经辨志，三年视敬业乐群，五年视博习亲师，七年视论学取友，谓之小成；九年知类通达，强立而不反，谓之大成。"自隋炀帝于606年设进士科开始，延续了1300余年的封建科举制度，就是一个关于学生学历检测、评价的制度⑤。这个制度在其初期，对封建王朝选贤任能起过重要作用，但

---

① 刘校梅：《教育评价的演进》，《东岳论丛》2002年第3期。

② G. F. Madaus, etc., *Evaluation Models: Viewpoints on Educational and Human Services Evaluation*, Boston: Kluwer Academic Publishers, 2000, p. 3.

③ E. G. Guba, etc., *Fourth Generation Evaluation*, Newbury Park, Calif: Sage Publications, 1989, pp. 21 – 78.

④ 杨志社：《教育评价的历史和方向》，《学术界》1999年第6期。

⑤ 杨志社：《教育评价的历史和方向》，《学术界》1999年第6期。

是，评价方式比较单一，最初主要是口试与面试，后来出现了笔试，对欧洲教育产生过很大影响。由此可见，我国早期学校对评价活动内容、标准及时间已有明确的规定。

相比之下，西方笔试制度则晚于中国。1720 年英国剑桥大学用笔试代替口试，1840 年美国在波士顿市教育当局开始在中小学阶段推行笔试。通过考试的实践使人们看到，笔试的客观性确实高于口试，因而使教育评价向客观化迈进了一大步。这是评价理论和评价实践活动相结合所取得的成果。但是，与口试相比，笔试客观性的提高是相对而言的。从教育实践来看，学校历来的评价方法都带有一定的主观性，笔试也不例外。为了解决这个问题，就需要研究评定成绩的具体标准，力求提高评价的客观性，降低其主观性。

二、测量时期（19 世纪中期至 20 世纪 30 年代）

测量时期（Measurement Generation）的评价侧重于“测验和测量”，以追求评价结果的数量化、客观化为主要目的，盛行于 19 世纪末至 20 世纪 30 年代，主要标志是测量理论的形成和测量技术手段的大量应用。

20 世纪初，美国心理学家桑代克（E. L. Thorndike）在 1904 年出版了《心理与社会测量学导论》一书，介绍了统计方法及编制测验的基本原理，提出“凡存在的东西都有数量，凡有数量的东西都可以测量”；1908—1917 年，桑代克及其弟子先后完成了算术标准学力测验、写字尺度标准化（书法量表）、兴趣测验、职业测验、办事员的能力测验等；1911 年，比纳和西蒙进行了第一个心理测验，测验理论和测量的技术有了很大的发展，逐步形成了经典测验理论（Classical Test Theory，CTT）、概化理论（Genalizability Theory，GT）和项目反应理论（Item Response Theory，IRT）三大主流理论体系①。此外，其他学者也编制了许多测验，如语文量表、作文量表、算术标准测验、职业兴趣测验等。据此，在大约 20 年的时间内先后发表了 1300

① 黄小平等：《认知诊断评价理论视角下的教育测量理论述评——兼论认知诊断对基础教育评价的展望》，《中国考试》2012 年第 12 期。

种左右测验量表，并应用于学校教育调查和大规模的教育测验，从而促进了教育测量与评价的发展。人们就把这些测量工具的研究工作称为“教育测量运动”。

我国现代基础教育评价制度的形成是在教育测量学的基础上发展起来的，通过西学东渐，实现从传统考试制度向测量时代的转变。辛亥革命后，教育测量学随着西方的科学技术被引入我国。1918 年，俞子夷根据桑代克《书法量表》的编制程序，编制了《小学国文毛笔书法量表》，开创了我国教育测量编制的先河；1919 年，廖世承和陈鹤琴在南京高等师范学校讲授测验，为我国高校设置测验课程之始；1922 年，美国测验学专家麦柯尔（W. A. Mccall）应中华教育改进社之邀来华讲学，并主持编制各种应用测验；1931 年，中国教育测验学会在南京成立；1932 年，《测验》杂志创刊；1935 年，中央大学教育学院编制了《小学国语默读测验》《小学算术测验》《小学中年级常识测验》等。同时，我国先后颁布了《钦定学堂章程》《奏定学堂章程》《学校系统令》《学校系统改革方案》等法规，形成了我国现代基础教育评价制度的雏形。

三、描述判断时期（20 世纪 30—70 年代）

测量强调“用数据说话”，似乎十分客观，然而数据本身不会说话，实质是人在借数据说话，人的价值标准隐于其后，决定着收集哪些数据、如何分析这些数据。如上所述，20 世纪 30 年代，学界充分意识到“用数据说话”的局限性，从而开始了基础教育评价制度的新探索。根据库巴和林肯提出的教育评价理论“四代论”，20 世纪 40—70 年代，基础教育评价制度进入描述与判断时期①。

描述时代（Description Generation）的评价侧重于对“测验结果”做“描述”，以判断实际的教育活动是否达到预期的教育目标及达到的程度如何，其盛行于 20 世纪 30—50 年代，主要标志是泰勒评价模式的产生及应用。众所周

---

① E. G. Guba, etc. , *Fourth Generation Evaluation*, Newbury Park, Calif: Sage Publi Cations, 1989, pp. 186 – 187.

知，美国“八年研究”由泰勒主持，1940 年提出了教育评价的较为完整的指导思想和方法，1942 年提出了“史密斯—泰勒”报告，正式提出了教育评价的概念，使之与测量运动区别开来。泰勒提出了以目标为中心的评价思想，其主旨就是通过具体的行为变化来判断教育目标实现的程度，还提出了规范的评价过程、步骤，就是著名的泰勒模式（行为目标模式）。在这个时期，评价不仅仅是一两个测验，而成为一个过程，评价者亦不再是“测量技术员”，更重要的是一个“描述者”，来描述教育目标与教育结果的一致程度，故称“描述时代”。

判断时代（Judgment Generation）评价发端于 1957 年苏联人造卫星上天后美国发动的教育改革，盛行于 20 世纪 50 年代至 70 年代末，“判断”是这个时期评价理论的特色。20 世纪 50 年代后期，人们开始对泰勒模式产生质疑，进行重新的认识和批判，各种新的评价思想和模式纷纷出现，比如，斯塔弗尔比姆的 CIPP 模式、斯克里芬的目标游离模式、普罗沃的落差模式、潜在特质理论（Latent Trait Theory）等①。这个时期，评价者的责任不仅要运用一定测量手段去收集各种参数，而且还要帮助制定一定的判断标准与目标。强调判断，即在事实判断的基础上作出价值判断的过程，并主张客观性与教育性（发展性）相结合。然而实践中出现了两个问题，一是所谓的事实判断并不可能“客观”，二是所谓价值判断其实只是评价者用权威的“价值标准”与被评者居高临下地说话。

由于受苏联教育理论的影响，新中国成立前 30 年（1949—1978 年），教育测量学遭到否定，我国尽管先后颁布了《关于改革学制的决定》（1951）等相关法律法规，但是，在此阶段的基础教育评价制度发展比较缓慢；直到 1977 年恢复高考制度以后，基础教育评价制度才走向规范化发展道路。

四、建构时期（20 世纪 80 年代至今）

建构时代（Construction Generation）评价理论兴起于 20 世纪 80 年代的美国，以“回应”和“协商”为重要标志，提出了“共同建构”“全面参

① 黄小平等：《认知诊断评价理论视角下的教育测量理论述评——兼论认知诊断对基础教育评价的展望》，《中国考试》2012 年第 12 期。

与”“价值多元化”“评价中的伦理道德问题”，以及“应答性资料收集法”和“建构主义评价法”等的评价思想和方法。

20 世纪 80 年代以后，随着经济的增长，社会教育理念和观点的发展变化，教育改革的深入发展，教育评价理论与实践的结合，人文主义思想的影响，教育评价进入专业化的时期，强调评价是“心理建构”过程，这个时期的教育评价提出了“共同构建”“全面参与”“多元价值”的评价思想。以古巴和林肯为代表的第四代评价，批判了以往各代评价对价值多元性的忽视、评价者高高在上的姿态以及“过分依赖科学范式”等弊端，主张评价在本质上是一种通过“协商”而形成的“心理建构”，评价过程即是一个协商对话、多方参与的过程，而非一方控制一方。评价的基本方法是质性研究方法。也就是说，新的评价观要求把评价理解为评价者与被评价者之间平等而真诚的“对话”。目前，国际上存在国际学生评价项目（PISA，2000）、国际阅读素养进展研究（Progress in International Reading Literacy Study，PIRLS，2001）、第三次国际数学和科学研究项目（TIMSS）三种学生评价项目，美国实行基于教师行为表现的发展性评价制度（Performance – Based Developmental Evaluation，PBDE），英国实行效绩与薪金联系（Performance Related Pay，PRP）的教师评价制度，等等。

我国 1977 年恢复了高考制度，各省市的招生办特别是上海、广东两地率先研究高考改革，为以后的学生质量综合评价开了先河。1983 年，时任“国际教育成就评价协会”主席胡森（T. Husen）教授应教育部邀请来华讲学，紧接着华东师范大学刘佛年教授邀请美国教育评价专家布卢姆（B. S. Bloom）来华讲学，为普及教育评价知识奠定了基础。1985 年中共中央发布了《关于教育体制改革的决定》，提出了建立我国教育评价制度。1986 年，国家教委成立了教育督导司，之后，地方县以上各级人民政府或教育行政部门相继建立了教育督导室。1993 年，中共中央、国务院发布了《中国教育改革和发展纲要》提出“建立各级各类教育的质量标准和评估指标体系，各地教育部门要把检查评估学校教育质量作为一项经常性的任务”。2001 年《纲要》颁布以后，我国开展了教育评价大规模的试点与改革，先后颁布了一系列评价制度，明确了基础教育学校、教师、课程与学生质量评价标准，标志着具有中国特色的基础教育评价制度基本形成。

总之，经过古今中外学者的不断探索和各国政府锐意改革与创新，基础教育质量评价制度已日趋成熟，为当代“全纳”基础教育质量评价和基础教育改革与发展奠定了坚实的理论基础与制度保障。

第三节　我国“全纳”基础教育质量评价制度构想

改革开放40多年来，我国先后颁布了一系列有关幼儿园、中小学和特殊教育质量评价的法律法规，形成了比较完善的基础教育质量评价制度，但仍需要进一步完善。

一、我国当前基础教育质量评价制度问题反思

目前，我国学者对当前基础教育质量评价制度存在的问题做了许多有益的反思，比如，认为我国当前基础教育评价制度存在“价值的背离”“责任的错位”“个性的缺失”“动机的扭曲”①；县域义务教育评价制度存在教育评价目的功利化、教育评价主体僵化、教育评价内容简单化、教育评价过程形式化等问题②；普通高中评价政策存在“管办评”合一、评价主体单一、评价标准不明确、评价指标不具体、原则性规定较多、操作性不强等问题③；等等。基于已有研究成果与现实，我国当前基础教育质量评价制度仍存在体系不完整、目标定位欠准确、评价主体责权错位、评价指标体系欠合理、评价制度适用低效等问题。

（一）评价制度不完整

这主要表现为我国基础教育质量评价制度尽管已涉及基础教育学校、教师、课程及学生标准，但是，没有区分城乡、东西部等地区差异，仍较少涉

① 曾昭轰：《基础教育评价体系及制度创新研究》，《江西教育科研》2005年第12期。

② 李德龙：《我国县域义务教育评价制度的问题及构想》，《教学与管理》2008年第24期。

③ 李文静等：《改革开放以来我国普通高中学校评价政策的回顾与分析》，《现代教育管理》2016年第3期。

及幼儿园、小学、初中、高中质量评价标准。有研究表明，我国当前基础教育评价制度个性缺失，以统一的指标、统一的标准去评价具有不同历史、不同基础、不同条件的对象①；自2000年以来，专门关于普通高中学校评价的政策较为少见，大部分普通高中学校评价政策散见于不同的中小学学校评价政策文本中②；农村学校制度亟须完善，校长负责制权力边界模糊，缺失严格的任用标准以及对校长权力的有效制约，教师资格认定条件偏低，教师聘任制度、城乡教师交流制度仍不完善，校长和教师继续教育制度常常流于形式③；没有建立独立的特殊基础教育评价制度，现行的相关法律法规仍缺乏系统性、可操作性与创新性④；等等。

（二）评价目标定位欠准确

这主要表现为我国基础教育质量评价制度目标定位缺位，过于注重“入学率”“考试分数”“知识”等显性指标，忽视人的价值与“整个人”的发展。比如，我国当前基础教育质量评价制度仍重智育、轻德育，以升学率为考核评价学校办学水平高低的唯一标准，指向选拔、鉴别，评价结果与奖惩结合⑤；注重“应试”，强调甄别与选拔，忽略能力的提高与发展自己的优势、特长，不利于学生的全面发展、个体的社会化⑥；评价标准过于偏重学科知识，评价手段过于倚重考试，不能全面反映学生的发展水平和进步程度⑦；等等。

（三）评价主体责权错位

这主要表现为我国基础教育质量评价制度仍存在“官本位”现象，评

---

① 曾昭萲：《基础教育评价体系及制度创新研究》，《江西教育科研》2005年第12期。

② 李文静等：《改革开放以来我国普通高中学校评价政策的回顾与分析》，《现代教育管理》2016年第3期。

③ 蒋亦华：《农村学校发展的政府行为评价与建构》，《中国教育学刊》2015年第3期。

④ S. W. Li, “Special Education Assurance System in Mainland China: Status, Problems and Strategies”, *Journal of Special Education Research*, 2017 (1).

⑤ 曾昭萲：《基础教育评价体系及制度创新研究》，《江西教育科研》2005年第12期。

⑥ 李春艳：《基础教育考试评价制度改革的社会学分析》，《现代教育科学（普教研究）》2011年第4期。

⑦ 谈松华：《我国教育评价及高考招生制度的改革和发展》，《基础教育课程》2012年第9期。

价主体责权不明，忽视被评价者的主体地位。比如，我国当前基础教育质量评价制度中“责任错位”，学校承担着主要的责任，政府却承担着次要的责任[①]；2014 年《普高学生评价意见》尽管提出把“综合素质评价工作”作为评估地方各级教育行政部门和学校工作的重要内容，建立公示制度、畅通举报渠道、建立检查制度、对档案材料真实性进行抽查，但是，对“由谁来负责”“承担主体是谁”等没有具体规定，尚未建立多元主体参与评价制度，存在“管办评”合一，制约了学校自主化和多样化发展[②]；等等。

（四）评价指标体系欠合理

这主要表现为我国基础教育教师、课程、学生和学校质量评价指标体系仍不完善。比如，基础教育教师专业标准从拟定到出台历经数年，存在一定的滞后性[③]；现行的国家课程标准只能给评价实践提供可以遵循的宏观建议，并没有形成配套的、相对成熟的评价标准体系[④]；基础教育学生质量评价标准表意模糊、笼统，内容片面，不能真实再现学生的综合素养与个性品质；普通高中评价政策、评价标准不明确，评价指标不具体，原则性规定较多，操作性不强[⑤]；等等。

（五）评价制度适用低效

这主要表现为我国基础教育质量评价制度缺乏针对性、可操作性与实效性。一方面，我国基础教育质量评价制度仍存在体系不完整、结构单一、内容欠合理、针对性不强、难以操作等弊端。比如，我国教育依旧过度依赖传统的评价模式，致使评价制度中的合理区分、发展指导等功能缺失，应试教

---

① 曾昭轰：《基础教育评价体系及制度创新研究》，《江西教育科研》2005 年第 12 期。

② 李文静等：《改革开放以来我国普通高中学校评价政策的回顾与分析》，《现代教育管理》2016 年第 3 期。

③ 郅庭瑾等：《我国中小学教师专业标准解读》，《现代教学》2016 年第 13 期。

④ 彭钢：《从教学大纲走向课程标准——课程标准所体现的课程理念与实施要求的解读》，《当代教育科学》2003 年第 21 期。

⑤ 李文静等：《改革开放以来我国普通高中学校评价政策的回顾与分析》，《现代教育管理》2016 年第 3 期。

育弊端凸显、素质教育推进缓慢，严重影响基础教育的公平发展[①]。另一方面，我国基础教育质量评价制度在适用中存在缺乏应有的督导，导致难以达成预期的目标。比如，农村教师聘任制度、城乡教师交流制度、校长和教师继续教育制度尚处于摸索尝试阶段，评价体系不科学、监督程序不规范，必然导致聘任行为流于形式[②]；中小学学生课业负担过重，考试次数繁多，导致学生厌学、体质下降、动手实践能力差，致使学生德育缺失[③]；等等。

二、我国“全纳”基础教育质量评价制度的建构策略

针对基础教育质量评价制度的现实问题，有研究者认为，我国应建设有中国特色的教育评估理论体系，增强教育评价制度的约束力和影响力，建立有中国特色的教育评价组织机构，形成多元化的评价标准和方法体系，建立健全多元评价制度[④]；普通高中评价政策应转变政府职能，实现普通高中管、办、评三权分离，以发展性评价为导向，构建我国普通高中学校评价体系和制度[⑤]；等等。据此，我们认为，我国未来需不断完善基础教育教师、课程、学生、学校评价制度，建立体系完整、定位合理、主体多元、指标科学、富有实效的“全纳”基础教育质量评价制度。

（一）进一步充实与完善基础教育质量评价制度，增强评价制度的完整性

针对评价制度的不完整，我国需要进一步加强基础教育质量评价制度建设，形成多区域、多层次、多领域的“全纳”基础教育质量评价制度。一方面，我国应加强普通与特殊基础教育质量评价制度的理论研究，充分借鉴已有成果和发达国家先进经验，建设有中国特色的基础教育质量评价理论体

---

① 刘丕君：《教育评价制度对基础教育公平的影响与对策》，《中学政治教学参考》2015 年第 5 期。

② 蒋亦华：《农村学校发展的政府行为评价与建构》，《中国教育学刊》2015 年第 3 期。

③ 雷金：《基础教育评价制度改革之我见》，《内蒙古教育（综合版）》2014 年第 5 期。

④ 陈如：《略论我国教育评价制度系统的构建》，《教育探索》1999 年第 6 期。

⑤ 李文静等：《改革开放以来我国普通高中学校评价政策的回顾与分析》，《现代教育管理》2016 年第 3 期。

系。另一方面，我国应查漏补缺，补充完善相关法律法规，特别应加强农村、少数民族、特殊基础教育质量评价制度，从而形成体系完整的“全纳”基础教育质量评价制度。比如，进一步优化农村校长负责制、教师资格认定制度、教师聘任制度、城乡教师交流制度、校长和教师继续教育制度，建立更加完善的农村基础教育评价制度①；进一步完善特殊基础教育教师、课程、学生和学校评价制度建设，特殊教育政策应从单一化、碎片化转型到整合化、体系化②；根据普通高中学校自身的特点，制定专门的、具体的普通高中学校评价政策以及完善政策措施配套③；等等。

（二）优化基础教育质量评价制度的目标指向，增强目标定位的准确性

“全纳”基础教育质量评价的目的是促进基础教育教师、课程、学生和学校的完善与发展，提升基础教育的“全纳”品质。有研究者认为，我国基础教育质量评价制度应强调以学生为本，强化多元的评价理念④；建立以促进学生发展为根本的评价体系和制度，将素质教育、“以学生发展为本”的教育理念贯穿到普通高中学校评价体制、评价目标、评价主体、评价标准、评价方法和评价手段当中⑤；建立适合农村义务教育“以县为主”的区域性评价制度，推进农村义务教育评价走向科学化和制度化，促进农村基础教育得以均衡发展，顺利实现“全面普及九年义务教育”“全面提高义务教育质量”⑥；等等。因此，我国“全纳”基础教育质量评价制度应进一步优化目标定位，凸显人的价值与促进“整个人”的发展。

---

① 蒋亦华：《农村学校发展的政府行为评价与建构》，《中国教育学刊》2015 年第 3 期。

② 彭华民等：《中国残疾人特殊教育制度转型——福利政策体系化与福利提供优质化》，《南开学报（哲学社会科学版）》2015 年第 4 期。.

③ 李文静等：《改革开放以来我国普通高中学校评价政策的回顾与分析》，《现代教育管理》2016 年第 3 期。

④ 冯莉莉：《美国高中考试评价制度对我国基础教育发展的启示》，《基础教育论坛》2013 年第 Z1 期。

⑤ 李文静等：《改革开放以来我国普通高中学校评价政策的回顾与分析》，《现代教育管理》2016 年第 3 期。

⑥ 白红梅等：《建立农村义务教育“以县为主”的区域性评价制度的原则》，《东北师大学报（哲学社会科学版）》2004 年第 1 期。

（三）建立多主体的基础教育评价制度，明晰评价主体的责权

基础教育评价主体不仅包括管理者、教育者，而且包括受管理者、受教育者。我国应建立管理者、教育者、受教育者、家长等多主体参与的“全纳”基础教育质量评价制度。目前，我国基础教育质量制度过分强调管理者、教育者在评价中的作用，忽视受教育者、家长在评价中的主体地位；过分强调外部评价，忽视基础教育教师、学生和学校的自评。因此，我国“全纳”基础教育质量评价制度应扭转以地方政府教育行政部门评价为主的单一评价模式，以发展性评价为依据，强调评价对象和评价主体之间的互动，逐步建立普通高中学校作为自评的主体，政府、学生、家长和社会参与的评价制度，发挥专家的力量，建立第三方评价体系，从而保证学校自主性和多样化活动得以健康开展①；构建全方位多层次的教育评价制度，由单一的政府行为转变为国家评价制度、社会评价制度、学校评价制度并存，不断协调多元的评价主体价值观，规范、引导全面推进素质教育②。

（四）完善基础教育质量评价指标体系，增强评价制度的合理性

评价指标体系是基础教育质量制度的核心要件，我国应进一步完善基础教育教师、课程、学生和学校质量评价指标体系，提高基础教育质量评价制度的针对性、可操作性。比如，我国应该实现评价指标的多元化及评价方式的多样化，除了传统的纸笔考试外，还要综合运用观察、交流、测验、实际操作、作品展示、自评与互评等各种方式，为学生建立综合动态的成长记录，全面反映学生的成长历程，并通过对同一所学校学生群体的分析与评估，来检验和比较学校的工作成果，督促学校认真执行课程方案和课程标准，规范教育教学行为，真正确立素质教育观念，努力实现为每一个学生的终身发展打下宽厚基础的教育目标③；应抓评价科学化建设，形成多元化的

---

① 李文静等：《改革开放以来我国普通高中学校评价政策的回顾与分析》，《现代教育管理》2016 年第 3 期。

② 张祥明：《教育评价制度的意义、类型和特征》，《福建教育学院学报》2001 年第 1 期。

③ 林其天：《论我国基础教育建立自身质量评价制度的紧迫性》，《福建师范大学学报（哲学社会科学版）》2010 年第 1 期。

评价标准和方法体系①；创新评价体制，形成科研、教学与实践于一体和家庭、学校与社会间相配合的人才培养与选拔体制②；打破“千人一面”的学生评价格局，以学生发展和多样化培养为导向，逐步明确综合性评价的指标设计，制定普通高中学校具体评价标准③；等等。

（五）抓好基础教育质量评价制度的督导与落实，提高评价制度适用实效

我国基础教育质量评价制度不仅要加强“文本建设”，提高制度本身的合理性、可操作性，而且还要加强制度实施过程的指导与监督，增强制度适用的实效性。比如，我国应加强校内外的基础教育质量评价监督机制④；在评价质量管理方面，应建立健全多元评价制度，努力提高评价质量，运用法律手段，增强教育评价制度的约束力和影响力⑤；公开普通高中学校评价信息，鼓励来自家长、社会的监督和评价⑥；形成主体多元化的县域义务教育评价体系，调控义务教育评价过程，建立县域义务教育评价法规⑦；改革教学成绩评价制度，把考试成绩与课程标准比对，实行科学的等级评价；科学设置考题，对照课程标准和学校实际情况，确定等级⑧；等等。

总之，我国应正视现实问题，积极吸收国内外先进经验，不断增强基础教育质量评价制度的完整性、合理性、可操作性与实效性，建立具有中国特色的“全纳”基础教育质量评价体制。

---

① 陈如：《略论我国教育评价制度系统的构建》，《教育探索》1999 年第 6 期。

② 李文静等：《改革开放以来我国普通高中学校评价政策的回顾与分析》，《现代教育管理》2016 年第 3 期。

③ 李文静等：《改革开放以来我国普通高中学校评价政策的回顾与分析》，《现代教育管理》2016 年第 3 期。

④ 冯莉莉：《美国高中考试评价制度对我国基础教育发展的启示》，《基础教育论坛》2013 年第 Z1 期。

⑤ 陈如：《略论我国教育评价制度系统的构建》，《教育探索》1999 年第 6 期。

⑥ 李文静等：《改革开放以来我国普通高中学校评价政策的回顾与分析》，《现代教育管理》2016 年第 3 期。

⑦ 李德龙：《我国县域义务教育评价制度的问题及构想》，《教学与管理》2008 年第 24 期。

⑧ 雷金：《基础教育评价制度改革之我见》，《内蒙古教育（综合版）》2014 年第 5 期。

第六章　“全纳”基础教育质量评价的实施

评价实施是指“全纳”基础教育质量评价活动开展的过程与具体环节，是基础教育质量评价的最终环节。如果评价标准与制度设计是基础教育质量评价的前提、基础，那么，评价的有效实施才是基础教育质量评价的归属。本章试图从评价基本环节、基本方法和基本模式的选择来剖析“全纳”基础教育质量评价活动实施的特点。

第一节　“全纳”基础教育质量评价的基本环节

2014年《普高学生评价意见》指出，普通高中学生综合素质的评价程序包括写实记录、整理遴选、公示审核、形成档案和材料使用五个环节。有研究者认为，学习评价的设计包括确定教学的目标、通过学生预期的行为来具体阐释每一条目标、明确能让学生表现出目标行为的情境、设计情境的呈现方式、设计在评价情境中观察和记录学生行为的方式方法、确定对学生行为作出评分的标准和计分方法、设计具体的测试材料七个步骤①；教育评价分为准备、实施和结果分析三个阶段②；等等。据此，我们认为“全纳”基础教育质量评价包括准备、实施、总结三个基本环节。

① 易进：《建构促进教与学的课堂学习评价》，《教育学报》2013年第5期。

② 陈玉琨：《教育评价学》，人民教育出版社1999年版，第28页。

一、“全纳”基础教育质量评价的准备阶段

评价的准备阶段对于科学地进行评价活动来说是必不可少的。准备的质量在很大程度上决定了基础教育质量评价的质量。“全纳”基础教育质量评价准备阶段主要包括背景分析、组织准备、方案设计三个方面的工作。

（一）背景分析

背景分析的主要任务是确定基础教育质量评价活动要解决的主要问题。明确评价需要解决的问题是加强基础教育质量评价活动的针对性，使基础教育质量评价能取得实效。“全纳”基础教育质量评价的背景分析包括社会背景、重要问题、评价委托人的需要以及评价主体预期心理分析等①。

第一，社会背景分析。重点在于确定在特定阶段政治、经济与文化科学的发展对基础教育提出了哪些重大的要求。对于某一特定的基础教育学校来说，社会背景分析还包括社区环境分析、学生家长基本要求分析等方面。社会背景分析对于发挥基础教育质量评价在联系学校与社会的桥梁作用和对基础教育的正确导向作用等方面具有重要意义。

第二，重要问题分析。就是对基础教育在其发展的特定阶段会产生的一些重要问题的分析，这些重要问题包括一些同类基础教育学校带有倾向性的共同问题，或某个基础教育学校在其发展的过程中产生的自己特有的问题，正是这些问题的存在才使基础教育质量评价能够发挥作用。

第三，分析评价委托人的情况。从实践来看，并不是所有的评价委托人对评价所要解决的问题都十分明确。通常情况下，委托人往往是出于对现状的不满意而提出开展基础教育质量评价的要求，而对需要解决什么问题、达到什么目的并不十分清楚。在这种情况下，一开始就明确基础教育评价委托人的需要很重要。

第四，调控基础教育质量评价活动中评价主体的心理效应。实践证明，基础教育质量评价活动中评价主体的心理活动会产生正、负效应两种截然不

① 陈玉琨：《教育评价学》，人民教育出版社1999年版，第30—31页。

同的心理效果。心理调控的目的就是强化积极的心理效应，抑制和转化消极的心理效应并使之成为积极的心理效应，以促进评价活动的顺利开展。常见的心理效应分为评价者的心理现象（如自尊心理、先入为主心理、附和权威心理、从众心理、晕轮心理、类群心理和顺序效应等）、评价对象的心理现象（如自傲心理、焦虑心理、防卫心理、厌倦心理、应付心理等）。正确分析评价主体的心理效应有利于基础教育质量评价活动的顺利开展。

（二）组织准备

评价组织准备主要涉及评价机构、评价人员（聘请专家）、舆论宣传、评价理论和方法技术培训、有关物质准备等工作。它具体指成立专门的评价机构，组织评价人员，建立基础教育质量评价的规章制度和对评价人员的考核奖惩条例，并对评价人员进行评价理论和方法技术培训以及做好被评价人员的思想动员工作，同时要做好必要的物质准备，以确保评价工作的顺利开展。

在组织准备过程中，应了解被聘专家“是否具有与基础教育质量评价范围相称的知识”“办事是否公正”“是否掌握基础教育质量评价的技术”等。当专家对评价理论与技术不很熟悉，组织者还要做好培训工作，使评价人员能掌握一定的基础教育质量评价理论和技术，熟悉基础教育质量评价的内容、方法和基本要求。

（三）方案设计及其实施细则

评价方案准备是指在评价实施前，教育行政部门召集各类专家，制定基础教育质量评价的具体“蓝图”，它主要解决“为什么评”“由谁来评”“评什么”“怎样评”等基本问题。“全纳”基础教育质量评价方案一般包括评价的目的、意义和原则，评价的内容和依据，评价的指标体系和评价标准，评价的实施步骤，评价方法技术，评价结果的应用等内容。

第一，确定评价对象和评价目标。评价对象是基础教育质量评价活动作用的直接承受者，它包括人和物两大类；每类又可分为全面评价和局部评价、主要因素和次要因素的评价等。评价目标就是基础教育质量评价所要达到的目的，它是衡量评价对象价值程度的客观参照系，应根据实际需要确定；评价目标不同，采用的评价类型常常各异。比如，如果是以促进学生个体的全面发展为评价目标，基础教育学生质量评价可采用绝对评价；如果是以选拔高一级学校合格的新生为目的，其评价目标是新生录取标准，可采用相对评价。

第二，设计评价指标。指标作为一种基础教育质量评价的基本准则，它用外在的行为来反映人内在的思想，用具体的项目来反映抽象的内容。评价指标设计是基础教育质量评价的核心工作，基础教育质量评价指标体系设计的一般流程有初拟指标、筛选初拟指标、分配指标权重、构成指标体系、开展试评价、修改完善、形成指标体系等环节。编制评价标准就是确定基础教育价值判断的尺度和准绳，具体包括以下四个方面的内容：

首先，分解各末级指标为若干评价要点。比如，学生的思想道德素质“关心集体”可分解为“能服从集体利益”“积极参加集体活动”“完成集体任务”“维护集体利益和集体荣誉”四项评价要点。

其次，确定评价标准的等级数量和标号。评价标准设多少等级可根据需要而定。一般说来，等级数量越多，分等精确度就越高。评价标准一般确定3—5个等级为宜，一般设偶数等级比设奇数等级好，因为设奇数等级潜伏着评价容易流于“中间化”的危险。比如，“优、良、中、差”“A、B、C、D”“甲、乙、丙、丁”等。

再次，界定评价标准的等级要求。一般说来，对评价要点“非常符合”就属于A等，“比较符合”就属于B等，“基本符合”就属于C等，“不符合”就属于D等。

最后，确定标度。标度是达到标准的程度，它说明什么样的程度属于什么等级。等级标度的方式通常有两种：一是用描述性语言表示。比如，“很好”“较好”“一般”“较差”四个等级表示被评价对象达到标准的程度；用“完全达到”“基本达到”“大部分达到”“小部分或完全未达到”区分基础教育质量评价活动达到的等级程度。二是用量化形式表示，经常用分数阈来划分程度。比如，衡量学生掌握知识技能达到教学目标要求的程度，可用测验的分数阈表示为：“100—90分”为优秀程度，“89—75分”为良好程度，“74—60分”为及格程度，“59—0分”为不及格程度；“A、B、C、D”等级可标度为“4、3、2、1”分；等级标度可用区间表示：“优”标度为“4.5—5分”，“良”标度为“4—4.5分”，“中”标度为“3—4分”，“差”标度为“0—3分”①。

二、“全纳”基础教育质量评价的实施阶段

评价实施就是在现代教育评价理论的指导下，以评价标准为依据，运用现代化方法、技术和手段，通过多种渠道、形式搜集分析、测量、评定评价信息，从而对评价对象的状态和价值进行判断的完整过程。它是“全纳”基础教育质量评价的中心环节、主体工程，是基础教育质量评价工作优劣、成败的关键。

（一）评价实施的一般步骤

“全纳”基础教育质量评价的实施一般包括预评价和再评价两个步骤，它是确保基础教育质量评价活动顺利开展、充分发挥评价作用的核心，主要包括“预评价”和“再评价”两个环节②。

第一，预评价。即“预备性评价”，通常是被评价者的自我评价。自我评价是基础教育质量评价中的必要阶段，是被评价者自我诊断和自我整改的过程，其主要作用是为再评价提供充分信息。

第二，再评价。即“确定性评价”，一般是由专家组实施的评价，有助于提高评价的可靠性和评价结论的客观性、权威性。在基础教育质量评价中，专家组成员应来自社会的各个单位，能够进行横向比较，易于发现被评价单位自身所忽视的问题与经验。

（二）评价实施的主要任务

从预评价开始，评价就进入了实施阶段。“全纳”基础教育质量评价的实施阶段主要包括舆论准备、收集信息、整理信息、测量和评议评分、整合和检验评价结果五方面。

① 朱德全等：《教育统计与测评技术》，西南师范大学出版社1998年版，第358页。
② 陈玉琨：《教育评价学》，人民教育出版社1999年版，第47页。

第一，舆论准备。它是指在基础教育质量评价正式实施前，对被评价者进行广泛深入的宣传动员，调动被评价者的参评积极性，赢得被评价者的理解、支持，甚至是配合。具体而言，可以组织一定范围、一定形式的讨论会和座谈会，让教师和其他人员有机会就评价问题发表意见，这能深化他们对评价的认识，增强被评价者的参与意识和评价工作的透明度。

第二，收集信息。它是基础教育质量评价阶段一项具有基础性意义的工作，也是工作量最大的环节。全面的信息是做出科学的评价结论所必不可少的条件。但是，基础教育是一项十分复杂的系统工程，在有限的人力和物力情况下，要把各方面的信息全都收齐，几乎是不可能的，因而，在尽可能全面收集信息的基础上，应特别注意有重点地收集信息。收集评价信息的常用方法主要有调查法、观察法、文献法、测量法、个案法、轶事记录法、任务推定法、投射法等。

第三，整理信息。它是对已经收集到的评价信息进行汇总整理，具体包括审核评价信息与归类建档两方面。前者具体包括：对评价信息资料的来源、获得信息的方法、信息资料适用的评价指标逐一登记；对量化的原始数据资料按评价标准的要求进行统计或标准化处理，对定性的资料进行逻辑分析和论证；对评价的信息资料进行去粗取精、去伪存真、查漏补缺，以保证信息的完整性。后者则是经过审核之后，把可作为判断评价对象状态和价值的评价信息，按基础教育质量评价指标体系进行归类、分档、立卷。有条件的幼儿园、中小学、特殊教育学校可把不同形式的评价信息录音、录像或输入电脑归类保存，方便今后使用。

第四，测量和评议评分。它是指根据收集到的信息资料，比照评价标准，判断被评价者在每项指标上的达标等级，并根据一定的数学法则或数学模型，计算被评价者各项指标的分值。一方面，对被评价对象每一方面所做的评判是否符合被评价对象的实际进行评判，这对被评价对象今后的工作，乃至长期的发展都有至关重要的影响。因此，要十分注意分项评判的科学性。另一方面，对评价信息达到评价指标的程度进行赋值（分项评判），应根据不同情况和要求采用不同的测量方式。在“全纳”基础教育质量评价中，常用的测量方式主要有数量化测量形式、描述性测量形式、综合性测量形式等。

第五，整合和检验评价结果。整合评价结果是为了更全面地了解评价对象，按照评价要求，采用适当法则，对单项指标的评价结果加以整合。因为经过测量、评定所得到的评价结果是处于评价指标体系最低层次（末级）的单项指标，它反映的是评价对象某个侧面的状况。常用的整合方法可分为累加法、加权求和法及模糊综合评价法等。

检验评价结果则是指为保证评价结果的客观性与准确性，还应在应用评价结果之前，对评价结果的可信度进行分析检验。这项工作一般会在评价方案的设计中有所考虑，在收集评价信息时应有意识地做些准备，以便结果分析。检验评价结果的方法主要有多人判定、一致性检验和重新评价等。

总之，“全纳”基础教育质量评价实施阶段的各项工作是环环相扣的，其中任何一项工作做得不好，都会影响整个评价工作的质量。因此，组织者须统筹兼顾，全盘规划，切实提高“全纳”基础教育质量评价的质量。

三、“全纳”基础教育质量评价的总结阶段

对评价结果的分析与处理是“全纳”基础教育质量评价活动的最后一个阶段，具体包括反馈评价结果、元评价、总结评价工作、撰写评价报告等。

（一）反馈评价结果

它是指把基础教育质量评价的结果返回给被评价对象及其上级领导和有关部门，以引导、激励被评价对象不断改进、完善自己的工作，提高工作质量，为领导者和领导部门决策提供依据。

第一，反馈评价结果的内容。根据获得信息的对象，反馈评价信息一般包括：向有关领导部门报告，为上级的决策提供依据；向被评价对象反馈，使他们能有针对性地改进工作；在一定范围内公布评价的结果，使同行能相互借鉴、相互督促和相互鞭策。根据评价对象的数量，群体评价的反馈结果的内容应包括反馈参评总人数、各单项指标以及整体综合评价结果的平均水平、各种相关量、共同特点和发展趋势、改进方向和措施等；个体评价则要把每个评价对象的评价结果反馈给本人，包括单项指标和各项指标的整体综合评价结果。

第二，反馈评价结果的方式。评价结果一般反馈给被评价者，应该在评价结果检验被确认真实可靠之后进行，应充分考虑到可能会引起的问题。常用的反馈方式有集体反馈和个别反馈、书面反馈和口头反馈等。比如，共同性的问题可用会议形式公开讲，个别性的问题特别是关系到个别人的重大缺点，最好个别交流；向上级领导机关反馈评价结果则以书面形式更为恰当，“评价报告”可作为主要形式，而对个别对象可主要用谈话方式、口头形式反馈评价信息。

（二）元评价

它是指按照一定的标准，运用可行的科学方法，对评价的准备、实施过程和结果进行分析，从而对整个基础教育质量评价作出价值判断。也就是说，它是对“全纳”基础教育质量评价的科学性、有效性和现实性等进行再评价，具体包括对评价目标、方案、实施过程、评价结果的再评价。

为了对“全纳”基础教育质量评价结果的客观性、真实性作出合理的评价，就应当对评价活动的全过程包括确定评价目标、设计评价方案、制定评价指标体系、设计评价标准以及评价实施过程，再一次进行全面的评价。实践表明，为了对评价结果作出元评价，不可能也没有必要对评价的全过程进行再次评价，只需对几项重要的评价活动进行元评价，便可对评价结果的客观性、真实性作出结论。

（三）总结评价工作

元评价无疑是“全纳”基础教育质量评价总结的重要内容。除此之外，还应做好以下总结工作：

第一，总结评价的组织工作。它主要包括：总结评价机构设置，评价人员组织、培训、安排分工以及发挥作用的情况，评价规章制度的制定和执行情况，评价工具和物质条件的准备和使用情况，等等。通过总结，肯定成绩，发现问题、明确努力方向，同时表彰、奖励先进，批评、帮助后进，为今后做好基础教育质量评价工作积累经验。

第二，总结评价的管理工作。它主要包括：总结评价方案是否得到落实，评价计划是否被贯彻执行，管理办法是否完善，评价者的工作积极性是否充分发挥，规章制度是否贯彻执行，时间和物质条件是否得到充分利用，评价工作实施程序是否规范，评价者和被评价对象的关系是否融洽，被评价对象是否积极参与评价，等等。通过总结，吸取经验、接受教训，以改进今后的基础教育质量评价的管理工作。

第三，整理评价资料，建立评价档案。它是评价总结阶段的重要工作之一。“全纳”基础教育质量评价所搜集的信息，不仅是做出评价结果的唯一依据，而且也是基础教育活动的真实写照。因此，将评价资料加以分类存档，具有重要意义。建立评价档案，可参照国家《档案法》的有关规定，从基础教育质量评价的实际出发，进行分类设卷，并制定评价档案的管理、调阅、使用等有关制度和规定。

（四）撰写评价报告

评价报告是“全纳”基础教育质量评价工作全面总结的书面形式，主要有自我评价报告和他人评价报告、综合评价报告和专题（单项）评价报告等类型。评价报告一般包括标引、正文、附件等内容①。

第一，标引。标引的内容主要包括：评价报告的题目，编写评价报告的单位负责人职务、姓名，报告执笔人姓名，以及编写报告的时间，等等。

第二，正文。正文是评价报告的主体，一般要求说明评价的时间安排、评价的机构和人员、评价实施步骤、评价结果、评价的结论以及本次评价的主要收获、经验和教训等内容。

第三，附件。它是附于正文之后，对正文起补充、说明、证实作用或与正文有密切关系的材料，比如，基础教育学校综合评价报告可附“学校工作计划”“学校工作总结”“学校获奖材料”等；教师评价报告可附“教师教学成绩”“教学研究和科学研究的成果”等材料。

总之，“全纳”基础教育质量评价是一个系统工程，它包括准备、实施、总结三个基本环节。明晰评价活动的基本环节及要求既是“全纳”基础教育质量评价的必然要求，也是“全纳”基础教育质量评价有效实施的前提与质量保障。

---

① 国家教育委员会人事司组织编写：《中小学教育评估》，北京师范大学出版社 1997 年版，第 76—77 页。

第二节 “全纳”基础教育质量评价的常用方法

评价方法是“全纳”基础教育质量评价过程中采用的方式、手段，它是基础教育质量评价的核心要素之一，是确保基础教育质量评价标准有效落实的关键因素之一。目前，国内外学者十分重视基础教育质量评价方法的设计与使用，在此略做介绍。

一、“全纳”基础教育质量评价方法的基本类型

关于基础教育评价方法的类型，长期以来争议很多。其中，最具代表性的是对以测量为特征的实证主义量化评价方法与早期经验主义、人本主义的质性评价方法的研讨①。

（一）量化评价方法

它主要是指通过测验和测量的方法来完成的基础教育质量评价。它秉持科学主义的认识论，崇尚客观、精确和量化，侧重于运用科学方法和测量技术对学生的学习行为进行测量统计；它是自上而下的假设判断，试图通过数量的论证来探求普遍规律，其认识论的理论基础是科学实证主义，它关注的是应该评价什么，认为“只有量化的数据才是科学的，才能得出客观可信的结论”②。这种评价方法大多有比较完备的测量工具，比如标准化测试模块、作业文本等。其中，标准化测试是量化评价中最有代表性的测量方法。它往往把教学目标分解为小的测量项目或编制成具体的技能测试，此类的测量工具和方法多有外部操作性强、区分度好的特点，能在对诸如概念、定义、公理等基础知识的测试上做到客观、直观、准确，并使其成为一个时期以来教师实施检测、甄别和教育选拔的常用工具。

---

① 瞿葆奎：《中国教育研究新进展（2004）》，华东师范大学出版社2006年版，第1页。

② 薛继红：《关于对我国基础教育课程评价的探析》，《教育理论与实践》2016年第26期。

然而，量化评价方法往往局限于“知道了什么”和“会了什么”的实证测量。因为与教学目标直接关联，使测试内容局限于学科范围内，导致“为测量而教”“教测量的知识”等现象①。在我国，量化评价范式一直是主导的评价范式，标准化测验、常模参照测验等评价工具非常流行，以至于教师观念中的评价就是考试，就是纸笔测验。这种测验侧重于简单的知识记忆和机械训练，很多复杂的思维活动及其过程则无从考查。因此，合理适用量化评价方法，扬长避短才是基础教育量化评价方法适用的真谛。

（二）质性评价方法

受经验主义、人本主义教育思想的影响，从20世纪50年代起，在对量化评价的质疑声中，尊重人性、满足个体发展需要的质性评价得到发展，并逐渐成为近年来不少国家基础教育课程改革和评价的发展趋势。质性评价方法是自下而上的归纳过程，重在把握事物质的规定性，是从参与者的角度描述价值和特点，发现潜在价值，其自然主义的方法论关注的是什么值得评价，“反对科学实证主义的基本观点，反对把复杂的教育现象简化为数字”②，其主张是力争全面反映现象的真实情况，为改进决策和更好地服务实践提供了真实可靠的资料依据。它并不追求数量化，而是追求对学生进行评价时的深度和全面性，重在对学生的表现进行“质”的鉴定而不是“量”的描述，包括档案袋评价、研讨式评价以及学生自我评价等。

改革开放40多年来，我国经济、文化都发生了巨大的变化，特别是信息时代的到来加速了社会进步的速度。文化由精英独占变成大众共有，教育的主题也由培养“圣贤”变成公民教育、平民教育。基础教育评价的作用也由挑选“精英”学生变成帮助每一个学生自我成长；定量评价方法的“淘汰”作用在减弱，质性评价方法的“发展”作用在增强。同时，质性评价方法常常存在难以形成一致的标准、覆盖面往往过窄等不足。③ 由于经验不足、理论指导不够，质性评价的推行常常受到来自多方面的阻力，没有制

① 丁朝蓬：《新课程评价的理念与方法》，人民教育出版社2003年版，第62页。
② 薛继红：《关于对我国基础教育课程评价的探析》，《教育理论与实践》2016年第26期。
③ 王斌兴编著：《新课程学生评价》，开明出版社2004年版，第114页。

度性的保证，评价者不能熟练运用质性评价等，甚至使我们怀疑质性评价是否适合我国的学生①。因此，正视质性评价方法的局限性是必要的。

由此可见，正确分析量化评价与质性评价方法的利弊，将量化评价与质性评价有机结合起来是“全纳”基础教育质量评价的必然选择。

二、我国“全纳”基础教育质量评价方法构想

目前，我国学者积极开展基础教育质量评价的理论研究与实践运用，不断创新评价方法、整合量化评价与质性评价方法。“全纳”基础教育质量评价需综合运用档案袋评定法、苏格拉底式研讨评定法、教育鉴赏与批评、发展性评价、增值评价等方法。

（一）档案袋评定法

“档案袋评定法”（Portfolio Assessment）是质性教育评价方法之一，又称为“文件夹评价”“另类评价”。档案袋是指评价对象把自己有代表性的作品汇集起来，以展示自己的学习和进步状况，主要有产品档案（指被评价者最好作品的档案）、过程档案（是关于评价对象工作进程的档案）和进步档案（指被评价对象不同时期同类作品的档案）。档案袋评定通常与特定情境或基础教育学校联系在一起，其主要目的是为学生提供一个学习的机会，使学生能够学会自己判断自己的进步。档案袋评定法具有评价主体的多元互动性、评价内容的多维性、评价形式的生动性和评价过程的开放性。学生档案袋评定法能使我们以全面发展的眼光评价学生，帮助学生增强自信心，提高自我教育能力，有利于教师、学生、家长三者之间形成良好的沟通，共同促进学生的发展②。

（二）苏格拉底式研讨评定法

“苏格拉底式研讨评定法”是芝加哥哲学研究所所长阿德勒（Mortimer

① 师月：《基础教育学生质性评价研究》，扬州大学硕士学位论文，2012 年。

② 张殿民：《基础教育课程改革下小学生素质评价的研究》，《小学科学（教师版）》2012 年第 7 期。

Adler）1982 年的工作成果。作为一种质性的评价方法，它把学生在“班级参与”和“课堂讨论”中的表现作为学生学业成绩评定的一个重要部分，从根本上让学生更有效地思考，并为自己的见解提出证据。这种方法包括明确教育结果、选定研讨所采用的文本、教师提出一个起始问题、选择记录研讨过程的方式或设计简明的记录表和以多种方式完成评价等具体步骤。在具体的操作过程中，教师要明确研讨评定目的，对教学文本大胆取舍；以研讨教学为重心，适时、准确地提出问题；尊重学生，与学生开展平等对话；采用合理方式，全面评价学生的学习过程①。由此可见，苏格拉底式研讨评定法不仅是一种评定的有效方法，更提供了一种课程和教学改革的思路，把课程、教学和评价进行统整，使它们融合为一个有机整体，这种思路，也是当前各种质性评定方式的一种共同趋势②。

（三）教育鉴赏与批评

“教育鉴赏与批评”是美国当代著名课程专家艾斯纳在对传统课程评价模式进行了全面检视和深刻批判的基础上，主张用艺术鉴赏的态度、方法和品质来看待教育评价问题，强调课程评价范围的多样、评价方法的多元，强调观念之间的联系和整体性背景，扩大了教育评价者的视野③。此方法提倡采用人类学家的态度，用“领悟”“阐释”“整体”的定性的评价方法，对教育过程和结果进行描述与判断，这种描述与判断常常和预先订好的标准没有联系，但却和师生如何评价课程经验的教育价值相联系。它根植于并最终回归于教育实践的一种评价模式，其根本旨趣不在于提供理论，而在于改进、提升教育实践；包括“教育鉴赏”和“教育批评”（涉及“描述”“解释”“评价”“主题”四个方面）两个环节④。教育鉴赏的关键在于主体间的“移情”和“创造性感知”，其心理过程包括体验和共鸣、理解和领悟、判断和回味。教育批评重视主体间的“理解”与“阐释”，其心理过程包含

---

① 牛楠楠：《“苏格拉底式研讨评定法”及其在课堂教学中的运用》，《教育测量与评价（理论版）》2011 年第 6 期。

② 一帆：《苏格拉底式研讨评定法》，《教育测量与评价（理论版）》2012 年第 4 期。

③ 邵小佩等：《教育鉴赏与批评课程评价模式对幼儿园课程评价的启示》，《学前课程研究》2009 年第 11 期。

④ 一帆：《艾斯纳的“教育鉴赏与教育批评”》，《教育测量与评价》2012 年第 3 期。

感性直观与理性对话；鉴赏与批评的主体具有"期待视野"和"召唤结构"，二者是主体间性的关系①。因此，这种致力于审美价值的评价理论有助于教师对学生进行创造性的感知和理性评价，改善师生关系，帮助教师和学生获得丰富的审美享受，对于发展基础教育质量评价实践具有重要的现实意义②。

（四）发展性评价

"发展性评价"就是以促进评价对象的发展为旨归的评价方法。它强调从积极动态的视角来看待事物的成长和进步过程，倡导将评价对象当前与过去的表现进行比较、与掌握目标相对照，以此来判断、解释个体的进步情况③。它突出过程性、强调主体性、凸显多样性、注重针对性④。基于教师行为表现的发展性评价的主要目的是为了促进教师的发展⑤，发展性学生评价就是以促进学生全面发展为根本目的的学生评价理念和体系，日常评价中淡化分数与评比，重视和发挥评价的激励、诊断和发展功能，提倡学生与课程标准比较、与自己的过去比较，使学生正确地认识和悦纳自我⑥。发展性学校评价则是以促进学校良好发展为目的而对学校的活动及状态所进行的价值判断，面向未来发展的价值取向，充分保证学校的评价主体地位，确立个性化的学校评价标准，以周期性的评价衡量学校发展⑦。

（五）增值评价

"增值评价"就是指以"价值增值"为评价旨归的评价方法。1985 年，

---

① 安超：《教育鉴赏与教育批评理论的美学意蕴与课程实践》，《湖南师范大学教育科学学报》2015 年第 5 期。

② 安超：《鉴赏与批评：教育评价的美学反思与实践》，《现代基础教育研究》2015 年第 2 期。

③ 北京市教育督导与教育质量评价研究中心：《增值性评价评出学校的"加工力"》，《人民教育》2016 年第 16 期。

④ 卢雄伟：《浅析发展性评价在学校特色建设中的作用》，《宁波大学学报（教育科学版）》2013 年第 1 期。

⑤ 田爱丽：《美国基于教师行为表现的发展性评价制度》，《外国教育研究》2003 年第 4 期。

⑥ 李景志等：《构建发展性学生评价体系　推进基础教育课程改革》，《黑龙江教育（中学版）》2003 年第 17 期。

⑦ 史晓燕：《发展性学校评价模式探索》，《教育探索》2004 年第 10 期。

泰勒（Terry Taylor）等人首先提出了“增值评价法”，即通过对学生在整个就读期间或某个阶段的学习过程与结果的分析，来描述学生在学习上进步或发展的“增量”。它能深化素质教育理念，促进区域平衡发展，追求过程与表现持续发展，提升教育质量①。在增值评价中可通过运用多水平回归分析模型来量化和评估学生、班级、学校管理等各种变量对学生进步幅度的影响，能够帮助学校改进课程实施、教学管理、组织建设等工作，可以通过不断加强与完善学校内部工作来提高效能，从而获得可持续发展②；在指标选择上大多仅限于对学业表现等认知因素的分析，在方法上则大多来自对学生层面数据在学校层面聚合后的分析。目前，北京实施中小学校“增值性评价”，以学业水平测试为数据基础的学校增值性评价项目，以中、高考成绩为数据基础的学校增值性评价项目，主要通过“修补型”增值评价系统和“重建型”增值评价系统两种方式进行③。因此，拓展“增值评价”的适用范围实有必要。

总之，随着现代信息技术的发展和各国基础教育改革与发展的深化，进一步创新“全纳”基础教育质量评价方法势在必行。

第三节 “全纳”基础教育质量评价的基本模式

模式是作为某种事物的标准形式或使人们可以照着去做的标准样式，具有典型性、概括性、代表性和简约性等特征。评价模式是指在基础教育质量评价活动中，依据一定的理论，形成的有代表性的可供人参照操作的评价模型。目前，国内外学者们不断总结评价经验、创新评价理论，形成一些具有代表性的“全纳”基础教育质量评价模式。

---

① 冯虹等：《增值评价：基于大数据的发展性教育评价模式》，《当代教育科学》2016 年第 9 期。

② 辛继湘：《增值评价：促进每一所学校可持续发展》，《教育测量与评价》2016 年第 11 期。

③ 北京市教育督导与教育质量评价研究中心：《增值性评价评出学校的“加工力”》，《人民教育》2016 年第 16 期。

一、西方“全纳”基础教育质量评价的基本模式

有研究者认为，现代教育评价理论发展分为“测量”时代、“描述”时代、“判断”时代和“建构”时代四个阶段①，先后出现了系统分析模式、行为目标模式、决策模式、目标游离模式、文艺评论模式、鉴定模式、反对者模式、相互作用模式等②。这些评价模式基于“人性”、伦理学、知识观及政治学等不同理论假设③，呈现“社会服务”（社会需要和社会效用）和“人的需要”两种不同的价值取向④。我们认为这些模式都是在反思传统教育评价的不足和结合基础教育改革实际基础上提出来的，对基础教育质量评价产生了深刻的影响，理应属于“全纳”基础教育质量评价模式。

（一）测量模式（Measurement Mode）

“测量模式”是基于“测验和测量”的评价模式，它以追求评价结果的数量化、客观化为主要目的，主要以“经济人”假设为基础，以功利主义伦理学为价值追求，以客观知识观为逻辑起点，以政府干预为主导，以社会效用的最大化为唯一价值取向，力图通过实验的科学方法纠正传统考试方法的弊端，建立教育评价的客观化、可靠化的科学标准⑤。

19 世纪末到 20 世纪 30 年代，教育测量运动大致可分为三个时期：一是开拓期（1904—1915 年），是方法的探索与初步发展时期，其代表论点是桑代克提出的“凡是存在的东西都有数量，凡是有数量的东西都可测量”，把定量分析提到了极高的地位；二是兴盛期（1915—1930 年），对上面的论点从理论上加以证明，并将教育测验发展为学历检测、智力测验和人格测验三种类型；三是批判期（1930—1940 年），认为教育测验不能测出人的全部，特别是在人格方面（如社会态度、兴趣、情绪、鉴赏力等），单纯的测验是

① E. G. Guba, etc. ,*Fourth Generation Evaluation*, Newbury Park, CA: Sage, 1989, pp. 186 - 187.

② 瞿葆奎：《教育评价》，人民教育出版社 1989 年版，第 363 页。

③ 孙玲：《教育评价模式的理论假设演变与启示》，《中小学教师培训》2015 年第 2 期。

④ 赵振安：《国外小学教育评价模式的价值取向研究》，《青少年日记（教育教学研究）》2016 年第 7 期。

⑤ 孙玲：《教育评价模式的理论假设演变与启示》，《中小学教师培训》2015 年第 2 期。

无法把握的，主张用评定法、问卷法等方法考察人格水准，从思想观念上否定了单纯定量的人格测量法①。

诚然，“测量模式”是为了克服基础教育评价单纯采用口试的主观性提出来的，教育测量的客观化、标准化虽不失为基础教育评估的重要手段，但是，过分追求测量结果的客观化和标准化，使所有难以客观地、数量化地加以描述的事物，都被排除在测量对象之外，使基础教育师生在态度、兴趣和情感等方面的表现受到忽视。

（二）目标导向模式（Based-Objective Mode）

“目标导向模式”认为教育目标既是评价的出发点，也是合理的评价标准。评价过程在本质上是确定课程和教学大纲实现教育目标程度的过程，是一种确定行为发生实际变化程度的过程②。它与“测量模式”一样，主要以“经济人”假设为基础，以功利主义伦理学为价值追求，以客观知识观为逻辑起点，以政府干预为主导，以社会效用的最大化为唯一价值取向③。该模式是泰勒教授在主持美国进步主义教育联盟组织“八年研究”（1933—1940年）时提出的，他第一次把测验与评价做了区分，开创了行为目标模式的先河；20世纪50年代以来，泰勒的学生布卢姆及其同事提出了教育目标分类理论，把教育目标分为认知、情感和动作技能三个领域，并具体研究了这三个领域的教育目标。

该模式是在批判教育测量基础上产生的，并深受实用主义教育思想的影响，是最早的较为完备的评价理论模式，结构紧密，操作性强，其操作程序相当完备④。它开创了目标参照测验这一测验新形式，扩大了教育评价的范围，一改局限于教科书内容评价的狭窄范围，扩展到学生评价，由此导引出对师生教学行为的交互评价，并促进教育评价实践主体深化对于预定教育目标与教育结果、学生行为变化之间关系的认识，提高教育评价的成效，对20

---

① 杨志社：《教育评价的历史和方向》，《学术界》1999年第6期。

② 瞿葆奎：《教育评价》，人民教育出版社1989年版，第263页。

③ 孙玲：《教育评价模式的理论假设演变与启示》，《中小学教师培训》2015年第2期。

④ 李雁冰：《课程评价论》，上海教育出版社2002年版，第75页。

世纪的评价理论与实践产生了深远的影响，为评价领域后来的发展开辟了道路①。

诚然，该模式成功地设计了认知领域的行为目标，但是情感目标、技能目标的编制并不十分成功，有些教育目标无法用行为语言恰当地表达出来，比如生长性目标、表现性目标等就难以量化、难以操作化。而把这些教育目标排除在外，将导致价值判断的浅表化②。

（三）决策模式（Decision-Making Model）

“决策模式”又称“CIPP 模式”，是美国学者斯塔弗尔比姆（D. Stufflebeam）1966 年创立的。该模式认为评价包括“背景”（Context）评价、“输入”（Input）评价、“过程”（Process）评价和“成果”（Product）评价四种决策类型及其相应的评价。这一模式是在当时美国教育改革运动中，批判“教育评价之父”泰勒提出的“目标评价模式”的基础上形成的，它经过不断修订和完善，已经发展到第五代，可为项目、工程、职员、产品、协会和系统等评估提供全面的指导，国际上很多颇具影响力的项目都采用了此评估模型③。

该模式具备明显的服务取向和自由社会的原则，根植于公平、公正的民主原则上，反映客观主义的导向，具有决策导向特征④。批判地继承了泰勒模式，整合了诊断性评价、形成性评价和总结性评价，突出了评价的发展性功能⑤。重视评价对象的参与性，反映评价对象的实际，强化过程性评价，强调评价的改进和发展功能，较适宜开展发展性学校评价，具有稳定的操作程序，其应用前景无可限量⑥。

但是，该模式主要以“经济人”假设为基础，以功利主义伦理学为价值追求，以客观知识观为逻辑起点，以政府干预为主导，以社会效用的最大

---

① 罗华玲：《西方主要教育评价模式之新解》，《昆明学院学报》2011 年第 1 期。

② 蔡晓良等：《国外教育评价模式演进及启示》，《高教发展与评估》2013 年第 2 期。

③ 郄红艳等：《基于 CIPP 模型的教育信息化项目评估方法——微软“携手助学”项目年度评估》，《教育信息化》2006 年第 20 期。

④ 罗华玲：《西方主要教育评价模式之新解》，《昆明学院学报》2011 年第 1 期。

⑤ 一帆：《教育评价的 CIPP 模式》，《教育测量与评价（理论版）》2013 年第 1 期。

⑥ 史晓燕：《发展性学校评价模式探索》，《教育探索》2004 年第 10 期。

化为唯一价值取向①。过分注重描述性信息，忽视对方案及其实施作出价值上的判断，缺乏对实践的反思批判精神，四类评价实施流程比较复杂，需要耗费大量的人力、物力和财力②。过于重视对教育决策的服务，容易导致评价者对于决策者的过分依赖，从而会降低其使用效益及成效③。

（四）目的游离模式（Goal-Free Model）

“目的游离模式”是美国学者斯克里文（M. Scriven）1967 年提出的，其宗旨是保证评价者能考虑到教育的实际效应，而不是只考虑预期效应；主张不能把评价活动目的告诉评价者，认为评价应遵循说明、当事人、受评价者和评价的背景、资源、功能、输送系统、消费者、需要与价值、标准、历程、成果、概括、成本、比较、重要性、建议、报告、后设评价 18 个步骤，这些步骤并非是特定的执行程序，在评价活动中有时要循环使用。

该模式因“不受预定活动目标影响”而得名，与泰勒模式、CIPP 模式的最大区别在于，作出评价结论的依据不是方案制定者预定的目标，评价活动从反映管理者、决策者的意图转变为反映局外人的意愿，突破了目标的限制，有机结合了形成性评价与总结性评价，重视对评价的再评价④；关注预期与非预期的教育效果，重视教育评价元评价的价值和意义，成功突破了泰勒模式下的目标绝对限制，转向以消费者的需要为导向，较好地促进了形成性评价与成果性评价的结合，开辟了教育评价研究的新路径⑤。

但是，该模式仍主要以“经济人”假设为基础，以功利主义伦理学为价值追求，以客观知识观为逻辑起点，以政府干预为主导，以社会效用的最大化为唯一价值取向⑥，使得评价者往往难以确定哪些是真实的、主要的需要和作出合适的判断，同时，以消费者的需要来代替管理者的目标，难以调动评价者的积极性⑦。

---

① 孙玲：《教育评价模式的理论假设演变与启示》，《中小学教师培训》2015 年第 2 期。
② 蔡晓良等：《国外教育评价模式演进及启示》，《高教发展与评估》2013 年第 2 期。
③ 罗华玲：《西方主要教育评价模式之新解》，《昆明学院学报》2011 年第 1 期。
④ 一帆：《教育评价的目标游离模式》，《教育测量与评价（理论版）》2013 年第 2 期。
⑤ 罗华玲：《西方主要教育评价模式之新解》，《昆明学院学报》2011 年第 1 期。
⑥ 孙玲：《教育评价模式的理论假设演变与启示》，《中小学教师培训》2015 年第 2 期。
⑦ 一帆：《教育评价的目标游离模式》，《教育测量与评价（理论版）》2013 年第 2 期。

（五）应答模式（Responsive Model）

“应答模式”是由斯塔克（R. E. Stake）于1969年首先提出，后人又进一步发展而形成的。斯塔克认为，要使评价结果能真正产生效用，评价人必须关心活动的决策者与实施者所关心的问题，评价活动包括预期的前提、预期的执行情况、预期的结果、实际的前提、实际执行的事情、实际的结果等环节。与目标导向模式相比，应答模式更加注重价值观念的发散性，注重跟科学主义相对的自然主义方法，强调非正式的观察、交往、描述性的定性分析方法。

该模式以“复杂人”假设为基础，以多元主义伦理学为价值追求，以主观知识观为逻辑起点，以群体或个体选择的最优化为价值取向①；上承行为目标模式、决策模式，下启共同建构模式②；关注到教育实践者提出的问题，有利于被评对象更明确自身所具有的发展优势与劣势，一定程度上促进了教育评价质性研究与量化研究的紧密结合③；较之泰勒模式、CIPP模式、目标游离模式，它关注教育现实的价值取向最为明显，可归为西方教育评价模式的现实之式④。

但是，该模式的整个理论体系建构基础明显偏向于主观主义⑤，在实践操作层面上存在高消耗的缺点，推广实施具有一定的难度⑥。操作程序的不确定性太强，适用范围有限，忽视调查、统计等量化方法，评价缺乏深度，难以发现教育价值运动的本质和规律⑦。

（六）CSE模式（CSE Model）

“CSE模式”是20世纪60年代后期美国加利福尼亚大学洛杉矶分校评价研究中心（Center for Study of Evaluation，CSE）提出的课程评价模式，认

---

① 孙玲：《教育评价模式的理论假设演变与启示》，《中小学教师培训》2015年第2期。
② 蔡晓良等：《国外教育评价模式演进及启示》，《高教发展与评估》2013年第2期。
③ 一帆：《教育评价的应答模式》，《教育测量与评价（理论版）》2013年第1期。
④ 罗华玲：《西方主要教育评价模式之新解》，《昆明学院学报》2011年第1期。
⑤ 罗华玲：《西方主要教育评价模式之新解》，《昆明学院学报》2011年第1期。
⑥ 一帆：《教育评价的应答模式》，《教育测量与评价（理论版）》2013年第1期。
⑦ 蔡晓良等：《国外教育评价模式演进及启示》，《高教发展与评估》2013年第2期。

为评价包括需要评估、选择计划、形成性评价、总结性评价四个阶段，每一个阶段都与一种特定的决策相联系。

该模式是一种为教育改革提供服务的综合性评价模式，在该评价模式中，评价的形成性功能与总结性功能得到有机统一，评价活动贯穿于从教育目标的确立到教育质量全面检查的过程之中。同时，它根据教育改革的需要为教师和管理人员提供评价服务，是一种动态的评价①。

（七）反对者模式（Adversary Model）

“反对者模式”又称“对手模式”“反向模式”“司法模式”，是由美国学者欧文斯（T. Owens）、沃尔夫（R. Wolf）等人在20世纪70年代中期提出的一种评价模式。该模式采取准法律过程评委会审议形式，揭示和评判教育方案及教育活动正、反两方面长短得失。它认为各种教育评价模式的发展都有一个逐渐深化的过程，能提供如何实施一个特定评价的一般轮廓，必然会反映出某种基本的取向，都有自己的特定目标；各种教育评价模式的顺利实施必须有教育评价制度的确立，评价包括争议的提出、选择、辩论的准备和听证四个环节；社会科学领域中许多问题无确切答案，简单的“肯定—否定”模式会排除许多合理的选择，而直接展示各种材料得出的结论将更合理，也符合现实。

该模式以“复杂人”假设为基础，以多元主义伦理学为价值追求，以主观知识观为逻辑起点，以群体或个体选择的最优化为价值取向②。注重评价信息多元性、涉及主体大众性、评价认识相对性以及评价非正式性，力图通过正、反两方教育评价者从各自的角度提供并呈现利于教育活动价值判断的证据信息，主要采用诘问与反诘问等实践方法和通过准法律过程评委会审议形式确定最终评价结果③。能够充分反映各类人员“多元的”价值认识，是一种依靠人们直觉与经验的评价，有助于决策者获得较为广泛的信息和各方面的意见，有助于克服各种潜在的冲突意见，可以避免工作的简单化④。

但是，该模式的评价结果有时容易被辩论的技巧所左右，而且评价费用

---

① 一帆：《教育评价的CSE模式》，《教育测量与评价（理论版）》2013年第8期。
② 孙玲：《教育评价模式的理论假设演变与启示》，《中小学教师培训》2015年第2期。
③ 罗华玲：《西方主要教育评价模式之新解》，《昆明学院学报》2011年第1期。
④ 一帆：《教育评价的反对者模式》，《教育测量与评价（理论版）》2013年第5期。

很高，难以广泛应用①，存在争论问题选择的片面性、工具主义和技术至上、主观色彩过浓等局限②。

（八）建构模式（Constructionsim Model）

"建构模式"是20世纪80年代古巴和林肯等在确定质性研究取向的基础上，提出的以"共同建构"为特征的评价模式。该模式坚持"价值多元"信念，认为评价在本质上是一种通过协商而形成的"心理建构"。它包括签订协议，组织评价，鉴定利益相关者，形成共识，扩大共识，查明已解决的主张、担忧和争议，确定优先协商的问题，收集与尚未解决的主张、担忧和争议相关的信息，准备协商方案，实施协商，形成报告，再循环等12个基本步骤。这些环节在实际情景下，会出现循环和跳跃情况③。

该模式以"复杂人"假设为基础，以多元主义伦理学为价值追求，以主观知识为逻辑起点，以群体或个体选择的最优化为价值取向④；批判了以往各代评价对价值多元性的忽视、评价者高高在上的姿态以及"过分依赖科学范式"等弊端，提倡充分关注价值多元、通过价值协商使评价活动建立在共同接受的教育价值基础上，在技术方法上主要采用解释学方法，进而形成了自己完整的评价程序⑤；强调了共同价值特性，恢复了评价帮助、激励和发展学生等功能，使评价目的与评价手段在协调中形成统一⑥；强调要基于师生真实的生活、学校的自我评价和常态评价，既是一种评价方法又是一种评价理念⑦；倡导民主协商精神、全面参与和尊重人的尊严、人格和隐私⑧。

但是，该模式仅提出一些看法和研究思路，尚未形成固定的实践操作程序，缺乏其构建的心理程序作为理论支撑，对其他理论的批判也缺乏理性辩

---

① 一帆：《教育评价的反对者模式》，《教育测量与评价（理论版）》2013年第5期。

② 罗华玲：《西方主要教育评价模式之新解》，《昆明学院学报》2011年第1期。

③ E. G. Guba, etc., *Fourth Generation Evaluation*, Newbury Park, Calif: Sage Publications, 1989, pp. 186 – 187.

④ 孙玲：《教育评价模式的理论假设演变与启示》，《中小学教师培训》2015年第2期。

⑤ 杜瑛：《协商与共识：提高评价效用的现实选择——基于第四代评价实践的分析》，《教育发展研究》2010年第17期。

⑥ 一帆：《教育评价的建构主义模式》，《教育测量与评价（理论版）》2013年第3期。

⑦ 闫艳：《基于真实性评价的学校评价体系建构的思考》，《当代教育科学》2016年第8期。

⑧ 孙玲：《教育评价模式的理论假设演变与启示》，《中小学教师培训》2015年第2期。

证的观点[①]；“管理主义倾向”导致管理者与评价者关系的不平等和一些不合理的现象，忽视“价值多元性”，过分依赖“科学范式”，缺乏对教育活动复杂性、深刻性的真实反映[②]；在哲学上肯定多元化的价值观念处于重要地位，容易陷入主观主义价值论的危险，在操作流程上实施起来比较艰难，特别是鉴定利益相关者、对弱势群体授权和构建民主公正的协商制度在现实中都是很大的操作难题[③]。

（九）发展性评价模式（Developmental Evaluation Model）[④]

“发展性评价模式”是20世纪80年代初英国开放大学教育学院学者纳托尔（Latoner）和克利夫特（Crift）最先提出的一种评价模式。主张教育评价模式的指向必须大力调整，由关注过去转向重视未来，所要实现的目的应该促进教育评价实践主体的发展，而非惩戒或惩罚。教育评价实践主体分为评价主体与被评价主体，实施教育评价过程中，要实现二者的配对发展。基本程序包括初次见面、评价面谈和复查面谈。因此，在实践操作中充分实现发展性评价模式成效的关键就是基于客观实际的面谈。

该模式认为以往的教育评价模式过于注重考量教育评价实践主体的过去，不利于教育评价实践主体的良性发展，且会恶化评价实践主体之间的正常关系。其优点在于将教育评价的重心转向个体与群体以及学校的未来发展上，保持对教育评价实践主体良性发展的期许态度，这在客观上有利于促进社会个体、群体及其学校的发展，有利于调动教育评价实践主体的主观能动性和主体发展性，为教育评价实践操作注入可行性的动力源泉。

但是，该模式的实施对经济社会发展水平要求较高，在经济发展不发达地区很难实施推广，且操作上对教育资源的消耗较大。

（十）增值评价模式（Value－Added Assessment Model）

“增值评价模式”又称“桑德斯模式”或“田纳西增值评价系统”，

---

① 罗华玲：《西方主要教育评价模式之新解》，《昆明学院学报》2011年第1期。

② 一帆：《教育评价的建构主义模式》，《教育测量与评价（理论版）》2013年第3期。

③ 孙玲：《教育评价模式的理论假设演变与启示》，《中小学教师培训》2015年第2期。

④ 罗华玲：《西方主要教育评价模式之新解》，《昆明学院学报》2011年第1期。

是1984年美国田纳西大学的两位统计学家威廉·桑德斯（W. Saunders）和罗伯特·麦克莱恩（R. McLean）提出的一种评价模式，它源于学校效能研究，是应改进政府大规模评价学校效能的社会需要而产生的。美国田纳西州增值评价模式（The Tennessee Value - Added Assessment System, TVAAS）所指的"增值"是将每个学生连年的平均增值与相同年级、相同学科国家进步常模相比所得的结果，特指一种测定学校系统、学校和教师促进田纳西州学生学业增长的有效性统计方法。它认为无论学生原来的初始状态如何，所有学生有权利享受平等的受教育机会，并取得相应的学业进步；不同学校和教师在学生学习上的影响有着可测性的差异，教师效能才是学生学业进步的主要因素，转学对学生的学业增益是有影响的，教师的影响是附加的和累积的，且没有补偿效应①。其应用始于20世纪80年代初期英国初级中学学校效益分析及美国的补偿教育研究，是用于分析具有层次结构特征数据的有力工具，当前流行的统计软件如SPSS、SAS、STATA等已经纳入多水平模型技术②。

该模式是基于大数据的发展性教育评价模式，通过对学生在整个就读期间或某个阶段的学习过程、结果的分析，来描述学生在学习上进步或发展的"增量"，重视学生起点、关注过程、强调学生发展，综合考察学生发展、分清责任，高效利用统计数据、建构可操作模型③。它在统计学上是可靠的，在实践中也是很有发展前景的，不仅是田纳西州教育问责制的重要组成部分，更是一种强有力的诊断工具，教育管理者和教师均可以利用通过TVAAS的分析所提供的信息来改进学校的管理和教学，从而提高学校的办学质量，最终促进所有学生的发展④。

但是，该模式对效能概念本身认识模糊不清，很难建立恰当的模型，评价衡量指标不全面，难以兼顾影响学生学习的其他因素⑤。它也并不是解决

① 徐丹等：《教育增值评价先行者——美国田纳西州教育增值评价模式解析》，《教育科学》2012年第1期。

② 党保生：《增值评价：一种新的教育评价模式》，《南昌高专学报》2012年第1期。

③ 冯虹等：《增值评价：基于大数据的发展性教育评价模式》，《当代教育科学》2016年第9期。

④ 徐丹等：《教育增值评价先行者——美国田纳西州教育增值评价模式解析》，《教育科学》2012年第1期。

⑤ 党保生：《增值评价：一种新的教育评价模式》，《南昌高专学报》2012年第1期。

传统教育评价体系问题的“万能药”，在评价学校系统、学校和教师的效能时不能将其结果作为唯一的依据，应和其他的评价方法一起使用①。

二、我国“全纳”基础教育质量评价模式的实践探索

改革开放以来，我国学界不断吸收世界各国基础教育质量评价的前沿信息，不仅广泛引介西方基础教育质量评价模式，而且认真反思其利弊，积极吸收其精华。目前，我国学者积极借鉴国外先进经验，密切联系我国基础教育改革与评价实际，不仅探讨了如何在中国基础教育实践中运用“建构模式”“发展性评价模式”“增值评价模式”等，而且提出了主体性发展素质教育评价模式、导向素质教育的“三分合评价模式”、两系三维复合评价模式、协同自评模式等具有中国特色的“全纳”基础教育质量评价模式。

（一）主体性发展素质教育评价模式

从 1998 年开始，广州市万松园小学开展实验研究，构建“主体性发展素质教育模式”②。该模式以优化师生关系为基础，以改革课堂教学、提高教学质量为核心，以优化学生心理素质为中介，以改革考试、评价为杠杆，以促进学生全面、和谐主动发展为目的，实施以“整体办学，整体优化，整体育人”的学校整体改革，并取得了初步的成效，形成了“主体参与，主动探究，互动合作，巩固发展”的主体性发展课堂教学模式，建立了小主人评价体系。该模式促进了教育教学的改革，培养了学生的主体意识，促进了学生的全面发展。

（二）导向素质教育的“三分合评价模式”

导向素质教育的“三分合评价模式”是湖南长沙麓山国际实验学校以评价实践为基础，构建的一个具有指导性、操作性的评价模式③。该模式认

① 徐丹等：《教育增值评价先行者——美国田纳西州教育增值评价模式解析》，《教育科学》2012 年第 1 期。

② 周素英：《构建主体性发展素质教育模式的研究》，《基础教育参考》2004 年第 Z1 期。

③ 雷鸣强等：《构建导向素质教育的三分合评价模式》，《中国教育学刊》1998 年第 6 期。

为“应试教育”的评价目的、评价标准、评价主体是单一的，而素质教育的评价目的、评价标准、评价主体则是多元的、复合的。“三合”就是评价目的全体、全面、主动发展的三结合，即少数尖子到全体受教育者、单一智育到全部领域、共性标准加因材施教的个性发展标准，评价个体、团体、社会标准的三结合和评价主体学生、学校、家庭的三结合。导向素质教育的“三分合评价模式”则对评价的内容、过程、结论各做三方面的分解，恢复评价内涵的丰富性，为全体学生的全面发展、全程发展提供具体的可操作的导向。“三分”即知识、能力、素质等评价内容的三分项，安置、形成、总结等评价过程的三分段和合格、良好、优秀等评价结论的三分等。

（三）两系三维复合评价模式

“两系三维复合评价模式”是湖南汨罗市促进素质教育、强化整体功能的一种评价模式①。“两系”是指影响、制约教育发展的社会系统评价与教育系统内部评价。“三维复合”是指教育评价手段中的三个主要因素的复合：一是评价指标体系与管理目标体系完全复合；二是评价方法、技术与管理方法、技术完全复合；三是评价结果处理与管理调控完全复合。从整体看，此模式的操作与一般评价基本相同，虽与行政管理完全复合，但操作上仍有鲜明的个性，即依据基础教育改革与发展需要确定评价指标、与工作过程同步的评价过程、充分利用和适度强化的评价结果处理。另外，此模式还具有同步性、民主性、关联性、封闭性、滚动性、统一性、简约性和权威性等 8 个显著的特点。

（四）协同自评模式

“协同自评模式”是我国学者在借鉴“建构模式”基本理念基础上提出的新模式。自 1993 年实施单元教学协同自评模式以来，上海徐汇区教育学院研究者开始协同自评模式的理论探索与实践运用。该模式认为自评具有自主性、自律性、自控性和自励性四大特点。“协同自评”是指以自评者自评为主、在评价人员的相互配合下共同完成一系列评价活动以取得评价结果的

① 刘先捍等：《两系三维复合评价模式初探》，《中小学管理》1997 年第 9 期。

过程，包括准备、评价活动和报告三个阶段。该模式注重被评价者进行真正的自我评价活动，被评价者和评价人员在评价活动中建立起民主、协商的关系，使个体内差异评价与目标参照评价的不同参照评价标准通过协同作用统一起来，并在单元教学运用中取得良好的成效①；同时，在教师评价中实施协同自评模式，能有效地实现奖惩与提高教师专业水平双重目标②。

另外，江苏教育学院也提出构建活动课程评价的协同自评模式。认为协同自评是指以当事者自评为主，在外界评价人员的协同下，共同完成包括从确定评价范围、制定评价目标在内的一系列评价操作活动；活动课程评价中“协同自评”包含“两维”（由学生、教师、行政人员、专业评价人员组成的教育内部评价系统和由家长、社区评价人员组成的社会家庭评价系统）、“三层”（第一个层面由学生、教师、家长组成，其中学生是自评者；第二个层面由教师、学校行政人员、家长代表组成，其中教师是自评者；第三个层面由学校行政人员、上级教育主管部门专业评价人员、社会评价人员组成，其中学校行政人员是自评者）结构，遵循主体性、共建性、个性化原则③。

总之，西方学者十分注重基础教育质量评价模式的探索与创新。我国学者在学习与借鉴西方模式的基础上，不断从事理论探索与实践创新，构建了许多具有本土特色的“全纳”基础教育质量评价新模式。

---

① 杨佐荣等:《协同自评模式的研究报告（在单元教学中的应用）》,《科学教育》1995 年第 4 期；杨佐荣等:《协同自评模式的研究报告（在单元教学中的应用）（续）》,《科学教育》1996 年第 1 期。

② 杨佐荣:《协同自评模式在教师评估中的应用》,《科学教育》1997 年第 4 期。

③ 华卜泉等:《构建活动课程评价的协同自评模式》,《现代中小学教育》1999 年第 2 期。

第七章 “全纳”基础教育质量评价体系展望

“全纳”基础教育质量评价体系是基础教育人才培养的基础和质量保障。当前，世界各国十分注重基础教育质量评价体系的建构与新探索，学者们积极开展基础教育质量评价理论探索与实践创新，评价制度日趋完善、评价标准更加合理、评价方法日益多样、评价模式不断涌现。本章试图进一步总结当代基础教育质量评价体系的特点，反思我国基础教育质量评价体系的现实问题与未来走向。

第一节 当代基础教育质量评价体系及特点

目前，世界各国为了切实提高基础教育质量，积极开展基础教育改革，致力于基础教育质量评价体系与机构的完善。为此，涌现出了国际教育成就评价协会、经济合作与发展组织（Organization for Economic Co－operation and Development，OECD）、世界银行等一系列基础教育质量评价组织与研究机构，积极从事基础教育质量评价的理论研究与实践探索，取得丰硕的成果与显著成效。

一、国外基础教育评价体系举隅

当前，国际组织和一些发达国家积极开展基础教育质量评价体系的新探索，推动了各国基础教育的整体发展，呈现出了国际数学和科学成就比较研究（TIMSS）、国际阅读素养进展研究（PIRLS）、国际学生评价项目（PISA）、国际教育质量监测项目（SABER）、美国的教育进展评价（NAEP）、英国的国家课程测试（SATs）、澳大利亚的教育进展评价（National Assessment Program，NAP）等一系列新成果。

（一）国际教育成就评价协会的TIMSS和PIRLS[①]

第一，TIMSS。它是由国际教育成就评价协会从1995年以后进行的第三次数学和科学成就比较项目，每四年一轮，主要是通过测试和问卷测量各参加国学生在数学和科学成绩方面的状况。1995年有40个国家和地区参加，1999年有38个国家和地区参加，2003年有46个国家和地区参加。TIMSS着重考察各国的课程成就。调查的对象主要是四年级（9岁）和八年级（13岁）的学生。TIMSS的目标在于为各国政策制定者了解其国家教育系统的优势和弱势提供国际标准参考，向政策制定者提供权威的资料和数据，为教育改革提供评估服务。

TIMSS除了测试和问卷调查之外，还包括课程分析、数学课堂的录像、观察和有关政策的研究，它是一个能够帮助参与国家在数学和科学教育方面取得进步的诊断工具。数学测试包括代数、测量、几何和数据等内容；科学测试包括化学、地球科学、环境问题和科学本质、生命科学和物理等内容；学生问卷主要调查学生的数学和科学学习的情况以及对数学、科学学习的信念；教师问卷主要调查教师对数学、科学的信念和关于教学实践的信念；学校问卷主要调查校长对学校政策和实践问题的看法。TIMSS试图通过这些问卷考察学生数学和科学学习的背景，以阐明家庭、学校和教育政策对学生成绩的重要影响。课程分析主要对数学和科学课程的指导书和教科书进行比较，研究科目的内容、内容的衔接和对学生成绩的期望等，了解教育标准、处理个性差异的方法和教师的工作状况对学校教育的影响。

第二，PIRLS。国际教育成就评价协会的PIRLS项目以五年为一个周期，2001年进行了第一次国际阅读素养进展研究，全球35个国家和地区进行了第一轮的阅读素养测评；2006年进行了第二次，共有47个国家和地区参加，中国也首次参与了该项目；2011年为第三次。PIRLS将9岁左右的学生确定

---

① 马世晔：《从国外教育评价制度看我国基础教育评价体系的建立》，《中国考试》2008年第5期。

为测试对象，这相当于大部分参加国的四年级学生，之所以选择这样的群体，是因为9—10岁是儿童作为阅读者的发展过程中一个十分重要的转折点，大多数国家都要求四年级末的学生能够知道如何阅读，并且可以通过阅读来进行学习。基于此项研究的目的和评价对象的特点，PIRLS对“阅读素养”进行了界定，并构建了相应的阅读评价体系，其中包括阅读测试和调查问卷两个部分。阅读素养主要包含理解过程、阅读目的、阅读行为和态度三个方面，理解过程和阅读目的是阅读测试评价的主要内容，阅读行为和态度的评价则主要是通过调查问卷来进行的。

PIRLS测试的主要内容包括关注并提取信息的能力、直接推论的能力、解释并整合观点和信息的能力、判断与评价的能力。

PIRLS的问卷调查有学校、教师、学生、家长和课程五种问卷，前四种问卷主要是收集学生学习阅读经验的信息，课程问卷主要由各国的研究协调员来完成，主要是了解国家的阅读政策、阅读教学的目标和标准、阅读时间的分配、书籍和其他阅读资源的供给。PIRLS通过不同的问卷收集各种情境中可能影响学生阅读表现的信息，以此分析对学生阅读表现的影响因素。

（二）经济合作与发展组织的PISA①

PISA是经济合作与发展组织发起并组织实施的评价项目，该评价的目标是建立常规的、可靠的、与政策相关的学生成绩评价指标体系，帮助各国政府和决策者评价和监控国家的教育成效。2006年，PISA有58个国家和地区参加，约有1.4万所学校样本超过39万学生参加了测试。评价的群体为15岁在校生（义务教育结束阶段），评价的领域包括阅读、数学、科学，评价工具是13套经过等值的试题册，每个学生一套（2小时题量）调查问卷，还有家长问卷、学校问卷。

PISA是基于终身学习的理念，认为要拥有终身学习的能力，学生需要在阅读、数学及科学能力方面有稳固的基础，同时他们也需懂得组织及调节自己的学习进度，学会如何独立学习、如何集体学习以及如何解决学习过程

① 马世晔：《从国外教育评价制度看我国基础教育评价体系的建立》，《中国考试（研究版）》2008年第5期。

中所遇到的困难，还必须注意思考方式、学习策略及方法。为全面评估学生的以上能力，PISA 除了评估 15 岁学生的知识及技能外，还要求学生报告学习情况，从而了解他们的学习动机及学习模式。在测试内容方面，也不局限于学生的课程内容、学生在学校获得的知识，而是把着眼点放在实际社会生活情境中。

PISA 的数学测试主要涉及数学技能、数学概念、数学课程因素和数学情境四个领域。其中，数学技能和数学概念为主要领域，涉及评价的范围和熟练程度，数学课程因素和数学情境则是次要领域。PISA 的科学测试主要包括科学概念、科学方法和科学情境三方面，更加看重对科学概念的理解，对科学方法的评价则处于其后。PISA 的学科内容主要包括生命、健康科学和地球、环境科学以及技术科学。PISA 的阅读测试主要从获取信息、理解信息和思考与判断能力三个方面衡量学生的阅读能力。

PISA 的问卷调查主要收集学生及其所在学校的特点，其目的是为了确定与学生表现的相关社会、文化、经济以及教育方面的因素。其作用是提供学生的基本人口维度的信息，以便对学生成绩进行分类比较；提供学生生活和学习背景信息，力求对学生成绩差异作出合理的解释，为家长、教师和教育决策者提供参考。

（三）世界银行资助的 SABER①

对教育结果的系统监测和标准制定（SABER）是世界银行于 2010 年启动的一项国际教育质量监测项目，其核心工作是通过对教育结果的系统监测和基本标准制定，来保障各个国家和地区的教育结果，提升其教育质量。该项目的主要特点是以实现“全民学习”为目标，以教育系统作为质量监测的对象，以诊断性评价作为首要监测功能和为各国和地区的教育政策借鉴提供平台。

该项目主要是通过对一个国家或地区教育系统的监测，来实现该国或地区教育质量的改进，通过对学生监测系统（Student Assessment System）、有

① 张娜：《世界银行 SABER 项目及其对教育质量监测与保障的启示》，《教育科学研究》2011 年第 12 期。

效的教师政策（Effective Teacher Policies）、教育管理信息系统（Education Management Information System）、学校自主和问责（School Autonomy and Accountability）、私立部门参与（Engaging the Privatesector）、职业教育（Vocational Tracking）、教育信息技术（ICT in Education）和高等教育（Tertiary Education）八大教育政策领域的概念框架制定、诊断工具开发、国家报告、案例研究和基于知识的网络平台来实施监测。其中，学生监测系统包含监测环境、监测活动与课程标准的关联性以及监测质量，建立涉及有利环境、系统校准和监测质量三个维度的评价指标体系。确立了“为教师设定明确的预期”“吸引优秀人才到教师队伍”“为职前教师提供有用的培训和实习经历”“教师的技能与学生的需求相匹配”“强有力的校长来领导教师”“对教学与学习进行监测”“支持教师改进教学”“激励教师的表现”等有效教师的八项目标，教师政策监测主要有教师入职和在职的要求、师范生的培养、教师的招聘和雇佣、教师的工作量和自主权、教师专业发展、报酬（工资和非工资福利）、教师退休规定和福利、教师素质的监控和评价、教师的代表性和发言权以及学校领导力等十项指标。

该项目的实施过程包括三个基本步骤。国家基于自身教育质量监测政策和教育系统的情况，进行自我诊断式的监测；世界银行的研究团队根据问卷所收集的数据，生成国家概况报告；基于报告中发现的问题，测评国家或地区参考项目组在报告中提供的建议，制订采取行动的计划，并予以执行。

（四）美国的评价项目 NAEP、PARCC 和 SBAC

NAEP① 评价体系是美国唯一的全国性、代表性和持续性的评价学生学业成绩的评价体系。这项评价体系由美国国会授权，由教育部所属的全国教育统计资料中心管理，由教育考试服务中心（ETS）实施。每隔两年对全国进行一次阅读和数学测试，在时间和资金允许的情况下，定期对写作、科学、历史、地理、公民学、外语、艺术等学科进行测试，测试内容主要是学校课程和国家课程共同的知识和技能的掌握情况，评价结束后向公众报告四

① 马世晔：《从国外教育评价制度看我国基础教育评价体系的建立》，《中国考试（研究版）》2008 年第 5 期。

年级、八年级和十二年级学生的教育进展情况。评价方式主要有全国评价、州评价和试验城市评价。作为全国的成绩单，评价目的不是指导教师如何进行教学，而是向公众、政策制定者和教育者提供学生在各个学科方面能力的描述性信息；评价工具主要通过分层抽样方法对全国学校进行抽样测量学生成绩，也用矩阵方法对试题进行设计，设计的试题分成很多小项目，分别由不同社区、地区、州的学生来完成，对每个学生完成的题目数量有严格的限定；评价内容既包括学生在数学、阅读、写作、历史、科学等学科学业水平的发展趋势，也包括对影响学生能力发展的各种因素（如学校教育情况、家庭教育背景等）进行大规模调查；调查的对象包括学生、教师、校长和家长，当调查结果与学生在学科学业水平的平均分和成就水平相关时，NAEP就作为普遍的趋势进行报告，这样就为公众、政策制定者提供了更加全面的信息。

PARCC 评价体系是 2010 年通过《2019 年美国复兴和再投资法》（*American Recovery and Reinvestment Act*，*2009*）中“力争上游评估项目”（Race to the Top Assessment）的专项拨款方式，支持、研发、推出的。参与 PARCC 的各州教育领导人所持有的共同信念是运用各州的共同力量使学生高中毕业时为升入大学和就业做好准备。其主要目标是首次为全国的中小学教学质量检测设置一个统一的高标准，向教师提供学生学习进展的动态信息，建立各州自主决定的责任制体系，促进教育问责制的实行。该评价体系研制模式的框架包括建立共同合作的联盟式研制组织，以“证据中心”和“通用设计”为研制方法，遵循标准化的研制程序；其基本特点体现在建立了“联邦—州—专业机构”共同合作的支持联盟机制，凸显了公平与证据相结合的设计原则，基于“核心标准”采用科学的研制程序①。PARCC 评价体系包括形成性评价和总结性评价相结合的二元结构，英语和数学等核心学科的评价模块以及由资源共享中心复杂文本诊断、选择性评价项目构成的形成性评价工具等②；以“助力学生升学和就业”为基本理念，以“州核心课评价模块”为

---

① 栾慧敏等：《美国基础教育中 PARCC 评价体系的研制模式及其特点》，《外国教育研究》2016 年第 2 期。

② 刘学智等：《美国政府提高基础教育质量的最新举措——PARCC 评价体系的构建与启示》，《比较教育研究》2013 年第 10 期。

体系支撑，实现了“终结性评价与过程性评价”的优化组合；具有评价标准的统一性、评价体系的可参与性、评价方式的实用性和评价标准的科学性和有效性等特点，是美国政府在基础教育领域内就学业评价体系推出的重大改革举措[①]。

SBAC 评价体系是由美国智能平衡评估协会（SBAC）提出的学业质量评价体系，该协会由引领计算机自适应测验创新的“教师和教育研究者的终结性评价资源多州联盟”（SMARTER）、开发综合性学习评价体系的“平衡联盟”（Balanced Constrium）以及以开发形成性评价的“MOSACI 联盟”三个教育评价机构合并组成。该评价体系缘于“共同核心州立标准”的出台和基于州标准的学业评价体系改革的诉求，秉持“为升学和就业做准备”的理念；基本程序包括构建基本评价框架、题库和评价项目模板，设计总结性评价、临时性评价和形成性评价多元化评价模型，建立评价项目资源库和技术支持的评价报告系统。该体系凸显评价方式的平衡性，以先进技术为支撑，实现评价结果处理的多元化[②]，有力地推进了美国“核心标准”的实施[③]。

（五）英国的 SATs[④]

SATs 是对英国义务教育前三个阶段国家课程评价的统称。《1988 年教育改革法》规定，把义务教育阶段划分为 KS1（5—7 岁）、KS2（7—11 岁）、KS3（11—14 岁）和 KS4（14—16 岁）四个关键阶段，分别对学生在 7 岁、11 岁、14 岁和 16 岁时学习国家课程各科目的情况进行全国统一评定。在 7 岁时，所有学生都要参加国家的语文和数学测试；在 11 岁时，除了参加语文和数学测试外，还要增加科学测试；在 14 岁时，参加与第二阶段相同科

---

① 陈殿兵等：《美国基础教育评价体系 PARCC 的评析及启示》，《外国中小学教育》2016 年第 4 期。

② 陈淑清等：《美国基础教育中 SBAC 学业评价体系的构建与启示》，《东北师大学报（哲学社会科学版）》2013 年第 3 期。

③ 刘学智等：《美国基础教育中 SBAC 学业评价体系研制模式与启示》，《外国教育研究》2013 年第 9 期。

④ 马世晔：《从国外教育评价制度看我国基础教育评价体系的建立》，《中国考试（研究版）》2008 年第 5 期。

目的测试。这三个阶段的测试叫作 SATs。在 16 岁时，参加剑桥评价机构等举办的中等教育证书考试（GCSE），考试科目不再局限于语文、数学和科学，而是多达 50 余种，学生在其中任选 9 门参加考试，国家要求所有考生至少要达到 C 级水平。

SATs 不仅有统一的测试，还要求教师把自己平时对学生的评价与之相结合。教师评价要求根据自己对学生的观察、学生的课堂表现以及作业情况，对学生在各个目标上的水平作出判断。同时，GCSE 不仅有学科考试，还包括职业和技术的内容，如运动、烹饪等，每通过一门就可以获得一个证书。

（六）澳大利亚的 NAP 和 ICAS①

NAP 是澳大利亚政府 2008 年推出的全国性评价项目，由联邦政府批准设立并划拨专款，对中小学 3 年级、5 年级、7 年级、9 年级的各个学科情况进行全面的测评，以对全澳各地教育水平和发展作出定期的、系统的评价。从 2009 年开始全澳所有学生均要参加 NAP，统一阅卷，统一进行统计分析。它是由澳大利亚政府采用招标方式委托澳大利亚教育研究所（ACER）和澳大利亚考试中心（EAA）等机构分别承担的。题型有选择题、简答题和问答题，科学科目还有两道实验题；做答方式是采取学生先集体分班分组做实验、收集数据，然后再单独回答，考试时间 45 分钟。NAP 的结果报告有公共报告和技术报告两种，主要提供给政府和学校。

ICAS 是由 EAA 举办的对学校系统最为全面的评价项目，每年大洋洲各国有 170 万的学生参加考试，另外有来自新加坡、马来西亚、中国、南非、印度尼西亚和印度的 70 万海外学生在本国参加此项考试。ICAS 考试科目有：英文（3—12 年级）、数学（3—12 年级）、写作（3—12 年级）、拼写（3—7 年级）、科学（3—12 年级）和计算机（3—10 年级）。最近 EAA 又推出了一套一般成绩测验（GAT），作为 ICAS 系列的综合科目考试。每年在 ICAS 考试中的前 1% 的学生获得大学金牌，前 10% 的学生获得优秀证书，

① 马世晔：《从国外教育评价制度看我国基础教育评价体系的建立》，《中国考试（研究版）》2008 年第 5 期。

其他学生也将获得各类参赛证书，标明其成绩水平。它不仅仅是一项竞赛项目，随着不断发展和数据库积累，它已经越来越成为一项诊断性测验，能比较全面地评价中小学学生各年级阶段的知识和能力。由于经过等值处理，考试后，EAA 每年对不同国家进行纵向和横向比较，将不同年级学生的表现放在同一量表上进行分析，为学校教学和学生学习提供反馈信息。EAA 为学生提供的学习诊断报告会明确地指出其优势和劣势，以及在总体学生中的大概位置；EAA 还为参加测评的各个学校提供一份结果报告，为评价该校各科教学状况和各个年度的发展情况提供依据。

二、国外基础教育质量评价体系的主要特点

随着各国基础教育改革的不断深入，当前基础教育质量评价体系呈现出新的特点。有研究者认为，国家间的合作在加强，考试评价的关注点已从注重结果的总结性评价转移到注重过程监测的形成性评价，评价的范围扩大，信息网络技术在考试评价领域发挥着越来越重要的作用[①]；具有科学性、规范性、广泛性等特点，对国家教育决策的影响力逐步增强，更加关注真实的社会情景和价值观教育，评价主体逐渐多元化，在线测试成为主要方式、质性数据比重增加，过程与结果并重、更加理性地看待评估结果[②]；等等。据此，我们认为当代基础教育质量评价体系呈现以下特点。

（一）评价体制国际化

目前，各国不断加强国际合作与交流，既注重基础教育评价体系的本土特色，也注重国际共识。有研究表明，国际学生评价项目（PISA）、国际阅读素养进展研究（PIRLS）、国际数学和科学成就比较研究（TIMSS）三种学生评价项目在评价理念、内容、题型、目标、作用以及取样对象等方面存在一些异同[③]。其中，PISA 希望发布各国平均水平和学生层次分布的信息，并

① 陈睿：《第 33 届国际教育评价年会述评》，《教育理论与实践》2008 年第 4 期。

② 姜朝晖等：《国际基础教育评价新动向——以 PISA，PIRLS，TIMSS 为例》，《世界教育信息》2015 年第 19 期。

③ 蒋盛楠：《国际基础教育阶段学生评价项目的分析及启示》，《基础教育参考》2005 年第 8 期。

通过国际比较，为各国政策分析和研究提供有价值的参考，为保证评价的效度和信度，各国专家共同决定评价的范围、本质、学生背景信息等，评价材料也考虑到不同的文化和语言，翻译、取样和资料收集过程采取了严格的质量评价机制；PIRLS 的目标是对参与国家和地区的小学 4 年级（一般是 9 岁）学生的阅读素养以及学生的家庭和学校的背景进行比较；TIMSS 的主要目的在于为国家在课程和教学上的政策制定提供建议，提高各国数学和科学的教学水平，还对学生、教师和校长进行问卷调查，考察学生数学和科学学习的背景，以阐明家庭和学校对学生成绩的重要影响。

（二）评价理念多元化

20 世纪 80 年代以后，随着经济的增长，社会教育理念和观点的发展变化，教育改革的深入发展，各国积极开展基础教育质量评价理论创新与实践探索，新评价理念不断涌现。比如，受人文主义思想的影响，基础教育质量评价进入专业化的时期，评价从“测量”“描述”“判断”时代走向“建构”时代，从“客观判断”到“理解式对话”，实现真正的对话式评价①，强调评价的“共同构建”“全面参与”“多元价值”②；复杂性理论关注自主性、交互性、整体性、生成性和发展性，以复杂理论为指导，评价主体多重对话、建立平等协商合作机制，整合教师和学生学习系统，形成整体性评价文化，运用多种方式实施学校评价等策略，促进学校、教师、学生的自主性、整体性和可持续发展③；呈现从行为主义转向认知主义，从纸笔测验到真实性评价，成长档案袋从一次性评价到定期取样，从单一归因到多维度评价，从强调个人评价到重视小组评价、群体合作技能、合作结果等趋势④。

① 杨小微等：《“对话”与“独白”：基础教育课程改革中的评价问题探讨》，《教育科学研究》2004 年第 4 期。

② E. G. Guba, etc. , *Fourth Generation Evaluation*, Newbury Park, Calif: Sage Publications, 1989, pp. 186 – 187.

③ 蒋关军：《复杂性理论视野下的学校评价重建》，《内蒙古师范大学学报（教育科学版）》2015 年第 6 期。

④ 罗朝猛：《多元综合评价：国外及我国台湾地区中小学生评价的主要方式》，《教育测量与评价（理论版）》2008 年第 4 期。

（三）评价目标人文化

反思传统基础教育质量评价在目标取向上的弊端，当代基础教育质量评价提倡真实性评价、发展性评价、增值评价等，日益注重评价主体的多元化及主体间性，强调“人的价值”与“整个人”的发展，凸显了评价的人文特色。多元智力理论呼唤的新型基础教育质量评价要在真实的场景中评价学生解决实际问题的能力，要评价学生的动态发展过程，要多元化地评价学生多元智力的发展，要尊重并评价学生发展的差异性①；发展性评价思想的提出，使基础教育质量评价在评价目的上从关注结果的评价转向关注诊断性评价和过程性评价，在评价内容上从办学理念与目标、办学条件、领导与管理、课程与教学、教师队伍建设、学校办学效益等多个方面进行全面、综合的评价②；增值评价能深化素质教育理念，促进区域平衡发展，追求过程与表现持续发展，提升教育质量③；等等。

（四）评价过程规范化

当代各国十分注重基础教育质量评价指标体系的完善和评价过程的监督与指导，评价过程日趋规范。当代基础教育质量评价标准既关注学生的学业成就，又关注学生的品德发展水平、学业发展水平、身心发展水平、兴趣特长养成、学业负担状况等不同方面，关注学生的全面发展、个性化发展及综合素质，强调多元评价主体的评价作用，向着科学化、系统化和专业化的方向迈进④。为保证各种评价的准确性和公平性，大都委托著名的评价与研究机构来负责具体实施，在操作时用严格的标准管理规范实施中的各个环节。因此，自 20 世纪中期开始，基础教育质量评价不断发展，尤其进入 21 世纪以来，国际上的大规模基础教育质量评价项目在教育质量的监测、教育水平

---

① 霍力岩等：《多元智力评价与我国基础教育评价改革》，《教育科学》2005 年第 3 期。

② 卢立涛：《浅析学校评价理论的发展历程与趋势》，《教育理论与实践》2007 年第 6 期。

③ 冯虹等：《增值评价：基于大数据的发展性教育评价模式》，《当代教育科学》2016 年第 9 期。

④ 卢秋红：《基础教育评价：向科学化、系统化、专业化方向迈进》，《中小学信息技术教育》2016 年第 7 期。

的提升、教育决策的制定中发挥着越来越重要的作用①。

（五）评价方式多元化

当代基础教育质量评价日益强调评价方式方法的多样化，越来越重视现代信息技术的引入。一方面，各国基础教育质量评价方法的多样化。注重自评与他评、定量评价与定性评价、定位评价与诊断性评价、形成性评价与总结性评价、相对评价与绝对评价以及个体内差异评价的有机结合，广泛运用测验法、问卷法、观察法、面谈法、档案袋记录法、录像分析法、同行评议法、应答式评价法、等级评定法等②。另一方面，积极将计算机与网络技术渗透到基础教育质量评价之中。信息网络技术在基础教育质量评价中发挥着越来越重要的作用，通过互联网进行的网络在线考试，通过互联网进行的口语测试，利用计算机的动态和交互式功能提出的 E－Assessment 考试评价理念和初步研究成果，都给考试评价的发展提供了更广阔的空间③。

（六）评价结果合理化

当代基础教育质量评价十分注重评价结果的真实性、有效性，评价结果日趋合理。基础教育质量评价从表现形式上看可以分为质量认证（Accreditation）、质量审核（Audit）、质量评估（Assessment）、学校排名（Ranking）等类型④。目前，发达国家的基础教育质量评价强调激励与发展功能，重视形成性教育评价，关注教育过程，对教学过程中存在的问题、教学质量的问题进行诊断，了解它的优势和不足，从而为进一步提高教学质量提供信息和建议。成绩报告不再是简单的分数，而是按知识、能力体系提供一个完整的诊断报告；评价关注点已从注重结果的总结性评价转移到注重过程监测的形成性评价，由仅提供单一分数到注重评价结果的“质”性描述⑤、兼顾“平

① 姜朝晖等:《国际基础教育评价新动向——以 PISA，PIRLS，TIMSS 为例》，《世界教育信息》2015 年第 19 期。

② 王彬等:《关于基础教育创新人才培养中评价的思考》，《考试研究》2011 年第 4 期。

③ 陈睿:《第 33 届国际教育评价年会述评》，《教育理论与实践》2008 年第 4 期。

④ 王彬等:《关于基础教育创新人才培养中评价的思考》，《考试研究》2011 年第 4 期。

⑤ 陈睿:《第 33 届国际教育评价年会述评》，《教育理论与实践》2008 年第 4 期。

等与效率”①。

总之，当前世界各国十分注重基础教育质量制度与机制的完善与创新，基础教育质量评价体系呈现出国际化、人文化、多样化、规范化、信息化与合理化等趋势。

第二节　我国基础教育质量评价体系问题反思

随着基础教育改革的不断深化，基础教育质量评价体系的不断完善，我国学者日益注重国际前沿信息的吸收与国内现状的反思。有学者认为，我国基础教育质量评价中存在：评价目的功利化、标准简单化，评价功能缺失化、内容片面化，评价方法单一化、主体一元化②；基层参与主动性不强，评价指标体系不完善，评价时效性、动态性不够，数据挖掘不深③；评价体系缺乏“以人为本”的思想，评价主体缺乏广泛的参与性，教学质量评价标准缺乏弹性和发展性指标等问题④；评价观念缺乏明确性，评价内容缺乏全面性，评价方式缺乏多样性，评价功能过于功利性⑤；评价理念落后，评价主体单一，评价方法过于注重量化、轻视质化，评价组织单调，评价标准划一，评价结果缺少完整性⑥；评价改革的外部社会环境缺失，改革过程中完整性与统整性缺失，外源性评价机制缺失，专业教育评价理论及技术素养缺失⑦；等等。

借鉴已有成果及反思我国当前基础教育质量评价的现状，我们认为，我

① 林福森等：《NCLB 与美国联邦基础教育价值取向的转变——基于 Title I 评价的视角》，《外国教育研究》2010 年第 2 期。

② 吴宝席：《让评价真正关注“人的全面发展”——基础教育质量评价体系的考量与完善建议》，《湖南教育（A 版）》2015 年第 2 期。

③ 李强：《关于浙江省开展基础教育质量综合评价的几点思考》，《浙江教育科学》2014 年第 4 期。

④ 轩明：《创新教育观指导下如何构建基础教育教学质量评价体系》，《新课程研究（下旬刊）》2013 年第 9 期。

⑤ 翟淑娟：《当前基础教育教学评价改革中的问题与对策》，《青春岁月》2013 年第 20 期。

⑥ 李焕武：《浅谈教育评价在我国基础教育中的运用发展》，《新课程（中旬）》2013 年第 5 期。

⑦ 杨勇：《“四个缺失”：教育评价改革之路何去何从——对基础教育质量综合评价改革问题的思考》，《教育观察（下半月）》2017 年第 5 期。

国基础教育质量评价仍存在评价制度不健全、评价理念欠合理、评价主体“官本位”、评价过程欠规范、评价方式单一、评价结果失真等问题。

一、评价制度不健全

评价制度是基础教育质量评价的制度支持与法律保障。目前，我国基础教育质量评价制度欠完整，指标体系较单一。

（一）评价制度欠完整

改革开放40多年来，我国尽管先后颁布了一系列基础教育法律法规，构建了有关基础教育教师、学生、课程、学校质量评价制度体系。但是，我国基础教育质量评价制度仍不完整，缺乏“农村基础教育质量评价”①“区域基础教育质量评价”②“民族基础教育质量评价”③“幼儿、初等和中等特殊教育”“幼儿园、中小学质量标准”等相关法律法规。

（二）评价指标体系单一

目前，我国基础教育质量评价，一般是在一个区域内由教育行政部门制定统一面向所有同类学校的评价指标体系，或一个学校制定一套面向全体教师、学生的评价指标体系，以统一的指标、统一的标准去评价具有不同历史、不同基础、不同条件的对象，掩盖了评价对象的个性、特色、特长，造成了千校一面、万生一样的结果④。“大一统”的评估标准与个性化的学校发展要求不相适应⑤。

二、评价理念欠合理

评价理论与指导思想是基础教育质量评价体系的重要组成部分，决定着

---

① 蒋亦华：《农村学校发展的政府行为评价与建构》，《中国教育学刊》2015年第3期。

② 田一等：《区域基础教育学业评价与课程标准一致性的本土化研究——以北京市为例》，《教育测量与评价》2016年第10期。

③ 周利：《民族基础教育人才培养评价的不足及对策分析》，《学理论》2014年第6期。

④ 何侃等：《基础教育评价的问题分析与对策》，《教育评论》2007年第5期。

⑤ 王彬等：《关于基础教育创新人才培养中评价的思考》，《考试研究》2011年第4期。

基础教育质量评价的方向。目前，我国基础教育质量评价体系存在评价认识的片面性与评价目标的功利取向。

（一）评价认识的片面性

目前，我国基础教育质量评价认识的片面性主要表现为指导思想不明确、缺乏辩证思维。

第一，对基础教育质量评价缺乏深入研究，指导思想不明确。比如，我国基础教育质量评价在思想理论层面，“优质”“均衡”“人民满意”等观念混淆在一起，不利于在“什么是基础教育质量标准”问题上取得价值共识①；教育哲学不明晰，教育督导与评价制度的单一性与终结性，使得学校价值偏向“唯简单分数等级论”，忽视了学生综合素质和个性的发展，阻碍了学校的发展，制约了学生的全面发展与健康成长②；模糊认知教育评价的价值，常常把人才的培养定位于学生考试分数的优良、升学率的高低，只关注考试结果，而不关注教育本身、教育过程，只关注学业发展水平，而不关注“促进人的全面发展”，最终只能导致教育丧失了促进学生发展的本性、遗失了学生主体性价值、无限放大功利性价值③；重量轻质，并把量当成质④；只针对低层次的认知目标进行评价，忽视对高层次思维技能、深层理解和全面发展进行评价，过于简单化⑤；等等。

第二，固守“二元对立”⑥。受传统“主客二分”思维模式的影响，我国目前在基础教育质量评价中，有的评价者仍坚守“非此即彼”“二元对立”的思维范式，人为地把“知识”与“能力”、“过程”与“结果”、“奖”与“惩”、“共性”与“个性”、“升学”与“就业”、“城”与“乡”、“选拔”与“奠基”、“科学”与“人文”、“显性”与“隐性”、“教”与

① 耿申：《基础教育质量监控：回归“质”的评价》，《中小学管理》2011 年第 6 期。

② 熊文君：《教育质量综合评价改革重构学校价值新秩序》，《湖南教育（A 版）》2015 年第 9 期。

③ 林忠章：《论学校教育评价的终极目标是人的全面发展》，《莆田学院学报》2014 年第 4 期。

④ 耿申：《基础教育质量监控：回归“质”的评价》，《中小学管理》2011 年第 6 期。

⑤ 吴宝席：《让评价真正关注“人的全面发展”——基础教育质量评价体系的考量与完善建议》，《湖南教育（A 版）》2015 年第 2 期。

⑥ S. W. Li, etc., “Reflecting the Evaluation of Basic Education in China”, *Cross – Cultural Communication*, 2012 (6).

“学”等范畴对立起来，过多强调矛盾双方的对立性，忽视甚至无视二者之间的联系与统一，出现“有此无彼”“顾此失彼”等不良倾向，导致评价结果的片面性、主观性、功利性，使基础教育质量评价失去了自身应有之义。

（二）评价目标的功利取向

目前，我国基础教育质量评价在目标追求上存在重升学率、控制、奖惩、选拔等功利取向①。

第一，“结果取向”。它主要表现为过分注重学生考试成绩、升学率的高低，而忽视对整个教学过程的关注，忽视教师自身的专业成长、学生综合素质的提升。长期以来，由于受“为应试而教，为应试而学”的不良影响，应试、升学成为基础教育唯一的价值取向，多数学校在教师教学质量评价时尽管表面上是对教师“德、能、勤、绩”的考评，但实质上还是只看“绩”，往往只从考试分数、升学率来评价学生学习的好坏、教师教学质量的优劣。事实上，学生学业成绩和升学率的高低是由学生（如个人素质、努力程度）、教师（如教学水平、职业道德）、学校（如校风、资源开发）、家庭（如家长文化素质、家庭教育态度与方式）、社会（如社会风气、社区文化）等多种因素共同作用的结果。因此，仅凭学生的学业表现来评价基础教育教师教学水平，既不客观、公正，更不利于学生的健康成长、教师的专业发展与整个学校教学质量的提高。

第二，“控制取向”。它是指基础教育质量评价中过分注重评价者对被评对象的控制功能，而忽略了评价的服务、教育、发展功能。人既是管理活动的主体，又是管理活动的对象，学校管理归根到底是对“人”的管理，必须关心、关注、关爱和促进人的发展。从整体上看，当前我国基础教育质量评价仍是以传统的教育和管理观念为主导的评价机制，以管理人员为核心，以传统的管理理念为指导，教师、学生完全被视为被管理对象，他们没有任何发言权、缺乏得到应有的信任与尊重。这种“控制取向”的评价显然已不适应我国基础教育发展的需要。

---

① S. W. Li, etc. , “Reflecting the Evaluation of Basic Education in China”, *Cross – Cultural Communication*, 2012 (6) .

第三，“奖惩本位”。它是指基础教育质量评价中，学校或主管部门往往根据“表现”好坏对学校、教师、学生进行奖励与惩罚。目前，我国基础教育质量评价仍盛行奖惩性评价，仍存在以考试成绩、升学率作为奖惩的标准，评价目的大都是指向选拔、鉴别，评价结果常常与奖惩、晋职和晋级紧密相连。利益、奖金和荣誉等本只是一种激励的手段，但是，在奖惩性教育评价制度中片面强化了评价的甄别、选拔功能，忽视了评价本身所具有的诊断、促进发展的功能，使评价沦落为奖惩教师、学生的依据和工具，已引起广大师生的不满和对评价本身的不信任甚至抵制的情绪。偏重行政主管部门自上而下的评价，欠缺基于顾客利益、顾客诉求的教育服务①。

第四，“等级取向”。它是指基础教育质量评价中将选拔与级别划分作为目标追求。表现为教育管理者、学校领导常常把学校评估、听课评课、学业考试作为评定等次、选拔优秀的唯一方式，学校评估、升学率、考试成绩成了学校、教师、学生竞争、争夺名声和名次的唯一法宝。当前的基础教育质量评价体系仍存在以下不足：分数和升学率依然是评价教师和学校的主要依据，评价内容仍然偏重书本知识而缺乏对综合素质的考查，甄别与选拔仍是评价的主要目的而未能实现“以促进学生的全面发展”为核心，对评价结果较为关注而对过程性评价考虑不足，等等②。其结果是，学生有优生与差生、教师有优秀与不优秀、学校有名校与“孬校”或重点与非重点之分，基础教育质量评价成了鉴别“三六九等”的唯一标准。

三、评价主体“官本位”

评价中“官本位”主要表现为将基础教育质量评价变成政府管理行为，评价成了教育管理者、学校领导的专有权利，政府评价主体的单一性与市场需求的多样性存在矛盾③。

---

① 楚红丽：《基础教育服务质量“顾客导向”评价体系初探》，《教育学术月刊》2013 年第 3 期。

② 曹德卿等：《美国基础教育评价系统 PARCC 对改进我国教育评价体系的启示》，《考试研究》2014 年第 3 期。

③ 王彬等：《关于基础教育创新人才培养中评价的思考》，《考试研究》2011 年第 4 期。

（一）教师质量评价中的“教师缺位”

尽管2002年《通知》明确提出中小学教师教学评价以教师自评为主，但是，基础教育教师质量评价对教学效能评价的重视程度超过了对教师专业发展的评价，侧重的是以外在压力激励教师的教学，而忽略了以内在发展动力去激励教师的教学热情和创新精神①。在不少基础教育的教学评价中，教师只有教学权，没有评价权，评价时成了旁观者，没有发言权、表达权，其结果是，教师教学评价不仅缺乏真实性、客观性，而且严重影响了教师教学工作的积极性、创造性，阻碍了教学质量的提高与教师的专业成长②。

（二）学生质量评价中的“学生缺位”③

传统的考试、测量多数都是考查学生的学业，学业评价成了学校领导、教育管理者的重要法宝。当前，我国基础教育学生质量评价仍以区分等级和筛选择优为主要目的，以成绩分数和“循规蹈矩”为主要标准，以考试测验和直觉印象为主要手段，对学生的精神世界、个体差异、后进学生的优秀品质、成绩优秀生的不足之处等方面重视不够④。不少基础教育学校的学业评价，学生仍只有学习权、参与考试权，没有评价权，他们往往只是成长档案袋的记录者，失去了成长的主动权，他们的主体地位不但没有得到应有的尊重，甚至主体人格有时也会遭到践踏。其结果是，基础教育学生学业评价不仅未能很好地促进学生的全面发展，而且导致了学生的厌学、逃学、辍学与品德不良等不良现象发生，影响了学生的健康成长。

（三）学校质量评价中的“学校缺位”

这主要表现为我国当前基础教育学校质量评价仍以外部评价为主，政府及教育主管者是基础教育学校质量评价的主体，幼儿园、中小学、特殊教育

---

① 王彬等：《关于基础教育创新人才培养中评价的思考》，《考试研究》2011年第4期。

② S. W. Li, etc.,“Reflecting the Evaluation of Basic Education in China”, *Cross－Cultural Communication*, 2012 (6).

③ S. W. Li, etc.,“Reflecting the Evaluation of Basic Education in China”, *Cross－Cultural Communication*, 2012 (6).

④ 王彬等：《关于基础教育创新人才培养中评价的思考》，《考试研究》2011年第4期。

学校在评价方面没有发言权。评价双方地位不平等，教育管理者常常处于支配地位，基础教育学校处于服从地位，常常疲于应付各种形式的评价与验收工作。实践证明，“学校缺位”的基础教育学校质量评价不仅不能反映基础教育学校的实际情况，而且在很大程度上挫伤了幼儿园、中小学、特殊教育学校的办学积极性与创造性，很难有效地促进基础教育学校的自主发展、特色塑造。

四、评价过程欠规范

改革开放40多年来，我国初步形成了自身的评价制度与标准体系，但是，在基础教育质量评价过程中仍然存在“标准缺席”“标准乱用”等主观主义倾向。

（一）评价中“标准缺席”

目前，尽管我国不断完善基础教育评价制度，但是，基础教育质量评价仍存在“标准缺席”现象，有的教育管理者、学校领导成了评价的权威与标准的代言人，他们可以任意使用自身的评价权，说谁“是”“行”，谁就“是”“行”；说谁“非”“不行”，谁就“非”“不行”。其结果是，标准形同虚设，没能发挥应有的作用，评价成了一些基础教育管理者施展“权威”的手段。

（二）评价中“标准乱用”

基础教育质量评价中，尽管有的教育管理者、学校领导承认评价标准的合法性，但是评价时缺乏灵活性，存在标准的折扣或扩大等现象。一方面，有的评价者机械适用标准。评价不能因地、因时制宜，只知死板执行已有标准，随机应变能力差，评价缺乏应有的针对性。比如，基础教育质量评价中用同一标准评不同的课，听一节课就能作出评价等现象仍屡见不鲜。另一方面，有的评价者缺乏对评价标准的科学理解，盲目地将评价标准缩小或扩大，无视已有标准的严肃性，片面夸大评价者主观意志的作用。其结果是，已有标准不能得到或不能完全得到有效的实施。

五、评价方式单一

目前，我国学界尽管十分注重国外评价方式的引介，但是在基础教育质量评价中仍存在评价方式的“简单化”“片面化”倾向。

（一）评价方式“简单化”

这主要表现为我国基础教育质量评价仍然根据单一的国家或地方评价标准，采用“单一”评价形式。我国基础教育质量评价主要通过总结性的笔试手段进行量化评价，很少采用体现新评价思想的、质性的评价方法，较少采用过程性评价与总结性评价相结合的评价方式，从而失去评价的过程性、诊断性、育人性；仍以任课教师的单项评价为主，被评价者仍多处于消极被动的被评价地位，基本上没有形成教师、家长、学生、管理者、同伴和社区等多元主体参与、交互作用的评价模式①。

（二）评价方式“片面化”

这主要表现为片面地将自评与他评、论断性评价与总结性评价、量化评价与质性评价等对立起来，出现重“量”轻“质”、重“结果”轻“过程”、重“外延”轻“内涵”等不良现象。现阶段，我国基础教育的评价方式仍然是以应试为主导，通过量化对学生进行筛选，进而达到选择人才的目的②；过多使用量化指标对学校“硬件”进行测量、忽略了对学校“软件”质量的全面考察，很难为学校提供及时的、经常性的、能够解决实际问题的、富有前瞻性指导意义的服务和帮助③。

---

① 吴宝席：《让评价真正关注“人的全面发展”——基础教育质量评价体系的考量与完善建议》，《湖南教育（A版）》2015年第2期。

② 林静：《关于中国基础教育应试评价的哲学反思及改革策略》，《辽宁教育行政学院学报》2012年第3期。

③ 苏建庭等：《促进课程发展的学校评价指标体系研究》，《教育理论与实践》2004年第21期。

六、评价结果失真

我国基础教育质量评价正是因为评价制度不健全、评价理念欠合理、评价主体“官本位”、评价过程欠规范、评价方式单一、评价结果失真等不良现象，评价结果既“不确信”也“不适用”，失去了应有的价值。

（一）评价结果“不确信”

“确信性”（Trustworthiness）是以可信（Credibility）、迁移（Transferability）、可靠（Dependability）和一致（Conformability）分别类比于内在效度、外在效度、可信程度和客观性的①。“不确信”是指我国基础教育质量评价因为受传统应试教育的影响，加上制度的不健全、实施过程的不规范等不良现象，评价结果常常不能真实、客观地再现基础教育教师、课程、学生、学校质量实际，缺乏真实性、客观性。

（二）评价结果“不适用”

“不适用”是指评价者过分迷信评价结果，将基础教育教师教学质量、学生学业质量和学校质量片面地等同于“考试分数”“竞赛成绩”“升学率”“形象工程”等，并以此给予相应的分等、奖励或者惩罚。实践证明，如果对教学评价结果的分析不够深入，评价对于教学的促进作用就不够明显②。

总之，我国基础教育质量评价体系在评价制度、评价认识、评价主体、评价过程、评价方式、评价结果等方面有待进一步完善与优化。

第三节　我国“全纳”基础教育质量评价体系构想

当前，我国学者不仅积极吸收发达国家基础教育质量评价的先进经验，而且深刻反思我国基础教育质量评价体系存在的现实问题与不良现象，提出

---

① E. G. Guba, etc. , *Effective Evaluation: Improving the Usefulness of Evaluation Results Through Responsive and Naturalistic Approaches*, San Francisco: Jossey – Bass, 1981, p. 275.

② 易进：《建构促进教与学的课堂学习评价》，《教育学报》2013 年第 5 期。

了许多具有启发性与指导性的建议。比如，认为我国应加大国家的基础教育投入，实现教育起点、过程和结果的公平，建立全面的、多维度的动态评价方式[①]；强调激励与发展的功能，重视形成性教育评价，关注教育过程，形式多样[②]；应构建“育人为本”、科学多元的基础教育综合评价制度，限制高利害测验，重视发挥好教育工作者、教育专业组织和专家的作用，重视公平性和有效性，重视经费保障，创新教育工作者评价[③]；应走向科学化、系统化和专业化[④]；等等。吸收已有研究成果，结合现实问题，我们认为我国应该进一步优化基础教育质量评价机制、评价理念、评价主体、评价过程、评价方法、评价结果，建构切实有效的“全纳”基础教育质量评价体系。

一、建立“全纳”评价制度与管理机制

改革开放40多年来，我国先后颁布了一系列法律法规，形成了比较完整的基础教育质量评价体制，但仍存在制度不健全、标准较单一、督导不力等问题，建立“全纳”基础教育质量评价制度与管理机制实有必要。

（一）进一步健全“全纳”基础教育质量评价制度与评价标准指标体系

目前，我国需要进一步加强“全纳”基础教育质量评价制度，建立多领域、多层次、多学科基础教育质量评价标准体系。

第一，进一步优化相关法律法规，完善已有基础教育质量评价制度与指标体系。我国基础教育质量评价体系建设应建立与课程标准相配套的内容标准和学业标准（表现标准），使过程评价与结果评价充分融合，加快专业考

---

① 杨艳华等：《国际学生评价项目（PISA）及其对我国基础教育的启示》，《遵义师范学院学报》2016年第2期。

② 王彬等：《关于基础教育创新人才培养中评价的思考》，《考试研究》2011年第4期。

③ 龙洋等：《美国基础教育评价改革新动向：减少不必要的、低质量的高利害测验——奥巴马政府“测验行动计划”研究》，《外国教育研究》2016年第10期。

④ 卢秋红：《基础教育评价：向科学化、系统化、专业化方向迈进》，《中小学信息技术教育》2016年第7期。

试机构发展、提高评估部门服务水平、提供更多支持性资源，加强与高等教育系统的联系、打通人才输送渠道，将特殊群体纳入评价系统、关注教育公平①；重综合评价，关注个体差异，实现评价指标的多元化②；适时采用多元智力评价，适度调整评价形式的权重；完善招生评价制度，建构招生多元评价体制③；重构学校课程价值体系，重构学校课堂教学新秩序，重建教师专业发展与学校管理新秩序④；等等。

第二，建立新的法律法规，增强基础教育质量评价制度的“全纳性”与针对性。目前，我国还要进一步加强“农村基础教育”“特殊基础教育”“区域基础教育”“少数民族基础教育”等领域的质量评价制度建设，加强“基础教育学校”“农村基础教育”“特殊儿童基础教育”“区域基础教育”“少数民族基础教育”评价指标体系建设，建立领域广、特色鲜明的基础教育评价制度与指标体系。

（二）健全“全纳”基础教育管理机制，明晰基础教育质量评价职责

我国不仅需进一步健全基础教育质量评价制度与指标体系，而且需健全“全纳”管理机制，实现基础教育质量评价从“官本位”向“人本化”转化。

第一，转变基础教育管理理念，实施“人本化”基础教育质量评价体制。“官本位”的基础教育质量评价体制体现在基础教育质量评价中，政府或教育主管部门成为唯一的评价主体，强调管理与控制功能、忽视服务与发展功能。“人本化”的基础教育质量评价体制则提倡评价主体的多元化，充分尊重被评价者的主体地位与人格，注重“人的价值”与“整个人的发

---

① 曹德卿等：《美国基础教育评价系统 PARCC 对改进我国教育评价体系的启示》，《考试研究》2014 年第 3 期。

② 吴宝席：《让评价真正关注“人的全面发展”——基础教育质量评价体系的考量与完善建议》，《湖南教育（A 版）》2015 年第 2 期。

③ 林静：《关于中国基础教育应试评价的哲学反思及改革策略》，《辽宁教育行政学院学报》2012 年第 3 期。

④ 熊文君：《教育质量综合评价改革重构学校价值新秩序》，《湖南教育（A 版）》2015 年第 9 期。

展”。我国应建立“顾客导向”的基础教育服务质量评价体系，构建起客观和主观相结合，既基于顾客又基于服务机构，包含顾客感知服务质量和服务提供能力评价为一体的基础教育服务质量评价体系①。只有远离“官本位”、增强“人文性”，才能充分发挥“全纳”基础教育质量评价制度与指标体系的作用。

第二，明晰管理责权，创新基础教育质量评价机制。如果“人本化”的管理理念与评价体制是实现公平的基础教育质量评价的前提，那么，明晰管理责权、创新基础教育质量评价机制则是其有力保障。目前，我国基础教育质量评价需建立良好评价生态，让师生成为教学评价的主体、拥有评价话语权，在自律中实施评价②；推进教育“管、办、评”分离改革，建构基础教育第三方评价机制，建立层级结合、上下贯通的教育教学质量评价运行机制③，增强基础教育质量评价的独立性、专业性、权威性和科学性、公正性、有效性④；从国家层面建立和完善教育质量监测体系，重点解决评价指标体系的针对性、评价过程的信息化与自动化、评价反馈的多层级化⑤，提高基础质量监测的针对性、实效性⑥；等等。

二、树立“全纳”评价理念

理论是行动的先导，我国当前需进一步加强“全纳”基础教育质量评价的理论研究与实践探索，树立辩证的评价思维与构建合理的评价功能观⑦。

---

① 楚红丽：《基础教育服务质量“顾客导向”评价体系初探》，《教育学术月刊》2013 年第3 期。

② 柳夕浪：《教学评价的有效突破——首届基础教育国家级教学成果奖评析之五》，《人民教育》2014 年第 23 期。

③ 轩明：《创新教育观指导下如何构建基础教育教学质量评价体系》，《新课程研究（下旬刊）》2013 年第 9 期。

④ 王伟铭：《关于建构基础教育第三方评价机制的思考》，《教育文汇》2015 年第 9 期。

⑤ 轩明：《创新教育观指导下如何构建基础教育教学质量评价体系》，《新课程研究（下旬刊）》2013 年第 9 期。

⑥ 王方全：《美国教育进展评价（NAEP）对我国基础教育质量监测的启示》，《现代中小学教育》2014 年第 9 期。

⑦ S. W. Li, etc., “Reflecting the Evaluation of Basic Education in China”, *Cross - Cultural Communication*, 2012 (6).

（一）树立辩证的评价思维

我国基础教育质量评价研究与实践应走出“主客二分”“二元对立”的思维模式，正确认识评价的不同表现形态，辩证分析矛盾双方的对立统一性，避免绝对化、“厚此薄彼”“顾此失彼”等现象，提高基础教育质量评价的实效性。我国“全纳”基础教育质量评价体系应处理好评价的理论模式与操作程序的矛盾、量化与质性的评价的矛盾以及评价方法的“西化”与本土化的矛盾。独断地宣称一种评价方法的合理性和不合理性，无益于评价改革；简单地复制西方国家的评价方法，特别是某些国外已淘汰的方法，对评价理论的创新不利。以特定情境为基础的、冷静的教育评价研究，具有长久的、普遍的意义①。

（二）建构合理的评价功能观

我国不仅应树立辩证的、批判性的评价思维，而且应改变功利的评价目标取向，树立“发展性评价”“增值评价”理念，建立“发展性”“增值性”的基础教育质量评价体系，充分发挥“全纳”基础教育质量评价的发展功能、增值效能。

第一，评价只是基础教育价值评判的一种必不可少的手段、方式，是基础教育及其价值实现过程中一个重要的环节。评价的意义在于了解现状、发现问题、指导行为、决策咨询等，而不是控制学校、教育者与受教育者，评价功能观应该从控制走向服务、从管理走向治理。基础教育教学质量评价、学生质量评价作为学校管理的一种重要形式，其主要目的不是如何控制、规范师生言行，而是为了更好地服务于并激励、促进学生的健康成长、教师的专业成长。我国“全纳”基础教育质量评价应树立发展性、以人为本的教育教学质量评价观②；应重发展，淡化甄别选拔，实现“育人为本”功能的

---

① 胡中锋等：《教育评价：矛盾与分析——在基础教育新课程改革的观照下》，《课程·教材·教法》2005 年第 8 期。

② 轩明：《创新教育观指导下如何构建基础教育教学质量评价体系》，《新课程研究（下旬刊）》2013 年第 9 期。

转化①；要在真实的场景中评价学生解决实际问题的能力，要评价学生的动态发展过程，要尊重并评价学生发展的差异性、独特性②。

第二，不能片面夸大或者忽视甚至轻视评价的功能。“全纳”基础教育质量评价尽管具有甄别好坏、指导教学、促进发展等功能，但是，它只是一种手段，而不是目的，它不能代替基础教育及价值本身，不能片面夸大或者忽视、轻视评价的作用。只有正确认识到评价的利弊得失，才能充分发挥它的服务、教育功能，从而有效地促进“全纳”基础教育的价值实现。

三、建构“全纳”评价主体

评价主体是基础教育质量评价的主动者、实施者，它不应是单一的，而应是多元的。我国“全纳”基础教育质量评价主体应从单一走向多元，应建立主体多元、和谐的评价体系③。

（一）实现评价主体多元化

“全纳”基础教育质量评价是对教育教学主体及行为表现的评价，评价者不仅包括教育管理者，还应包括教育者、受教育者、家长等，基础教育质量评价主体应该是多元的。当前，我国“全纳”基础教育质量评价应重视师生在评价过程中的作用，充分调动他们的主动性、积极性、创造性，促进学生、教师、学校的和谐发展。教师参与评价，有利于掌握学生愿意怎样学及学习效果等方面的信息，了解学生的心理感受，了解学生对课堂教学的满意程度，使教学更好地立足于学生的发展，提高教学质量；学生参与学业评价，能使他们了解自身知识学习与发展情况，反思、改进自身知识学习的过程与方法，学会评价自身的优缺点，提高学习效果。成立专门组织管理机构承接管理让渡权并实行严格资格准入、资质动态审查和服务实时监测，积极

① 吴宝席：《让评价真正关注“人的全面发展”——基础教育质量评价体系的考量与完善建议》，《湖南教育（A版）》2015年第2期。

② 霍力岩等：《多元智力评价与我国基础教育评价改革》，《教育科学》2005年第3期。

③ S. W. Li, etc., “Reflecting the Evaluation of Basic Education in China”, *Cross – Cultural Communication*, 2012 (6).

引入优质服务市场竞争机制，制定公开透明的评价体系并以服务质量和声誉求得生存，建立监督体系，实行上中下位多圈层联动的监督机制，实施失信惩戒措施，建立从信用修复到退出禁入的线性监管约束机制①。因此，我国应建立全员参与、全程管理、全面介入的立体化基础教育质量评价系统②，强调参与与互动、自评与他评相结合，实现评价主体的多元化③。

（二）增强评价主体的主体间性

主体间性是"主体—主体"关系中内在的性质，和谐的主体间性应是交往双方的相互了解、彼此人格与机会平等，彼此承认、遵守共同认可的规范，是主体与社会、自然界的和谐④。评价主体只有在评价中相互尊重、和谐共处，形成和谐的关系，才能充分发挥评价的教育、服务作用，使学校、教师、学生得到和谐发展。"全纳"基础教育质量评价不仅应调动师生的主动性、积极性、创造性，而且应协调人际关系、增进理解与对话，促进学生、教师、学校的共同成长。因此，在基础教育质量评价中，评价者应尊重被评价者的主体地位、主体人格，认真听取教师、学生的自我评述，客观评价教学得失，善意提出教学建议；被评价者应虚心听取评价者的结果反馈，正确对待教学批评，认真吸收合理建议。只有这样，评价者与被评价者才能增进理解、达成共识、共同进步，教育管理者、教师与学生、家长才能平等交流、共谋发展。

四、规范评价过程

如果说评价制度、评价标准是"全纳"基础教育质量评价的法律保障，解决"有法可依"问题，那么，规范评价过程、实施客观公正的评价则是

---

① 苗学杰：《英国基础教育第三方评价公信力建构的保障机制探析》，《中国教育学刊》2017 年第 4 期。

② 轩明：《创新教育观指导下如何构建基础教育教学质量评价体系》，《新课程研究（下旬刊）》2013 年第 9 期。

③ 吴宝席：《让评价真正关注"人的全面发展"——基础教育质量评价体系的考量与完善建议》，《湖南教育（A 版）》2015 年第 2 期。

④ 王锐生：《社会哲学导论》，人民出版社 1994 年版，第 155 页。

“全纳”基础教育质量评价的价值追求，实现“有法必依”①。

（一）客观地评价

“全纳”基础教育质量评价是对教育教学状况的价值评判，应确保评价全面、客观。

第一，评价形式多样。英国、美国等发达国家和地区的考试评价制度改革限制统考次数，减少考试难度，强化课程作业，把经常性的形成评价同若干关键年龄段所举行的校外统一考试相结合，以便在较宽松、自主的教育环境下全面落实教育目标。课业考评方法多元化，教学与评价整合化，尤其是表现性测验和实验技能教学考试受到高度重视与广泛采用；学习成绩评价和学生素质发展评价大量使用观察表现的等级评定量表，学生参与评价、记录成绩与成长的多功能的学习成绩报告单得到普遍重视②。因为每种评价方式都有自身的局限性，只有合理利用各种评价方式的长处，才能扬长补短，才能全面、客观地反映被评对象的实际情况、作出科学的价值判断。因此，我国基础教育质量评价应将量化评价与质性评价、过程性评价与总结性评价、反应性评价与表现性评价、自评与他评等多种形式有机结合起来。

第二，评价内容全面。“全纳”基础教育质量评价是对学校教育教学质量的综合评定，而学校教育教学质量是由教育者与受教育者、家长、社会等多种因素协同作用的结果，它不能单方面强调某方面的原因，也不能只看结果、不看过程，应对学校、教育者、受教育者在整个教育教学活动中的全程表现作出全面、客观的评定。“全纳”基础教育质量评价应确立系统全面的教学评价内容，不仅要重视学习的结果，关注学生的学业成绩，而且要重视学生在学习过程中的表现，关注学生的智力品质和非智力品质，注意培养学生的元认知活动，增强其自我调控能力③。

---

① S. W. Li, etc., “Reflecting the Evaluation of Basic Education in China”, *Cross – Cultural Communication*, 2012 (6).

② 黄光扬：《关于基础教育考试评价改革若干问题的探讨》，《课程·教材·教法》2004 年第 5 期。

③ 翟淑娟：《当前基础教育教学评价改革中的问题与对策》，《青春岁月》2013 年第 20 期。

（二）公正地评价

“全纳”基础教育质量评价不仅要全面、客观，而且应公平、公正。

第一，严格按照评价标准进行评价，避免出现主观随意性、个人偏好、个人感情。目前，各国基础教育质量监测主要有组建独立于教育行政部门的专职机构、由政府机构以项目的形式委托大学或研究机构来进行和由教育部的相关职能部门直接负责的三种组织模式。我国基础教育质量监测应该体现素质教育的取向，从核心学科（如数学、语文）和目前社会普遍关注的教育热点问题入手，以人为本，关注人的全面发展，发挥导向作用，逐步推动基础教育质量的提高①。基础教育质量评价及其方法应走向逻辑化、技术化、艺术化②，更需要在评价中严格遵循评价标准，确保评价程序的公正。

第二，应该照顾个别差异性，不能“一刀切”。英国、美国等发达国家和地区的考试评价学生强调个别化和适应性，参与评价的人员多元化和互动化，结果解释体现人性化和质性化。评价手段基本上呈现出小学阶段较宽松、初中阶段略有扳紧、高中阶段相对绷紧的趋势。考试评价结合学生年龄特征和学习内容特点，用游戏活动化和动态化的评价方法，比较适合儿童的年龄特征和学习特点③。“全纳”基础教育质量评价应该根据学校、教育主体、学科等方面的个体差异，灵活处理评价中的特殊情况，使每一个被评对象得到公正的评价。

五、评价方法的多样化、评价手段的信息化

评价方式方法是基础教育质量评价的重要组成部分，多样的评价方法、信息化评价手段能提高基础教育质量评价的效率。我国“全纳”基础教育质量评价需进一步增强评价方法的多样化、评价手段的信息化。

---

① 辛涛等:《基础教育质量监测的国际比较》,《北京师范大学学报（社会科学版）》2007 年第 6 期。

② 耿申:《基础教育质量监控：回归“质”的评价》,《中小学管理》2011 年第 6 期。

③ 黄光扬:《关于基础教育考试评价改革若干问题的探讨》,《课程·教材·教法》2004 年第 5 期。

（一）评价方法的多样化

评价方法的选择是基础教育质量评价的重要环节，单一的评价方法不仅效率低下，而且导致评价结论的失真。“全纳”基础教育质量评价应将定性评价与定量评价、绝对评价与相对评价、外部评价与内部评价等多种评价方法有机结合起来，从量的评价转向质的评价，从相对评价转向绝对评价[①]；强调质性评价、定性与定量相结合，实现评价方法的多元化[②]；研制和广泛使用测验法、档案袋评定法、专题作业法、成果展示法、学生成长手册法、观察法等方法，实现纸笔测验与表现性评价、定性评级与定量评价相结合[③]；引入“第三方”考核评价机构，拓宽多元评价手段、形式、内容和主体，逐步探索以笔试为主的总结性评价、诊断性评价、形成性评价、反思性评价与同伴互评相结合的多元评价，以有利于促进中小学学生个体进步与全面发展[④]；等等。

（二）评价手段的信息化

我国不仅需要丰富基础教育质量评价方法，而且应充分利用计算机、网络等现代信息技术提高评价的效率与质量。为提高教学评价的效率与质量，美国基础教育专家与评价者们利用信息技术的优势，积极促进教师教学评价与信息技术的整合，主要体现在教师教学评价证据的收集、整理与分析中，其主要方式有建立教师电子档案袋、开发电子教学评价系统以及利用多媒体采集教师教学视频等[⑤]。美国 SBAC 评价体系结合计算机自适应测验的灵活性，运用网络信息技术的交互性设计贴近现实生活的题型，通过在线电子平台展示学生的信息状况，并提供增进学生理解所学知识的内容以促进学生改进，使用电子平台与跨州资源为相关人员提供在线培训服务以满足不同学习

---

① 耿申：《基础教育质量监控：回归“质”的评价》，《中小学管理》2011 年第 6 期。

② 吴宝席：《让评价真正关注“人的全面发展”——基础教育质量评价体系的考量与完善建议》，《湖南教育（A 版）》2015 年第 2 期。

③ 翟淑娟：《当前基础教育教学评价改革中的问题与对策》，《青春岁月》2013 年第 20 期。

④ 刘士祥等：《发达国家基础教育考核评价及其启示》，《教学与管理》2017 年第 11 期。

⑤ 郑秀敏等：《美国基础教育教师教学评价与信息技术整合的路径分析》，《电化教育研究》2012 年第 4 期。

者的需要，开发网上报告系统远程发送评价、创建标准化与定制化报告等①。因此，“全纳”基础教育质量评价体系需要打造一支高水准的专业技术团队，搭建电子信息交互平台，以先进的计算机与网络技术提高评价的有效性。

六、催生真实的评价结论

如果建立完善的评价制度和指标体系是基础教育质量评价的前提、法律保障，客观公正地实施评价是基础教育质量评价的核心，那么，催生真实的基础教育质量评价结论，提高评价结论的“确信性”和“适用性”则是“全纳”基础教育质量评价的归宿。

（一）提高评价结论的“确信性”

“确信性”是指评价结论的可信性、可靠性和普适性②，它意味着评价结论能真切地再现“全纳”基础教育质量评价的奠基作用、发展与增值功能。

第一，再现奠基作用。基础性是基础教育的基本特征，“全纳”基础教育质量评价的核心目标应该确定为“打基础”，为受教育者的成人成才打基础，为全民素质的提高打基础。首先，基础教育质量评价应该反映受教育者普通文化素养的提高情况。高考、人才选择不是基础教育质量评价唯一的目标追求，基础教育应当以培养普通劳动者为具体目标，它不是选拔意义上的教育，而是生存、保障意义上的教育，它的评价应当由选拔性评价转向合格性评价③；“基础”在方向上应该是可持续性的，在内容上应该是全面的，反映在儿童身上应该是富有个性的④。其次，基础教育质量评价应兼顾就业、

---

① 李丽容：《推进有效教育评价　激励师生共同发展——美国基础教育 SBAC 学业质量评价体系的启示》，《柳州师专学报》2015 年第 4 期。

② 有研究者认为“确信性”与“真实性”是发展性学校评价的两个不同的判断标准。笔者认为“确信性”已包含了“真实性”，并借用此概念（参见卢立涛：《试论发展性学校评价的内涵与特点》，《教育测量与评价［理论版］》2010 年第 4 期）。

③ 杨启亮：《合格性评价：基础教育评价的应然选择》，《教育研究》2006 年第 11 期。

④ 李秀萍：《基础教育评价之“基础性”探讨》，《现代教育论丛》2006 年第 5 期。

服务社区与整个社会方面的价值。“全纳”基础教育不仅为受教育者发展奠定基础，它还肩负着提高全民整体素质、促进社会和谐发展的使命，应为社会发展奠定基础；“全纳”基础教育质量评价还应再现基础教育的社会奠基价值。

第二，促进科学发展。科学发展观的核心是以人为本，坚持发展的全面性、协调性、可持续性。首先，基础教育质量评价目标取向上不能局限于奖惩、排位、考试、选拔、分等等功利倾向，应该避免只重考试、分数、升学、经济收益，片面强调受教育者单方面素质的提高；“全纳”基础教育质量评价应从奖惩性评价走向发展性评价、从形成性评价走向学习性评价。其次，“全纳”基础教育质量评价应该以促进教育主体、学校、社会的科学发展为目标追求。打基础是基础教育的目标追求，但是，它不是基础教育的唯一目标，“全纳”基础教育质量评价还需再现促进全面发展、可持续发展的价值，突出评价的发展性功能，发挥评价促进学生发展、帮助教师提高和改进教学实践的功能①。因此，“全纳”基础教育质量评价不仅应为每个个体的全面发展、终身发展，以及学校的可持续发展奠定坚实基础，而且不能只顾社会眼前的发展，还应促进社会的可持续发展。

（二）增强评价结论的“适用性”

“适用性”是指评价结论能得到合理的认知与运用，它意味着正确认知基础教育质量评价结论的意义与价值，合理适用评价结论。

第一，正确认知评价结论。众所周知，任何基础教育质量评价活动都是评价者依据一定评价标准，按照一定评价规程，开展的有关基础教育教师（基本素质、教学水平等）、课程（类型、结构、内容等）、学生（综合素质、学业水平等）、学校（发展规模、基础设施、教学活动、科研等）质量状况的评价，它通常要受到评价标准的合理性、评价者的特质（评价观念、基本素养等）、被评价者的特质（个性品质、对评价的认可度与参与度等）等多种因素的影响，评价结论只能在一定程度、一定范围上反映评价对象的现实，过分夸大或者无视评价结论的价值都是片面的。因此，评价者只有合

① 翟淑娟：《当前基础教育教学评价改革中的问题与对策》，《青春岁月》2013 年第 20 期。

理认知评价结论，针对被评价者实际情况作出合理解释和提出有益建议，才能真正发挥评价的发展、增值功能；被评价者只有正确对待评价结论的合理性与局限性，切实反思自身教育行为的优劣，才能真正实现自主发展、和谐发展和科学发展。

第二，合理适用评价结论。有效教育评价实为适用之评价，它能找出教育教学过程中的问题与不足，在总结经验和吸取教训的基础上提出改进的方案，并促进其在教育实践中真正实施，在实施中激励师生共同发展[①]。2015 年 10 月，为了保护良好的基础教育质量评价在引导学生进步以及评估学校和教育工作者所起的关键作用，减少不必要、低质量的高利害测验及其负面影响，确保教育公平和支持高质量的教与学，美国教育部发布了奥巴马政府“测验行动计划”，提出良好的基础教育质量评价必须是值得做的、高质量的、有时限的、公平的、对家长和学生是透明的、多元措施的、与改善学习是相关联的，美国政府为减少不必要的高利害测验提供财政支持，提供专门知识与指导，授予州适当的自主权，减少对测试分数的倚重，呼吁国会在即将再授权的《中小学教育法》（*Elementary And Secondary Education Act*，*ESEA*）中体现减少不必要的高利害测验内容[②]。因此，我国不仅需树立正确的基础教育质量评价“结论观”，而且需合理使用评价结论，凸显评价结论的实效性。

总之，我国应充分了解世界前沿信息，切实反省现实问题，采取有力措施建立“全纳”基础教育质量评价体系，切实提高“全纳”基础教育质量评价的实效。

---

① 李丽容：《推进有效教育评价　激励师生共同发展——美国基础教育 SBAC 学业质量评价体系的启示》，《柳州师专学报》2015 年第 4 期。

② 龙洋等：《美国基础教育评价改革新动向：减少不必要的、低质量的高利害测验——奥巴马政府“测验行动计划”研究》，《外国教育研究》2016 年第 10 期。

参考文献

一、专著

1. 陈玉琨：《教育评价学》，人民教育出版社 1999 年版。

2. 程凤春：《教学全面质量管理——理念与操作策略》，教育科学出版社 2004 年版。

3. 顾明远等主编：《〈国家中长期教育改革和发展规划纲要（2010—2020 年）〉解读》，北京师范大学出版社 2010 年版。

4. 黄甫全等主编：《小学教育学》，高等教育出版社 2011 年版。

5. 黄书光等：《中国基础教育改革的文化使命》，教育科学出版社 2001 年版。

6. 黄志成等：《全纳教育——关注所有学生的学习和参与》，上海教育出版社 2004 年版。

7. 霍力岩等：《学前教育评价（第 3 版）》，北京师范大学出版社 2015 年版。

8. 李尚卫、吴天武主编：《普通教育学》，北京师范大学出版社 2010 年版。

9. 李尚卫：《基础教育价值论》，中央文献出版社 2009 年版。

10. 李雁冰：《课程评价论》，上海教育出版社 2002 年版。

11. 梁志燊编著：《学前教育学》，北京师范大学出版社 1998 年版。

12. 上海财经大学课题组：《公共支出评价》，经济科学出版社 2006 年版。

13. 司成勇主编：《小学课程设计与实施》，华东师范大学出版社 2013 年版。

14. 沈玉顺主编：《现代教育评价》，华东师范大学出版社 2002 年版。

15. 王斌华：《发展性教师评价制度》，华东师范大学出版社 1998 年版。

16. 王斌兴编著：《新课程学生评价》，开明出版社 2004 年版。

17. 吴遵民主编：《基础教育决策论——中国基础教育制定与决策机制的改革研究》，华东师范大学出版社 2006 年版。

18. 张志勇主编：《中国教育的拐点》，教育科学出版社 2010 年版。

19. 赵中建编：《教育的使命——面向二十一世纪的教育宣言和行动纲领》，教育科学出版社 1996 年版。

20. 钟启泉等主编：《为了中华民族的复兴　为了每位学生的发展：〈基础教育课程改革纲要（试行）〉解读》，华东师范大学出版社 2001 年版。

21. 钟启泉等主编：《新课程的理念与创新——师范生读本》，高等教育出版社 2003 年版。

22.《学习——内在的财富》，联合国教科文组织总部中文科译，教育科学出版社 1998 年版。

23. 联合国教科文组织国际教育发展委员会编著：《学会生存——教育世界的今天和明天》，华东师范大学比较教育研究所译，教育科学出版社 1996 年版。

24. ［德］柯武刚、史漫飞：《制度经济学：社会秩序与公共政策》，韩朝华译，商务印书馆 2000 年版。

25. ［加］马克斯·范梅南：《教学机智——教育智慧的意蕴》，李树英译，教育科学出版社 2002 年版。

26. ［美］B. 盖伊·彼得斯：《政治科学中的制度理论：“新制度主义”》，王向民等译，上海世纪出版集团、上海人民出版社 2011 年版。

27. ［美］道格拉斯·C. 诺斯：《制度、制度变迁与经济绩效》，刘守英译，上海三联书店 1994 年版。

28. ［美］W. James Popham：《促进教学的课堂评价》，国家基础教育课程改革“促进教师发展与学生成长的评价研究”项目组译，中国轻工业出版社 2003 年版。

29. ［美］Ellen Weber：《有效的学生评价》，国家基础教育课程改革“促进教师发展与学生成长的评价研究”项目组译，中国轻工业出版社 2003 年版。

30. ［美］国家研究理事会：《美国国家科学教育标准》，戢守志等译，科学技术文献出版社 1999 年版。

31. ［伊朗］S. 拉塞克等：《从现在到 2000 年教育内容发展的全球展望》，马胜利等译，教育科学出版社 1996 年版。

32. Ebersold, S. , etc. , *Inclusive Education for Young Disabled People in Europe: Trends, Issues and Challenges* , ANED: University of Leeds, 2011.

33. *Teacher Education for Inclusion: Profile of Inclusive Teachers*, European Agency for Development in Special Needs Education, 2012.

34. Guba, E. G. , etc. , *Effective Evaluation: Improving the Usefulness of Evaluation Results Through Responsive and Naturalistic Approaches*, San Francisco: Jossey – Bass, 1981.

35. Guba, E. G. , etc. , *Fourth Generation Evaluation*, Newbury Park, Calif: Sage Publications, 1989.

36. Madaus, G. F. , etc. , *Evaluation Models: Viewpoints on Educational and Human Services*

Evaluation, Boston: Kluwer Academic Publishers, 2000.

37. UNESCO, *Rethinking Education: Towards a Global Common Good?*, Paris: UNESCO Publishing, 2015.

38. World Health Organisation, *World Report on Disability*, Geneva: WHO Press, 2011.

二、期刊论文

1. 安超:《教育鉴赏与教育批评理论的美学意蕴与课程实践》,《湖南师范大学教育科学学报》2015 年第 5 期。

2. 白红梅等:《建立农村义务教育“以县为主”的区域性评价制度的原则》,《东北师大学报(哲学社会科学版)》2004 年第 1 期。

3. 北京市教育督导与教育质量评价研究中心:《增值性评价评出学校的“加工力”》,《人民教育》2016 年第 16 期。

4. 边玉芳等:《增值评价:学校办学质量评估的一种有效途径》,《教育学报》2013 年第 1 期。

5. 曹德卿等:《美国基础教育评价系统 PARCC 对改进我国教育评价体系的启示》,《考试研究》2014 年第 3 期。

6. 曹坤鹏等:《欧盟核心素养的发展及对中国基础教育课程改革的启示》,《世界教育信息》2016 年第 21 期。

7. 常磊等:《我国学校教学质量评价的现状及应对策略》,《教育理论与实践》2016 年第 26 期。

8. 陈殿兵等:《美国基础教育评价体系 PARCC 的评析及启示》,《外国中小学教育》2016 年第 4 期。

9. 陈淑清等:《美国基础教育中 SBAC 学业评价体系的构建与启示》,《东北师大学报(哲学社会科学版)》2013 年第 3 期。

10. 陈效民:《“新基础教育”:把素质教育落实到每所学校》,《人民教育》2006 年第 18 期。

11. 楚红丽:《基础教育服务质量“顾客导向”评价体系初探》,《教育学术月刊》2013 年第 3 期。

12. 邓猛等:《从随班就读到同班就读:关于全纳教育本土化理论的思考》,《中国特殊教育》2013 年第 8 期。

13. 邓猛等:《全纳教育理论的社会文化特性与本土化建构》,《中国特殊教育》2013 年第 1 期。

14. 邓猛等：《关于全纳教育思想的几点理论回顾及其对我们的启示》，《中国特殊教育》2003 年第 4 期。

15. 邓猛等：《全纳教育的哲学基础：批判与反思》，《教育研究与实验》2008 年第 5 期。

16. 丁勇：《全纳教育——当代教育发展的方向、内涵和启示》，《外国教育研究》2007 年第 8 期。

17. 董奇等：《从融合到全纳：面向 2030 的融合教育新视野》，《中国教育学刊》2017 年第 10 期。

18. 杜尚荣等：《建设性后现代主义及其对我国基础教育课程改革的启示》，《教育与教学研究》2017 年第 4 期。

19. 杜瑛：《协商与共识：提高评价效用的现实选择——基于第四代评价实践的分析》，《教育发展研究》2010 年第 17 期。

20. 方彤：《全球性“教育重构”运动中基础教育改革的价值取向及启示》，《教育研究与实验》2006 年第 4 期。

21. 方武：《“对话”型课堂形态分析——以语文课程为例》，《华东师范大学学报（教育科学版）》2004 年第 2 期。

22. 方晓东等：《中国教育质量观的发展脉络》，《人民教育》2011 年第 2 期。

23. 冯虹等：《增值评价：基于大数据的发展性教育评价模式》，《当代教育科学》2016 年第 9 期。

24. 冯骏等：《学校内涵发展的意蕴与路径探析》，《教育科学研究》2016 年第 6 期。

25. 高凌飚：《基础教育教材评价体系的构建问题》，《华南师范大学学报（社会科学版）》2002 年第 6 期。

26. 耿申：《基础教育质量监控：回归“质”的评价》，《中小学管理》2011 年第 6 期。

27. 郭良菁等：《儿童发展水平应该作为幼儿园质量评价的标准吗?》，《上海教育科研》2006 年第 10 期。

28. 郭园园等：《〈幼儿园教师专业标准（试行）〉政策文本评价》，《学前教育研究》2015 年第 9 期。

29. 韩翠萍等：《基础教育学生评价改革的实践研究——以山西省太原市 S 小学低年级教学中发展性评价为例》，《教学与管理》2014 年第 12 期。

30. 韩立福：《基础教育阶段现代学校课堂教学评价制度初探——建构多元主体的现代学校课堂教学评价综合模式》，《教育科学研究》2006 年第 11 期。

31. 郝文武：《论城镇化进程中的农村学校布局问题》，《教育研究》2011 年第 3 期。

32. 郝志军：《基础教育课程改革反思与推进建议》，《西北师大学报（社会科学版）》2017 年第 5 期。

33. 何侃等：《基础教育评价的问题分析与对策》，《教育评论》2007 年第 5 期。

34. 胡军：《学生学习成果评价标准不能在课程标准中缺失——澳大利亚科学课程内容与标准给我们的启示》，《课程・教材・教法》2005 年第 9 期。

35. 胡中锋等：《教育评价：矛盾与分析——在基础教育新课程改革的观照下》，《课程・教材・教法》2005 年第 8 期。

36. 黄宝国：《“差点教育”理念下的中小学生评价》，《中小学教师培训》2013 年第 5 期。

37. 黄光扬：《关于基础教育考试评价改革若干问题的探讨》，《课程・教材・教法》2004 年第 5 期。

38. 黄忠敬：《走向均衡：我国基础教育政策重心的转移》，《教育科学》2004 年第 3 期。

39. 姜朝晖等：《国际基础教育评价新动向——以 PISA，PIRLS，TIMSS 为例》，《世界教育信息》2015 年第 19 期。

40. 柯森等：《学生评价：一种基于新课程改革的探讨》，《当代教育论坛》2004 年第 8 期。

41. 兰觉明：《基础教育改革中学生评价的质性策略研究》，《重庆师范大学学报（哲学社会科学版）》2008 年第 5 期。

42. 李帆：《2007，基础教育精神价值的回归》，《人民教育》2007 年第 24 期。

43. 李尚卫：《论中小学教师评价的人文意蕴》，《当代教育科学》2008 年第 20 期。

44. 李文静等：《改革开放以来我国普通高中学校评价政策的回顾与分析》，《现代教育管理》2016 年第 3 期。

45. 刘士祥等：《发达国家基础教育考核评价及其启示》，《教学与管理》2017 年第 11 期。

46. 刘学智等：《美国政府提高基础教育质量的最新举措——PARCC 评价体系的构建与启示》，《比较教育研究》2013 年第 10 期。

47. 刘学智等：《美国基础教育中 SBAC 学业评价体系研制模式与启示》，《外国教育研究》2013 年第 9 期。

48. 龙洋等：《美国基础教育评价改革新动向：减少不必要的、低质量的高利害测验——奥巴马政府“测验行动计划”研究》，《外国教育研究》2016 年第 10 期。

49. 卢秋红：《基础教育评价：向科学化、系统化、专业化方向迈进》，《中小学信息技术教育》2016 年第 7 期。

50. 栾慧敏等:《美国基础教育中 PARCC 评价体系的研制模式及其特点》,《外国教育研究》2016 年第 2 期。

51. 马世晔:《从国外教育评价制度看我国基础教育评价体系的建立》,《中国考试(研究版)》2008 年第 5 期。

52. 钱丽霞:《全纳教育:历史演进与实施政策》,《中国特殊教育》2009 年第 1 期。

53. 容中逵:《论基础教育改革形成与实施的教育逻辑》,《湖南师范大学教育科学学报》2015 年第 4 期。

54. 容中逵等:《论新基础教育课程改革的价值取向问题》,《现代教育论丛》2004 年第 5 期。

55. 苏启敏等:《从标准化到差异化:学校质量评价目标的观念转移》,《教育科学》2016 年第 2 期。

56. 田一等:《基础教育阶段学生核心素养评价体系研究的初步思考》,《北京教育(普教版)》2016 年第 2 期。

57. 王惠颖:《特色发展:基础教育优质均衡发展的根本》,《教育科学研究》2012 年第 8 期。

58. 王海涛等:《教育质量评价标准的价值建构》,《湖南师范大学教育科学学报》2017 年第 1 期。

59. 王牧华:《多元文化背景中的基础教育课程改革(笔谈)——多元文化与基础教育课程改革的价值取向》,《教育研究》2003 年第 12 期。

60. 吴宝席:《让评价真正关注“人的全面发展”——基础教育质量评价体系的考量与完善建议》,《湖南教育(A 版)》2015 年第 2 期。

61. 辛涛等:《基于核心素养的基础教育评价改革》,《中国教育学刊》2017 年第 4 期。

62. 薛继红:《关于对我国基础教育课程评价的探析》,《教育理论与实践》2016 年第 26 期。

63. 杨启亮:《合格性评价:基础教育评价的应然选择》,《教育研究》2006 年第 11 期。

64. 杨向东:《核心素养与我国基础教育课程改革的关系》,《人民教育》2016 年第 19 期。

65. 杨佐荣:《协同自评模式在教师评估中的应用》,《科学教育》1997 年第 4 期。

66. 易进:《建构促进教与学的课堂学习评价》,《教育学报》2013 年第 5 期。

67. 张娜:《不同主体视野中“好幼儿园”标准的比较》,《学前教育研究》2012 年第 3 期。

68. 左璜:《基础教育课程改革的国际趋势:走向核心素养为本》,《课程·教材·教法》2016 年第 2 期。

69. Acedo, C. , etc. , *Defining an Inclusive Education Agenda: Reflections around the 48th Session of the International Conference on Education*, Geneva: UNESCO IBE. Retrieved from: http://unesdoc. unesco. org/images/0018/001868/186807e. pdf. 2009 – 12 – 30.

70. Ainscow, M. , etc. , "Making Education for all Inclusive: Where next?", *Quarterly Review of Comparative Education*, 2008 (1) .

71. Kratochvílová, J. , etc. , "Application of Individualization and Differentiation in Czech Primary Schools: One of the Characteristic Features of Inclusion", *Procedia – Social and Behavioral Sciences*, 2013 (93) .

72. Li, S. W. , "Special Education Assurance System in Mainland China: Status, Problems and Strategies", *Journal of Special Education Research*, 2017 (1) .

73. Li, S. W. etc. , "Reflecting the Evaluation of Basic Education in China", *Cross-Cultural Communication*, 2012 (6) .

74. Li, S. W. , "Connotation and Fundamental Features of Basic Special Education: Perspectives of Semantic Analysis", *In Proceedings of 16th International Conference on Issues Related to Individuals with Specific Needs & 3rd Young Research Workers Conference* (17 – 18 March, 2015), Olomouc: Palacky University.

75. UNESCO, *The Salamanca Statement on Principles, Policy and Practice in Special Needs Education*, World Conference on Special Needs Education: Access and Quality, Salamanca, 1994.

76. UNESCO, *The Dakar Framework for Action, Education for all: Meeting our Collective Commitments*, The World Education Forum, 26 – 28 April 2000, Dakar, Senegal. Retrieved from http: //www. unesco. org/education /efa/ed_ for_ all/dakfram_ eng. shtml.

77. UNESCO, *Education 2030 Incheon Declaration and Framework for Action Towards Inclusive and Equitable Quality Education and Lifelong Learning for All (Final Draft for Adoption)*. Retrieved from http: //www. unesco. org/new/fileadmin/MULTIMEDIA/HQ/ED/ED_ new/pdf/FFA – ENG – 27Oct15. pdf.

78. Watkins, A. , etc. , "Core Values as the Basis for Teacher Education for Inclusion", *Global Education Review*, 2014 (1) .

79. Young, K. S. , "Institutional Separation in Schools of Education: Understanding the Functions of Space in General and Special Education Teacher Preparation", *Teaching and Teacher Education*, 2011 (27) .

80. Zgaga, P. , "The Future of European Teacher Education in the Heavy Seas of Higher Education", *Teacher Development*, 2013 (10) .

三、学位论文

1. 韩玉梅:《美国中小学教师评价政策研究》,西南大学博士学位论文,2014 年。

2. 李娜:《基础教育信息化评价指标体系建构研究——“以人为本”和“均衡发展”双重价值取向》,河南大学硕士学位论文,2015 年。

3. 李燕高:《促进教师专业发展　提高学校办学质量——以顺德第一中学为例》,华中师范大学硕士学位论文,2008 年。

4. 栾慧敏:《美国基础教育中基于标准的 PARCC 评价体系研究》,东北师范大学硕士学位论文,2013 年。

5. 乞佳:《美国基础教育中基于标准的 SBAC 评价体系研究》,东北师范大学硕士学位论文,2015 年。

6. 师月:《基础教育学生质性评价研究》,扬州大学硕士学位论文,2012 年。

7. 田迅:《基础教育课程评价改革十年研究》,湖南师范大学硕士学位论文,2011 年。

8. 夏芳:《中学教师评价的问题及改革策略》,广西师范大学硕士学位论文,2007 年。

9. 徐昌和:《中美学校评价比较研究:组织、标准与实施》,华东师范大学博士学位论文,2014 年。

10. 杨睿智:《基础教育质量评价指标的研制》,东北师范大学硕士学位论文,2014 年。

11. 张家军:《学校教育的隐性力量》,华东师范大学博士学位论文,2005 年。

12. 张小二:《菲律宾 k-12 基础教育课程改革背景下学生学习结果评价研究》,东北师范大学硕士学位论文,2015 年。

后　记

研究产生于问题而又高于问题，而问题则来源于生活并超越生活。基础教育价值、基础教育质量评价问题是笔者致力于教育学术研究以来一直十分钟情的领域。自《基础教育价值论》（2009）出版以后，笔者有幸于2013—2017年在捷克帕拉茨基大学脱产攻读特殊教育学博士学位，并在其间顺利完成了四川省教育厅2012年重点科研项目（编号：12SA147）。而今，有幸成为海南师范大学教育学学术团队中的一员，得到海南师范大学和许多知名教育学教授的热心帮助与支持，为本研究的顺利完成奠定了坚实的基础。

本研究试图在借鉴已有研究成果的基础上，进而对"全纳"基础教育质量评价的实质、要素、功能、种类、指标、制度、实施等基本问题做一些尝试性探讨，并付诸公开出版，以期能起到"抛砖引玉"之功效。

从事学术研究与出版学术成果不仅是认识自我，而且是完善自我的重要途径。在从事"全纳"基础教育质量评价研究的过程中，笔者不仅得到单位、家庭的诸多支持与帮助，而且深受学界朋友深邃思想的滋润与启迪。虽然本研究试图对"全纳"基础教育质量评价的实质、功能、种类、指标体系诸问题做一些新探索，但当拙作出版之际，笔者仍惶恐不安。虽然笔者想竭尽全力使拙作内容更丰富、学术性更加厚实、适用性与可读性更强，但是，因笔者的能力所限，难免存在不妥之处，在此诚望读者与各位同仁批评与指正，更希望各位亲朋一如既往地支持与帮助我们的学术成长！

学术之路漫长而艰辛，吾仍将力往而求索！

李尚卫

2019年10月于海南师范大学

责任编辑：韦玉莲
封面设计：林芝玉

图书在版编目（CIP）数据

“全纳”视域中的基础教育质量评价/李尚卫 著．—北京：人民出版社，2019.11
ISBN 978－7－01－021164－0

Ⅰ．①全…　Ⅱ．①李…　Ⅲ．①基础教育—教育质量—质量评价—研究
Ⅳ．①G632.0

中国版本图书馆 CIP 数据核字（2019）第 179245 号

“全纳”视域中的基础教育质量评价
QUANNA SHIYU ZHONG DE JICHU JIAOYU ZHILIANG PINGJIA

李尚卫 著

人民出版社 出版发行
（100706　北京市东城区隆福寺街 99 号）

环球东方（北京）印务有限公司　新华书店经销

2019 年 11 月第 1 版　2019 年 11 月北京第 1 次印刷
开本：710 毫米×1000 毫米 1/16　印张：18.25
字数：280 千字

ISBN 978－7－01－021164－0　定价：56.00 元

邮购地址　100706　北京市东城区隆福寺街 99 号
人民东方图书销售中心　电话（010）65250042　65289539